钟伟伟 / 著
青岛大学经济学院副教授
孙继国 / 审订

经济学原来这么有趣

让你豁然开朗的18堂经济学公开课 II

化学工业出版社
·北京·

使用说明书

经济学大师
卡通经济学大师形象更逼真生动。

经济学大师介绍
用言简意赅的文字介绍经济学大师的生平和作品。

经济学大师的话
经济学大师点睛的话语,展现其毕生精髓。

孙继国老师评注
对于经济学,每个人都有自己的见解。青岛大学经济学院副教授孙继国老师的这种评注体,权且当作引玉之砖……

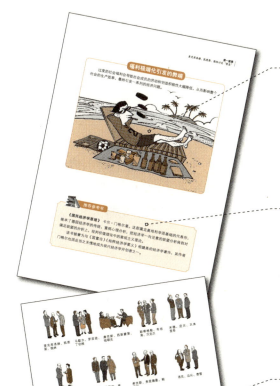

图解知识点

生动、形象地用图解式解构经济学难题，用活泼图画再现经济学场景。

参考书目

在每一堂课结束后，经济学大师会推荐一些参考书，让读者拓展知识，加深对课程的理解。

大师课堂

精心选择了与现代社会生活密切相关的18个议题——壁垒、垄断、政府、规制、福利、利率、消费、竞争、银行、投资、就业、结构、公有、贸易、风险、预算、成本、危机，运用穿越时空的手法，邀请47位经济学大师参加到公开课中来，每次公开课都由2~3位相关领域的大师共同讲授。

序 PREFACE >>>>

在笑声中厘清纷杂

我经常读一些经济学相关的科普读本，能给我带来震撼的并不多。其中一次是在2013年，出版社的朋友送给我一本《经济学原来这么有趣：颠覆传统教学的18堂经济课》，我用了4个小时一口气读完，给我留下了很深的印象。时隔一年，这本书的姊妹篇《经济学原来这么有趣Ⅱ：让你豁然开朗的18堂经济学公开课》业已完成，并且邀请我做序及予以点评。虽然两次阅读目的不同，但是这次拿到书稿，我仍是一气呵成读毕，这次的震撼并不比第一次少，而且还多了一种豁然开朗的感觉。

过于纷杂的事物总是让人眼花缭乱，看不到真相，于是，看到真相的一部分人（经济学家）便把他们看到的规律从一簇簇花团中抽离，一条一条地摆在世人面前，以期让人们能够掌握和运用，以使社会经济更好地发展。然而，一树繁花纵然遮掩住了枝干让人们难以发现，却也为人们提供了花香，使人陶醉；干巴巴的枝条实在难以讨大多数人的喜欢。于是，相比于晦涩的理论，人们更多是去纷杂的经济活动中体验、经历，偶尔发现一根枝条时，就觉得足够了。

但是，这毕竟不是更加行之有效的方法。就像经济学规律的存在有其必须存在的客观理由一样，人们对经济学规律的掌握也是人们认识世界所不可或缺的一条途径。因而，学习一些经济学规律是必要的。在教授经济学的过程中，我发现了一个问题：多数人只是在纷杂的经济学知识中徘徊，却始终难以真正走近深藏其中的规律。很多时候经济学的规律就白纸黑字摆在那里，但走近了却发现它不认识你，你也不认识它，顿时兴趣全无。我的学生经常问我：有没有一种方法，让人们既不错过繁花似锦、花香馥郁的经济活动，又能把握到经济学规律的枝干呢？

起初，遵照学院派的原则，我觉得这是不可能的。但是，这两本书接连对我的冲击，使我彻底放弃了之前的断言。第一本书让我看到了学习经济学的乐趣，而现在这一本《经济学原来这么有趣Ⅱ：让你豁然开朗的18堂经济学公开课》着实颠覆了我以往的一些认知，真的使我在对经济学的普及教学方面豁然开朗。

这本书从经济社会这棵庞大而复杂的花树中分出了若干株小花树，栽满了通往大树的路旁。几位大师带领读者在激辩和打趣中前行，不知不觉来到大树的脚下。大师们的思想相互碰撞，震落大树上浓密的花瓣，欣赏过落英缤纷之后，枝干赫然在目，触手可及。

让读者在笑声中把纷杂的经济学现象厘清，发现其中的规律，这是这本书最有趣的地方。

青岛大学经济学院

前言
FOREWORD >>>>

今天,经济学在人们生活中发挥的作用越来越重要。大到国家政策的出台,小到家庭、个人的理财,都有经济学的身影。时至今日,经济学已经不只是专业人员必备的知识,即使是工作和学习与经济学完全不搭边的人,也会感觉到对经济学知识的需求。这种需求来自其本身的需要,也同样来源于外部环境的变化。在经济社会的大环境下,我们的衣食住行都离不开经济,比如,如果不掌握一定的经济学知识,放在存折中的钱将任由通胀蚕食;再进一步,就算想要搞一点儿投资,但是没有一定的经济学知识,估计连《新闻联播》中播出的经济政策都弄不明白,更不要说紧跟政策趋势,顺势有所作为了。

当前,许多人并非不知道经济学的重要性,而是想要一窥经济学的殿堂,却苦于不得法门。对于初涉经济学的人来说,出现这种困惑是在所难免的。这一部分读者并非以系统地学习经济学理论、研究经济学为目的,就更加会出现无从下手的感觉了。

一位朋友曾经向我诉苦,他说他曾经试图学习一些经济学的知识,但市面上经济学的图书种类繁多,自己的时间、精力又有限,于是,他就此问题咨询了一位专门研究经济学的朋友。那位朋友上来就给他推荐色诺芬、亚里士多德的著作,接着是亚当·斯密、马克思、凯恩斯的书,最后还建议他"若有余力还可以研究一下经济学衍生出来的证券学、行为经济学等交叉边缘学科,这样会在宏观上对经济学有个整体的把握"。

上面那位专门研究经济学的朋友的建议当然没错,但我的这位朋友不是为了研究经济学而去读这方面的书的,而是为了应用经济学的知识。如果有足够的时间和精力的话,掌握的知识当然是越全面、越深入、越系统越好,但我们的时间和精力是有限的。鉴于此，掌握经济学知识的实用性就成了我们学习经济学的最重要的指标，大多数普通读者对于经济学的态度应该也是如此。

针对读者的需求，我们在2013年推出了《经济学原来这么有趣：颠覆传统教学的18堂经济课》。一上市，它便受到读者朋友们的广泛好评。看到各位读者对这本书的认可，在高兴的同时我们也感到了巨大的压力。经济学的知识可以说是博大精深，这本书中讲到的只不过是九牛一毛。如何在经济学的海洋中寻找到更加贴近生活、更加实用的经济学知识，并将其深入浅出地介绍给读者成了我们近两年来的主要任务。

功夫不负有心人。经过近两年的准备，我们又推出了这本《经济学原来这么有趣Ⅱ：让你豁然开朗的18堂经济学公开课》。在形式上，本书由前作的一位老师为同学们讲课变成了几位老师与同学们的交流、互动；在内容上，本书力求在保持前作趣味性和实用性的基础上，将经济学理论讲得更加深入、透彻，尽最大努力使读者朋友们满意。

本书以大学生张山为主线，通过他和他的同学们与老师们的互动引出那些平时看起来高不可攀的经济学理论，再辅以现实中的经济学现象和热点话题，将理论与实际相结合，以期能够达到最好的效果。张山还会就他在实际生活中遇到的一些涉及经济学的问题向老师们提问，而老师们总能将张山看起来非常棘手的问题轻描淡写地解决。想知道老师们是如何解决问题的吗？那么，还等什么？赶紧跟着张山的脚步在经济学的世界里探秘吧！

钟伟伟

目录

第一堂课　麦克库洛赫、凯恩斯、俄林讨论"壁垒"

经济学公开课 / 002

倾销与壁垒 / 004

壁垒的化解 / 009

第二堂课　马歇尔、罗宾逊、丁伯根讨论"垄断"

买方垄断与卖方垄断 / 014

从垄断到反垄断 / 016

不同的选择 / 019

在垄断与竞争之间 / 021

第三堂课　康芒斯、西斯蒙第、哈耶克讨论"政府"

政府的角色 / 026

史海拾贝 / 028

头脑的地位 / 032

延伸——计划经济 / 034

第四堂课　斯蒂格勒、布坎南、贝克尔讨论"规制"

不同的选择 / 038

规制俘房理论 / 042

公共利益理论 / 045

第五堂课　米德、庇古、贝弗里奇讨论"福利"

福利经济学 / 052

福利的目标 / 054

福利的正义性 / 057

福利中国 / 059

第六堂课　休谟、费雪讨论"利率"

货币不了情 / 064

贷款与利率 / 068

利率的调控 / 071

第七堂课　门格尔、凡勃伦、麦格雷戈讨论"消费"

消费的类型 / 076

决策和动机 / 079

行为和心理 / 084

第八堂课　希克斯、弗里德曼、鲍莫尔讨论"竞争"

竞争的若干种 / 091
完全竞争 / 094
智力的角逐——博弈 / 099
没有硝烟的战争——价格战 / 106

第九堂课　洛克、边沁、费雪讨论"银行"

银行的双重角色 / 112
利率杠杆 / 115
货币的中转站 / 119

第十堂课　凯恩斯、舒尔茨、列昂惕夫讨论"投资"

基金——赚钱，让专业的来 / 125
风险——总与利益结伴而行 / 128
国债——更稳妥的投资方式 / 131

第十一堂课　哈耶克、熊彼特、帕累托讨论"就业"

失业——想工作却不能实现 / 136
充分就业——让愿意工作的都有工作 / 140
自我提升——求职者终极攻略 / 145

第十二堂课　马克思、配第、刘易斯讨论"结构"

经济结构/ 153

产业结构/ 155

中国现状及转变/ 160

第十三堂课　诺斯、兰格、米塞斯讨论"公有"

集体主义的前生今世/ 167

平均带来的忧和喜/ 172

公有的正确解读/ 177

第十四堂课　萨缪尔森、米德讨论"贸易"

自贸区——包罗万象的大集市/ 183

WTO——全球市场的大管家/ 186

国际贸易/ 191

第十五堂课　西肖尔、斯隆、亨德森讨论"风险"

不确定性/ 199

风险/ 204

风险评估/ 209

第十六堂课　库兹涅茨、丁伯根、库克讨论"预算"

政府为什么普遍欠钱/ 215
预算赤字/ 218
财政预算的学问/ 225

第十七堂课　亚当斯、古诺、杰文斯讨论"成本"

商品的数量/ 233
相同的投入,不同的产出/ 238
估计成本的方法/ 243

第十八堂课　马尔萨斯、霍布森、哈贝马斯讨论"危机"

债多更压身/ 249
资本主义的原罪/ 251
看得见的危机,躲不开的厄运/ 257

第一堂课

麦克库洛赫、凯恩斯、俄林讨论"壁垒"

约翰·麦克库洛赫/约翰·凯恩斯/贝蒂·俄林

约翰·雷姆赛·麦克库洛赫(1789—1864),生于苏格兰的威格敦郡,毕业于爱丁堡大学,先学习法律,后改而研究政治经济学。

约翰·梅纳德·凯恩斯(1883—1946),现代西方经济学最有影响的经济学家之一,他创立的宏观经济学与弗洛伊德所创的精神分析法、爱因斯坦发现的相对论一起并称为20世纪人类知识界的三大革命。

戈特哈德·贝蒂·俄林(1899—1979),瑞典经济学家和政治家,曾任瑞典自由党主席和贸易大臣,现代国际贸易理论的创始人。1977年,俄林与英国剑桥大学的詹姆斯·爱德华·米德一同获得了当年的诺贝尔经济学奖。

很多人都会觉得初秋是一年中最珍贵的时光。若让他们说出其中的原因，提问者往往得不到真正的答案。

张山自觉对其中的因由了然。当然，他也不是一开始就这么觉得。

当张山怀着感叹之情，在校园中漫步的时候，他的注意力总会被路边建筑外墙上花花绿绿、大小不一的各种张贴告示所吸引。虽然不知道别的学校的情况，但是一年多来，张山已经对这种"校园牛皮癣"司空见惯，甚至觉得饶有趣味。这里面，有打着老乡会的旗号寻找另一半的；有大四毕业生打折出售二手电脑的；还有学校礼堂当晚放映的电影介绍。

每每经过这些告示时，张山总是会放慢脚步，希望从中寻得一丝乐趣。也许，好奇心重的人，就是这个样子的吧！

¥ 经济学公开课

就在张山游览兴致将尽的时候，一张不起眼的宣传单吸引了他的注意。

"经济学公开课今日活动，自由参与，人数上限30人。地点：西楼副会议室。时间：7:30—9:30。"

"这告示……"张山暗自嘀咕，"到底是说上午7点半到9点半呢，还是晚上？从写法来看，应该是上午。不过，不亲自去看一下，又怎么能知道呢？"张山转转眼珠，嘴角慢慢扬了上去……

七转八拐地进入了西楼之后，张山连续问了两三个学生。在二楼和四楼之间左左右右、上上下下了好几回，他才在三楼走廊的尽头找到了告示中提到的副会议室。

铁门开了又关，张山找了一张椅子坐下。四下打量了下，他发现这其实就是一间普通的会议室：中间摆着一张长圆形的会议桌，桌子周围摆有一圈椅子。由于地理位置优越，这十几张椅子已经坐满了人；剩下的人则分坐在会议室两侧的绿绒椅上。而会议室最后面还混放着一些类型不同的椅子。张山左右扫了扫，觉得这里的人数一定超过30人。看来最后的这些"杂牌军"椅子都是超编人员从别的屋子搬过来的——其中不仅有防静电的、无扶手的椅子，还有自带小桌的及最传统的板条学生椅。事实上，走廊上的人如果通过后门看过去，会很容易误以为这里是仓库……

就在张山还在东张西望的时候，从会议室的前门走进来三个相貌各异的外籍男子。会议室前方摆放着三把高脚椅，待三人落座之后，他们微笑着看向屋内的学生，其中脸最长的那个人居然跷起了二郎腿。

"看来主角到了。"随着耳旁的谈论之声渐逝，张山结合三人的气度神态得出了这个结论。

"你们瞧，我就说经济学家们肯定早已经到了，你们还慢吞吞的。"其中长脸、光头、下巴肉肉的中年人首先开口讲道。"那么，我们就开始吧。我记得今天的主题是贸易壁垒。"右侧的白发老人接着说。

刚才对话的两位坐在两旁，中间清瘦的男子没他们俩那么爱说话，面容也冷峻一些。

"对了，自我介绍一下，我的名字是约翰·雷姆塞·麦克库洛赫。这位是贝蒂·俄林老师；而这一位呢，"麦克库洛赫先是指了指白发老人，然后又向居中的干练男子点点头，"就是很多人都知道的——"

"约翰·凯恩斯。"坐在张山右侧的男生自言自语道。

"什……什……什么？"张山的眼睛直了，遥远的记忆攫住了他的身心。上一次他感受到它，已经是一年以前的事情了。事实上，他一直认为那是一场梦境；但不可否认的是，在那段记忆中他也曾有幸见过有着类似等级名头的人物。

张山仔细打量了一下中间的男子，他确实和自己记忆中的约翰·凯恩斯的形象十分吻合。

"这是哪一出？"张山扭头看向刚才小声嘀咕的男生。在他和其他学员的脸上，找不到任何吃惊的表情。

¥ 倾销与壁垒

"2013年6月初,欧盟委员会宣布从6月6日起对产自中国的光伏产品征收11.8%的临时**反倾销税**。如果中欧双方未能在8月6日前达成妥协方案,反倾销税率将升至47.6%。8月2日,欧盟委员会宣布已正式批准中欧光伏贸易争端的'价格承诺'协议,协议于8月6日起正式实施。"

麦克库洛赫放下手中的iPad,对学生们说:"这可是与各位切身利益息息相关的事情啊!中欧双方能够达成妥协,还真是皆大欢喜。"

"贸易壁垒和贸易战已经是现代人司空见惯的事情了,作为年轻人又怎么会不知道呢?"俄林不疼不痒地回了一句。"各国不断竖起贸易壁垒,又不断地将其推倒。人们见得太多了,反而都麻木了。"

光伏贸易战是2012年以后,中国对外贸易中频频见诸报端的话题,张山想不了解都难。根据他印象中不知从何而来的经济学知识,壁垒的存在会使市场上

孙继国老师评注

反倾销指对外国商品在本国市场上的倾销所采取的抵制措施。一般是对倾销的外国商品除征收一般进口税外,再增收附加税,使其不能廉价出售,此种附加税称为"反倾销税"。

光伏贸易战

在这次光伏贸易战中,欧盟国家利用反倾销和反补贴的"双反"手段设立贸易壁垒,打击中国光伏企业,致使中国的光伏企业在欧洲市场上举步维艰。

的部分经济体的贸易需求得不到满足。而交易双方之所以希望达成这些交易，正是因为相对于其他的选择，贸易活动更有利于他们自身的生存和发展。而一旦贸易的一方的所在国基于它们自身利益的考量而设置了贸易壁垒，就必然会导致贸易双方两败俱伤。

"可是，这些该死的贸易壁垒，却还普遍存在。"说着说着，俄林的鼻尖翘了起来，表现出他心中的不满，"我希望看到的'天下无墙'到底什么时候才能实现呢？"

"唉，你们对待壁垒的态度未免过于偏激。"中间的凯恩斯开口了，"众所周知，贸易壁垒又称贸易障碍，也就是英文的 Barrier to trade。其定义是：对国际商品劳务交换所设置的人为限制。从一国的角度来讲，其发起的任何行为都是基于有利于其自身结果的目标才出现的。常言道，存在即有理，并无必要一定要视其为洪水猛兽吧！"

凯恩斯皱皱眉头，斜了老俄林一眼，明显对他的论调有所质疑。

"好了，二位，你们进入正题的速度也太快了，我们还没有帮小经济学家们做完热身呢。"麦克库洛赫嬉笑着看看两个搭档，又瞅瞅下面的学生们，"按照贵校领导的安排，这期活动我们探讨的中心议题是贸易壁垒。壁垒的概念刚刚凯恩斯老师已经向大家介绍了。具体来说，国际贸易壁垒在表现形式上，一般分为关税壁垒和非关税壁垒，其设置的目的是各国政府保护该国的经济不受外来产品的侵犯。"

"比如，2006 年 10 月，欧盟委员会由于认为本国鞋企受到冲击，首次对中国皮鞋实行反倾销，征收为期两年的 16.5% 的高额反倾销税。当反倾销征税期满后，欧盟再次发起'落日复审'，决定将反倾销措施再延长 15 个月，直到 2011 年 3 月 31 日为止。而事实上，早在 2006 年之前，该地区已经持续对中国皮鞋实行了配额限制。"

张山心中对这一行为颇不以为然。不过，壁垒的作用确实是明显的，其背后是消费者对价格敏感的经济规律。在充分竞争的商品经济环境下，大部分商品的利润都不会太高。因此，无论是用增税的方式直接摊薄产业链的收益，还是用其他政策限制来束缚住企业的经营手脚，在经过同行业乃至于跨行业的竞争行为放大之后，都有可能对被壁垒的国家和行业产生重大的不利影响。尤其是对于趋利的企业而言，就算损失无关痛痒，企业主也往往会叫苦不迭，并转而对本国政府施压。欧盟对华光伏产品双反之后，中国方面随即宣布了对欧的葡萄酒双反，"以壁制壁"的态度非常明显。

"也就是说，"坐在会议桌靠后位置，正对着凯恩斯的一名男生面无表情地问道，"壁垒并不是无缘无故被树立起来的，而是因为感受到了来自外界的危险，才作为一种自我防护性的措施而被一国建立起来的。"男生一头长发，给人很新潮的感觉。

"大体上就是这样。倾销之所以会存在，多半是因为先有了被倾销，或被倾销的可能性。事实上，壁垒的两种形式之中的非关税壁垒，指向的都是这种成因。"

对于贸易壁垒的两种主要形式，张山也是很清楚的。关税壁垒，是指进出口商品经过一国关境时，由政府所设置的海关向进出口商征收关税所形成的一种贸易障碍；而非关税壁垒，则是指除关税以外的一切限制进口措施所形成的贸易障碍。当然，这里面还包括进口配额制、进口许可证制、外汇管制、进口最低限价等限制进口商品的数量或金额的直接手段，诸如歧视性的政府采购政策、苛刻的技术标准、卫生安全法规，包装、标签的规定等形式的间接壁垒性措施。截至2013年6月，全球规模最大的棉纺织生产商——魏桥纺织的股东应占净利润较前一年同期上涨了392.6%，就被认为是沾了棉花进口配额的光。

"可是，关税壁垒并不都是出于反倾销的目的而建立起来的。"潮男比外表看起来更知性，平静地道出了众人心中的疑问。

"确实，"麦克库洛赫点点头说，"只要关税存在，关税形成的壁垒就会一直存在。"

"也就是说，关税形成的壁垒有些是主观性的，有些则是客观性的。所以库前辈才说，**关税壁垒的成因并不全都是出于反倾销的目的。**"前排一位女生向上推了推宽框眼镜，不解地问道，"可是，了解壁垒手段的主观目的有什么意义吗？无论如何，它们最终都造成了壁垒的形成，不是吗？"

"非也，非也！"麦克库洛赫笑着看向学生们，带着戏谑说道，"我们讨论任何一件事物，都需要关心它们形成的机理和过程。要知道，如果没有这些，该事

孙继国老师评注

有些关税征收的主观目的是为了调整国家进出口渠道的大小，但有些则纯粹出于增加国家财政收入的目的，这就是财政关税了。

物根本不会存在。如此，人们又何必去大费周折地研究它们呢？这就好比，各位身下坐着的椅子，如果说它存在的目的是用来食用，那么它们都无法出厂检验合格。"

张山能够领悟到麦克库洛赫这番话中隐含的意思，国际贸易环境无时无刻不在发生着变化，而各国的外贸政策也受到来自经济、政治等多方面因素的影响，想要厘清影响外贸活动的各种力量之间的关系，有效地指导企业和国家对内部、外部影响的反应活动，明确这些力量的发生机理，是做出正确判断的基础。

比如，美国国债的销售比预期要火爆（这会导致政府的短期财政压力减小），那么那些财政关税就很可能随后被调低。能够在事实浮出水面之前做准备的企业和贸易伙伴国，就可以通过辨别出哪些关税是出于财政目的而征收的，来判断减税政策对本国或本企业经济活动的影响，并做出适当的反应，从而比反应迟缓的竞争对手获得更大的收益。

"围绕倾销和壁垒，各位可以积极地参与讨论。真理是越辩越明的。正如贵校方所说，我们这个公开课，倒不是为了给这些议题下一个定论，最主要的是希望通过讨论来激发大家探究事实真相，从而不断自主地追求真知。"

在这次活动中，麦克库洛赫扮演的是最为亲民的角色。在讨论之中，他一再抽暇回答学生们的提问。比起针锋相对的凯俄两人，麦克库洛赫的风度得到了学生们的一致好评。

张山左侧的女生听到这里，口中啧啧出声。张山留意到，这是一个打扮颇为成熟的女生，发长过颈，戴着玉石耳坠，贵气逼人。至于为什么她看起来对高脚椅上的三人颇为不满，张山活动结束后才得以知晓。

原来，学校领导一直都对经济系十分关注。而经济系之所以获此殊荣，与它在所有学科中独具个性的特点是分不开的。其实，不论文理，普通高校开设的专业课程，在知识上，都是有着确切定论的。因此，在大学校园的风景线里，校领导们看到的总是思索、认识、记忆这些。唯独经济专业不同。每当下课，最吵闹的就是经济系所在的教学楼。学生们似乎对课堂上教授的知识总有自己的看法和意见，并且他们彼此之间似乎又很难达成意见的统一。

经过了解，领导们才知道，原来经济学中有着大量的"规范性"内容。从学科的角度来讲，经济学可以分成实证经济学和规范经济学两部分。其中对经济规律本身的讲解，是实证经济学的内容；而人们研究经济运行规律的最终目的还是要应用在对实际问题的解决之中,这就是规范经济学的内容了。

"正是包括贸易壁垒在内的经济议题对国计民生的影响十分巨大,不同的学者,基于他们各自对经济规律的认识,提出的对应方案也会不尽相同。他们之间很难说服对方。正基于此,贵校才牵头发起了这轮经济学公开课,借此提供给各位一个畅所欲言和激发灵感的舞台!"麦克库洛赫温和地对学生们介绍道。

"是啊!可谁让你们把风头都给抢去了!"女生死死地盯着前方的外国学者。好嘛,原来她是觉得人家说得太多,她没有发言的机会了。不过话说回来,有这种重量级别的人物在场,学生们想畅谈所想也确实不易。张山摇摇头,他体会不到的是领导们试图通过经济学者的分量来凝聚和甄别经济学设想的苦心。

"对。比如,美国一直对亚洲部分国家实施武器乃至于高科技产品的贸易封锁,这就是典型的非关税贸易壁垒;而贵国对部分高端技术产品征收100%以上的高输入关税,导致很多公司在用完了一个财税年度的免税额度之后,不得不暂停设备的进口活动,这就是关税性贸易壁垒了。"看麦克库洛赫向学生们介绍起来没完,俄林瞅准空当把话题生硬地接了下来。虽然他没有正面回应凯恩斯的质疑,但言语之间仍然表达了对其所谓"天下无墙"的世界的向往之情。

回到宿舍后张山反复思考,为什么资历最浅的俄林敢于不断挑战凯恩斯的权威?后来他得出结论:虽然麦克库洛赫和凯恩斯都是老资格的经济学巨匠(前者专攻交换中的价值体现,后者更不必多言),但是俄林被认为是现代国际贸易理论的鼻祖,而贸易壁垒正是国际贸易理论关注的重点内容。

"俄林老师,这么说,贸易壁垒并不仅仅包括来自进口国的壁垒,还包括源自出口国的壁垒了?"前排一个短发女生举手问道。

"当然。不过由于出口能够赚得白花花的银子,所以,国际贸易中,出口国设置贸易壁垒的情况还是非常有限的。这使得很多人认为贸易壁垒只能来自进口国。但这并不是这个概念适用的真实范畴。"

"可是,"这位女生的求知欲看来很强,在俄林作答之后继续追问道,"国会议员不是要为本国公民谋福祉的吗?为什么他们会做出伤害本国企业利益的事来呢?毕竟出口壁垒会减少本国生产企业的收入啊!"

"当然,无论是英国的上下两院,还是美国的参众议员,或者贵国的人民代表,他们工作的中心任务就是为了更好地实现本国的利益。"俄林抢下话茬,主要是为了快点儿进入讨论环节,没想到自己也被学生拉住问个没完,因此他的回答显得很无力。"但是,他们眼中的利益是整体性的、全局性的、长远性的,也就是说——"

"也就是说,他们可能会为了顾全大局,而放弃本国小部分经济集体的利益。我这么说对吧,老师?"张山右侧的男生慢条斯理地说道。

"对,就是这样。"这回接话的是凯恩斯。凯恩斯是个坚定的国家干预主义支持者。众所周知,富兰克林·罗斯福执政之后所推行的一系列政府干预经济的政策,都是源自凯恩斯的理论。"当然,政府会通过其他手段来补贴那些受到壁垒的影响而损失了利益的企业,这也是国家得益的再分配。"

¥ 壁垒的化解

"这么说,对于一国而言,设置贸易壁垒应该算是正确的行为了?"张山忍不住提出了最核心的问题。果然,他的问题一说出口,在座的学生和学者都感受到了其中的分量——这个问题决定了这堂课的基调,是支持,还是批判。当然,这也正是刚刚俄林和凯恩斯所争论的内容。

"当然是正确的。"凯恩斯不假思索地答道。

"不能这么说吧?"俄林看似有些累了,但一听到凯恩斯的说法明显和自己心中所想有出入,便马上跳出来严正声明,"从小的方面着眼,一国政府所设置的贸易壁垒可能是正确的,也可能是计算失误的结果。即便在经济学如此发达的今天,也没有人敢打包票说他计算的壁垒方向和额度是最有利于其所在国的经济发展的。因此,几乎可以断定,任何真实存在的贸易壁垒,都可能会损其所在国的经济利益。只是很多时候,和没有壁垒的情况相比,损失的水平更低而已。"

"而从更大的范围来看,就算壁垒对所在国只有益处,但壁垒总会损害别国的利益。"俄林几乎是咬牙切齿地强调(并不露痕迹瞪了凯恩斯一眼),"因此,从全球经济的角度来看,壁垒的存在仍然会有损更大范畴内的经济收益。"

俄林把利益的考量范畴扩大到全球范畴,在这样一个全新的领域之下,在场的所有人都在重新审视自己的认识。

"前辈，"在这么多学者面前，张山也不知道该向谁提问才好，于是只好略去指代目标，"如果把全球范围作为考量目标，那么国际竞争就成了大市场内部的企业竞争。一般而言，政府是不应过分管制企业竞争的。这个准则也应适用于它们相互之间的交易壁垒吧？"

"嗯！"听到这里，麦克库洛赫的眼睛投射出了明亮的光芒，"这位同学的见解很独到，我也是这么认为的。"

"……"其他学员集体暗想，"麦克库洛赫是在夸张山还是在夸自己啊？"

"可是，毕竟壁垒的存在会至少直接对交易中的一方产生不利影响，这是众所周知的事实。因此，就算在长期上这是有利的，但是真的没有办法在短期内实现共赢吗？"张山显然没有被麦克库洛赫的夸奖冲昏头脑，继续追寻着真理。

"办法不是没有，只是大部分没那么有效罢了。"俄林无奈地摇了摇头，"比如，互相设置关税壁垒的国家之间可以结成贸易伙伴关系，并签署一系列协议来保护各自认为有必要保护的产业。但这只是把壁垒的形式从一种换成了另外一种。可设想的有效方案是跨国补贴。也就是说，在一项贸易活动中损人利己的一方从国家层面向交易对象提供各种形式的补偿。但是到目前为止还很少有交易的双方能够心平气和地达成这种结果。"

张山认为，所谓的跨国补贴其实是一种类似于国家对内部产业的补贴的形式。在这种情况下，补贴通过合约分配，而前者则是借由国家渠道分配。

"不过，现代人确实通过其他方式实现了这种跨国补贴。"麦克库洛赫意味深长地笑了笑说，"各位猜到那是什么了吗？对了，就是——罚款！"说完，他自己已经忍俊不禁。

确实，有些国家对跨国药企以反垄断为名罚款，欧盟对中国鞋企和光伏企业征收反倾销税，微软在欧盟因 IE 浏览器的垄断行为而遭遇罚款，这些都是罚款的形式。当然，张山明白，从本质上来讲，这不过是以壁垒制壁垒。大家不断地竖起一面面高墙把竞争对手挡在门外，而自由的市场经济，却一而再再而三地受害。此外，补贴本身更是无视竞争优势的分配手段——优势竞争者对劣势竞争者的补贴是无谓的。促进资源流动，让包括财富在内的资源更多地流向优势竞争者，才是提高全人类生存质量的正途。

听到这里，凯恩斯显得很不耐烦："你们就不能谈些实际的问题吗？"说话间，

化解贸易壁垒

化解贸易壁垒并不容易,在外部企业努力打破壁垒以期进入市场的同时,内部的利益团体为了维护自身的利益也在不停地"加固"壁垒。

他的眼睛、鼻子、嘴都透着不满,眉毛都快要拧成一团了。"食君之禄,担君之忧。本国利益尚未理顺,就去先天下之忧而忧,简直是不知轻重!对一国而言,需要鼓励的贸易活动,就应在本国范围内拆除壁垒,创造便利条件;相反,对不利于国情的贸易活动,就应当建立或加强贸易壁垒,比如提高关税,缩减配额等。"

凯恩斯睐了睐眼睛:"至于外部存在的壁垒嘛,对本国有利的,就不管了;如果有不利的,就尽可能地通过政经手段来剪除。"

和凯恩斯此时凌厉的眼神相对,张山心头不觉一凛:"好一个倡导国家干预经济的鹰派人物啊,连对外贸易理念都如此强硬!"

学生们涉世未深,被凯恩斯震慑住了,但旁边的俄林可不吃这套,"我看你就是个伪经济学家!谁都知道古典经济学的核心是'自由'。你在这里从国家的层面干预自由,又怎么可能是正确的呢?"

"非也!"尽管俄林差一点儿搬出了亚当·斯密的名头,凯恩斯仍然表现得平静有余,"事实证明,有政府调节的经济,其生命力才更加顽强。而且,"凯恩斯转头直视俄林,"你也说了,经济是自由的为最好,那么我们干吗要干涉政府在经济政策上的自由呢?"

凯恩斯抛出了第二个头脑风暴级别的命题,会议室一时之间又进入了整体沉寂的状态。

凯恩斯在侃侃而谈，而俄林呢，就是不理他那一套，脸高高地扬起，一副不屑与其争辩的样子。倒是麦克库洛赫一直保持着活跃的思维和开放的学术态度，因此给出了学生们都接受的中肯结论：

"其实，二位说得都有道理。我觉得，在国与国之间政治独立和利益自司的国际政治版图之下，过分前瞻地考虑国际整体利益，反而未必会取得最好的效果。倒是把一国作为独立的经济体，允许其自由设定其外贸政策和壁垒规模，更可能成为最优的方案。如果有一天真的天下大同了，到时候所有的贸易壁垒也就不攻自破了。在今天而言，壁垒，可以转化，甚至可以消除。但是消除壁垒不是目的，提高全社会的生产力才是根本。更残酷地说，如果壁垒的存在更有利于整体生产力的发展，那么，壁垒，就应该被支持。"

"麦克库洛赫老师，我还是没太明白，照您所说，壁垒到底该支持还是该反对？"张山左侧的女孩终于不甘寂寞，参与到了讨论之中。在听了麦克库洛赫的总结之后，凯恩斯和俄林都沉默了下来，似乎若有所思。

"这个，"麦克库洛赫看了看另外两名老师，在确认他们的脸上没有什么特殊的表情之后，才总结道，"从全球角度着眼，壁垒是国家之间进行经济竞争的手段。在大方向没有出问题的情况下，没有必要刻意地规避这些竞争手段。毕竟有竞争的存在，一般都会更加有利于整体经济的发展。而从国家的角度来讲，当壁垒的存在对其自身有利，那么就值得鼓励；壁垒如果对该国不利，则应动用各种力量和方式来将其摧毁。我这么说，二位不会反对吧？"

看麦克库洛赫略带笑意地观察着凯、俄二人的表情，张山在心中对这位英国经济学家先驱竖起了拇指。明明麦克库洛赫的资历是最老的，但他却是最懂得尊重别人意见的人。

不知不觉，电铃的计时器开始了最后一轮倒数，要下课了。

推荐参考书

《区域贸易与国际贸易》　贝蒂·俄林著。俄林在书中对比较优势形成的原因这一理论重新做出了清晰而全面的解释，并系统提出了要素禀赋理论，该理论奠定了新古典国际贸易理论的基石。

第二堂课

马歇尔、罗宾逊、丁伯根讨论"垄断"

> **阿尔弗雷德·马歇尔/琼·罗宾逊/简·丁伯根**
>
> 阿尔弗雷德·马歇尔(1842—1924),英国新古典学派经济学家。其主要著作为《经济学原理》。他在书中对供给需求、边际效益与生产成本的重新整理奠定了其在经济学界的地位。
>
> 琼·罗宾逊(1903—1983),英国著名女经济学家,新剑桥学派的代表人物,是迄今唯一一位世界级的女经济学家。
>
> 简·丁伯根(1903—1994),荷兰经济学家。计量经济学创始人之一。1969年与拉格纳·弗里希共同获得诺贝尔经济学奖。

"经济学公开课今日活动,自由参与,人数上限30人。地点:西楼副会议室。时间:7:30—9:30。"

自从上一次意外地邂逅了几位经济学泰斗之后,张山就一直期待着这个神秘社团的再次活动。每天早、中、晚往返于生活区和教学区之间,他都会仔细地察看上次发现活动通知的那面破败砖墙。功夫不负有心人,周四下午第四节课下课后,他在去食堂的途中发现了上面的那条通知。

"今天可得早点儿去。"张山坐在食堂的圆桌旁,边向嘴里塞水煎包边暗下决心。

¥ 买方垄断与卖方垄断

18:30,张山到达西楼副会议室的时候,无奈地发现,会议桌一周的位子都已经被占上了——尽管大部分椅子上坐的并不是人,而是不同学科的教科书、笔记本、挎包一类的物什。

懊悔了一会儿,张山双手叉腰,眼睛在会议室前后扫来扫去。"既然好位子没有了,后面的正位又离辩论区太远,不如干脆就坐在侧面靠前的位子上吧。"想到这里,张山走到侧面最靠前门的位子上,坐了下来。

19:30,零星的脚步声由远及近,三个个性鲜明的面孔出现在会议室的前门。

"请问,这里是经济学公开课的活动地点吗?"走在最前面的老者弯腰向张山打听道,"我是阿尔弗雷德·马歇尔,这二位分别是剑桥的琼·罗宾逊和荷兰经济学院的简·丁伯根教授。"

"……!"尽管对来参加这个神秘活动的人物有所预期,但张山还是不由得心跳加速,"这个头发乱蓬蓬、两撇白胡子向两侧支出好远的瘦削老者就是写出了传世之作《经济学原理》的马歇尔!"

"哦,对对对!您几位是第一次来吗?"张山难得和经济学宗师以接近零距离的亲密程度进行接触,话不由自主地多了起来。

"对，我们几个都是第一次来。但我觉得组织方似乎不清楚这一点。"站在马歇尔后面的美女教授琼·罗宾逊说，"一名年轻的办事员只是匆匆说了一句'还是在老地方，西楼会议室'就离开了。说实话，能准时赶到这里还真是靠上帝保佑。"

琼大美女偏了偏头，苦笑了一下。同时无语的还有张山。从主楼到西楼虽不远，不过东西两楼都是年代久远的教学楼，人们在这两座教学楼的前后是找不到标识牌的。可以想象，这几个老外在峰回路转的树木掩映之下找到目的地是多么不易。而且要知道，这个季节，北方的晚7点，天色已经接近全黑了啊！

"好了，时间到了，"马歇尔礼貌地向学生们点头微笑了一下。

"我们开始吧！"马歇尔面色镇定地瞧了瞧丁伯根和罗宾逊，用目光询问他二人的意见。

"好，开始。"丁伯根和罗宾逊面色平静地点了点头。

"根据活动安排，我们今天讨论的主题是垄断。"坐在最里侧的琼·罗宾逊说道。

"垄断，即英文的monopoly。从字源上看，它指的是市场上只有单一（mono）的卖家（poly）。现在一般认为，这个词语表示的意思是排除、限制竞争以及可能排除、限制竞争的行为。"

听到这里，张山略有一愣。他很清楚，关于垄断的定义，琼是按照中国《反垄断法》的形式给出的。看来，这个出生在20世纪初的英国学者，对当代中国的文辞说法下了一番工夫呢。

"罗宾逊老师，"坐在张山正对面位置的一男生举手提问道，"您刚刚的说法似乎有些矛盾。"男生咽了口口水，向琼点了点头，为自己的直白表示歉意，"如果垄断行为仅仅是对竞争的限制，那么它应该也包括发自买者的垄断行为，而不仅仅是来自卖者的吧？"

在学校里，大家已经习惯了将学识比自己深厚的前辈称呼为"老师"，无论对方是否真的有过任教的经历。不过，对于琼·罗宾逊而言，这个称呼是再切合不过了。因为，除了陪伴同为经济学家的丈夫奥古斯丁·罗宾逊在印度度过了短暂的几年时光之外，琼一直在剑桥教书，是个不折不扣的老教师了。

"嗯！"琼的眼睛放射出神采，微笑着转向该男生，"你说得对。刚刚我只是临时想起了卖方垄断的字源构成，就提了一下。不过把它和随后的定义简单

孙继国老师评注

买方垄断是指只有一个买者而卖者很多的市场类型。在此情况下,买者就具有了垄断性。

卖方垄断是指当某种要素市场只有一家卖主时出现的该卖家垄断市场的情况。

衔接在一起,确实不严谨。除了**卖方垄断**之外,确实存在与之对应的买方垄断,即monopsony。"

当然,虽然表面上看起来琼是在表达上有失严谨,但张山明白,**买方垄断**只在理论上存在,在实际中这种情况很难出现。这是因为,生产商是不可能长期接受买方垄断情况的存在的。他们生产的源动力是赚钱,而非如买者一般去兑现产品的使用价值。在后一种情况下,垄断行为虽然会产生高价格,但是产品依然能够得到配给,买者的主要矛盾还是得到了化解。但在前一种情况下,因买方垄断而被拉低的价格,是生产商所难以接受的。生产商在某一个市场上遭遇了买方垄断,他们会转向另一种制造流程相似的产品。

¥ 从垄断到反垄断

"老师,我还是没有搞清,垄断是一种行为,还是一种状态?它到底是一个名词,还是一个动词呢?"刚刚提问的男生左侧的长发女生小心翼翼地问道。

琼摇了摇头,脸上的笑意没有减去一分:"垄断这个词,既有名词形式,也有动词形式。当我们要表达某个市场正处于被单一市场势力排他性控制的状态时,它就是名词;相对的,如果我们要描述这种排他的行为,就会用到它的动词形式。比如,在最近10年中,欧盟已经对微软施加了16亿欧元的罚款,而这都是因为微软做出的排除、限制竞争的行为。而贵国始于1994年的电信拆分则是针对垄断状态的反制措施。"

琼老师提及的两个案例,张山都十分熟悉。不用提20世纪90年代中期成立的中国联通和2001年成立的电信企业南北分拆这种国家规模的反垄断活动,微软这些年在欧洲的小打小闹（欧盟监管机构发现，微软在 2011 年 2 月至 2012 年 7 月期间没有很好地执行其在 2009 年签署的关于让 Windows 用户选择使用其他竞争对手的网络浏览器的协议等）都已经遭遇了巨额罚款。

"也就是说，无论垄断状态，还是垄断行为，都会受到政府的打击了？"女生追问道。

"也不完全是这样。"为了显示自己已经准备好就垄断问题慷慨陈词，丁伯根接下了女生的问题，"应该说，时至今日，各国对反垄断的态度并不完全一致。一般而言，政府代表的是民意。当民意和国家长远预期需要它做出某种行动的时候，即便它没有被列在现行法律制度中，也终将难逃一劫。相反，如果一家企业虽然在市场份额上占据绝对优势，但是并没有碍于国计民生，那么政府一般还是会允许其存在。事实上，谷歌之所以在欧洲遭遇反垄断调查，并不是因为它在该区域拥有 90% 的市场份额，而是因为它受到了来自于微软等企业提出的关于其滥用对 YouTube 的支配地位等垄断行为的指控。当然，这家公司可能面临的罚款被它的市场规模放大了。"

其罚款是年营收的 10%，50 亿美元。这是张山百度出来的谷歌可能面临的罚款。

垄断与反垄断

垄断行业根深蒂固，反垄断势在必行，毫不含糊。

"……也就是说,垄断行为必然会遭遇处罚,但垄断状态却未必有事?"一黑衣男生用低沉的嗓音问道。

"可以这么说。这也是为什么刚刚琼老师说,排除、限制竞争以及可能排除、限制竞争的行为才是现在普遍存在的对'垄断'这个概念的认识了。垄断的概念,发展到今天,已经与其最初所代表的意义产生了相当大的疏离。可以说,今天的垄断,可以简单地被理解成对竞争的限制,而反垄断,就是在保护竞争。"丁伯根说。

"那么,竞争为什么如此重要,以至于需要立法来保护呢?"一男生推了推眼镜,问道。他居然跟上了丁伯根的思路,张山可是被琼、丁两人先后给出的不同定义给弄迷糊了。

"嗯。这个问题,需要从经济学原理的角度来回答。既然马歇尔老师在这里,"琼颇显玩味地瞟了瞟在中间椅子上正襟危坐的马歇尔,"那我们就请这位'经济正宗'来为各位解答吧。"

"欸,好。那就让我从经济学原理的角度来谈一谈为什么竞争比垄断更值得鼓励的原因吧。"尽管马歇尔知道琼丁二人的学术成就,但一谈到经济学主干知识,他确实有种当仁不让的感觉。也许,这是一种学术造诣带来的骄傲吧。

"我们知道,竞争意味着对于同一种产品来说,不同的企业,其生产成本不同。而在最充分的竞争下,市场价格将高于但是无限趋近于所有竞争企业所能提供的最低成本——那些成本高于售价水平的竞争者最终都将被逐出市场。而在该价格下,企业不会主动控制产量,一切由需求决定。"马歇尔把语速放缓,尽量以简单易懂的词句来说明其中的道理。

"但当存在垄断状态时,情况会有所不同。对于垄断企业来说,把产量限制在某个水平上,可以带来最大的营收。因此,从宏观的角度来看,垄断会损失社会总生产。而生产力是一国最为关心的指标之一,于是,政府会鼓励竞争,排斥垄断,也就很好理解了。"

在此前的学习中,张山已经树立起了这样的概念,政府无时无刻不在尽可能地提振本国的生产。因为产品就是财富,就是力量。在这个污染严重、气候变化危机四伏的环境里,唯有尽可能地提高自己的力量,才能更好地保护自身的安全和利益。马歇尔陈述的时候,丁伯根在一边点头赞同。

但如此和谐的场景很快就要终结了。

¥ 不同的选择

"您刚刚提到的垄断,指的是垄断状态,而非垄断行为吧?"张山说出了心中的疑问。

"嗯。这里的垄断是经济学概念,而非法律概念,它关注的是无竞争或竞争不足的市场状态,而不是限制竞争的行为。"马歇尔答道。

"既然垄断的状态对生产力的提升是不利的,而限制竞争的行为只是达到垄断状态的途径,那么为什么政府置影响生产力的真正元凶于不顾,采取治标不治本的方式来打击限制竞争的行为呢?"

这一问题一提出,所有人都为之一震:它的分量太重了,目标直指政府反垄断政策的正义性。

"这个……"马歇尔没有预料到眼前的这个平头少年会提出如此有力的问题。从这个角度来看,目前政府普遍推行的反垄断政策确实难逃治标不治本之嫌。

"你说得对,"见马歇尔一时语塞,琼轻松地接过话题。"不过,人们不得不承认一个事实,那就是垄断企业为国家缴纳的税收是相当可观的。从某种意义上来说,他们算是政府的大股东——如果把政府看作一家股份制服务型企业的话。在股份制企业里,大股东说话的分量自然是要大于小股东的。也就是说,如果中小股东——也就是普通百姓没有联合起来向政府施压,那么政府是没有动力对垄断者动刀子的。"

也就是说,从实证经济学的角度来讲,垄断必然会限制生产,而规范经济学也将改善垄断状态列入执政建议之中,但是在经济与政治的鸿沟的另一边,执政者们却眼睁睁地把它忽视掉了。执政者制定政策,从根本上还是基于他们个人或利益集团的利益的。只要他们的利益没有受到直接的影响,反垄断状态的政策难以出台。换句话说,选票固然重要,但是如果当选之后没有财阀支持,当领导又有什么意义呢?张山摇头苦笑。

"那么,是不是只要出现一种能够有效联合作为中小股东的普通民众的机制,政府这个服务型企业里反垄断的股份力量就会压倒垄断力量,并将之取缔呢?"

"很可惜,也没有那么乐观。"琼无奈地笑了笑说,"其实,生产力发展到今天,大部分行业中正在供给给社会的产品已经可以满足人们的生活生产所需。既然如此,消费者本身是不会主动要求取缔垄断企业的。毕竟,绝大部分人都不是经济学家,也并不清楚垄断带给他们生活的危害——很多时候,他们自以为正在享受着足够好的服务,但实际上——"

"实际上,生活可以是更美的。对吗,老师?"一位男生——张山通过课余时间结识的朋友,名叫申斯文——略显沙哑的声音接道。"噗——你说得对。"美女老师不禁莞尔。

"另外,对垄断状态的打击,最终会给这些小股东带来怎样的影响,其实谁也说不准。虽然长期来看,竞争的市场必然会带来更高的生产力,但是这个长期到底有多长?很有可能,当人们在经历了重重困难,终于联合起来打倒了一个垄断者之后,却发现自己面临的是一个生产力水平反而不如此前的行业状态。"

"也许,这就是为什么国家会对金融、能源等关键行业的开放持谨慎态度的原因吧。"张山想。"虽然,今天国内的油价相对于国际油价(就不提美国等部分国家的情况了)涨多跌少,但至少大家还是有汽油用的。可是如果'两桶油'倒下了,规模较小的替代者能否提供足够便利的能源服务呢?这还真不好说。"对于琼老师展示出来的市场状态,张山能够体会。

"也就是说,虽然垄断状态必然不是最好的情况,但是由于人们无法担保反垄断之后,至少短期内情况一定会有所改善,因此他们并不容易对此持积极态度,而国家级别的民众统一对政府施压的情形就更难以出现了,是这样吗?"申斯文当着所有人的面总结了一下他所接受到的知识,充满期待地等着前面三位老师的评价。

"对——"

"也不尽然!"琼刚刚要肯定申斯文的总结,因为那确实代表了她对垄断的态度,但话未说完,被丁伯根打断了,"对垄断状态的评判,并非那么简单。君不见**日韩两国是怎样获得高速发展的**?"

"但那只是暂时的,从长远来看垄断的状态必然是不利于生产力的提高的。况且,日韩两国内部也并非处于绝对的垄断状态,最多只是寡头市场。即便三星手机在国外市场所向披靡,但在国内 LG 和 Pantech 仍然对其形成了有效的制约。"琼对丁伯根的说辞不以为然。

"这么说,绝对的垄断确实是不应该被支持了?"申斯文瞄了瞄无言以对的丁伯根,转头问向琼。

"当然。"回答问题的是马歇尔,"这也是为什么在市场经济国家人们几乎找不到绝对的垄断的原因。相对的,那些近乎垄断的企业,仍可以算是竞争下的产物,因此遭遇的非议比那些绝对的垄断是要少很多的。"

听着马歇尔的阐述,张山一阵脸红。虽然刚刚他搜索信息的时候,径直点开了百度的搜索页面,完全没有考虑有道之流。但是搜索领域确实存在竞争。2013年,360搜索上线不到1个月,就抢占了10%的市场份额。如果后者做的确实好,那么百度的市场份额必然会逐渐下降。而在有谷歌存在的情况下,百度仍然能够崛起,也证明搜索市场是足够健康的,谷歌90%的市场份额也是可以被允许的。

孙继国老师评注

张山知道,日本和韩国都曾以牺牲公平来换取生产力高速发展的方式来调控经济。换言之,垄断也可以带来高生产。韩国的五大财团(三星、现代、SK、LG、乐天)的经济产出占到韩国经济总产出的57%;日本的三菱、三井、住友、富士、三和、一劝六大财团也是日本政府重点栽培的对象,财团下属的企业中有着为数众多的世界知名企业。两国政府扶植了这些财团,这些财团通过获取到的大量资金快速发展生产力,在自身得到飞速发展的同时,也给日韩两国带来了繁荣。

¥ 在垄断与竞争之间

"可是,寡头经济就不存在问题吗?"张山突然想到,在之前的经济学课程中,有关于寡头市场的论述。

"确实。寡头是介于垄断与完全竞争之间的形态,"琼见讨论的中心落在了她此前研究工作的中心上,很自然地扛起了正义的大旗,"从经济学的角度来讲,在完全垄断和完全竞争之间,存在着不完全竞争的情况。不完全竞争的代表形式是寡头和垄断竞争。Paramount(派拉蒙)和21st Century Fox(21世纪福克斯)发行不同的电影,对于这样的产品而言,它的生产商对消费它的市场而言是绝对垄断的——这意味着它可以为此收取更高的价格。但人们并非没有替代品。如果你觉得《金刚狼2》的票价高于你的预期，那么《钢铁侠3》将成为你的另一个选择。这就是'垄断竞争'的例子。"

"也就是说，"申斯文又若有所思地总结道，"为了判定一个市场上企业之间竞争程度的高低，我们需要逐一解答这些问题。第一个问题是'有多少企业'。如果只有一家企业，市场就是垄断的。如果只有几家企业，市场就是寡头。如果有许多企业，我们就需要问另一个问题：企业出售的是相同产品还是有差别的产品？如果许多企业出售有差别产品，市场就是垄断竞争。如果许多企业出售相同产品，**市场就是完全竞争**——我说的对吗，琼老师？"

琼本来想点头同意，但是考虑到在会议室靠后位置的学生未必能看见自己点头，还是口头给出了肯定。

"在美国经济中，大多数行业的四企业集中率在50%以下——在经济统计学里，

孙继国老师评注

完全竞争是一种理想状态，事实上，市场受到信息机制和地域壁垒等限制，不可能让所有的同行在完全公平的状态下竞争。

垄断竞争

垄断竞争看似竞争，实则在长期均衡中，垄断厂商不会以可能的最低成本进行生产，所生产的产量也小于在完全竞争市场中应该达到的产量。因此，垄断竞争的参与者可以获得超额利润，消费者便成为为其超额利润买单的牺牲品。

集中率指的是四家最大企业在市场总产量中的百分比。但早餐麦片、飞机制造、电灯泡、家庭洗衣设备和烟草的集中率却大大高于平均水平，分别达到了83%、85%、89%、90%和99%，这就是寡头了。"琼不厌其烦地解释道。

"对于寡头市场来说，有限的寡头企业可以有两种选择，即独立制定产销政策和相互协调地制定各自的产销政策。在第一种情况下，他们的产量低于完全竞争条件下的产量（即竞争企业足够多），但也要比垄断下的总产量更高；寡头价格低于垄断价格，但高于竞争价格。"

"也就是说，寡头市场对社会生产的贡献在完全垄断和完全竞争之间了？"一位女生问道。在得到了琼的肯定回答之后，她又冒出了一个问题："那么，垄断竞争下的市场，是否也是这样呢？"

"这个……倒是没那么简单。"琼摇了摇头，放缓了语速，"垄断竞争下，市场无法确保生产是最大化的，但是其中的生产损失具体能够达到怎样的程度，却并非目前的经济学体系所能衡量。所以，各位也不会看到有一种简单易行的政策是用来改善由垄断竞争带来的无效率的。"

琼的语气带着哀伤，她是从学术的角度来看待这个问题的——经济学发展到今天，居然还无法解决竞争这个市场中最基本的问题，这让作为经济学者的她心情低落。不过，对于张山等学生而言，感觉远没有那么明显——二食堂的水煎包确实好吃一些，但无所谓，我们没必要在一棵树上吊死。要知道，一食堂的木须肉也是货真价实的啊！

"那么，既然寡头市场和垄断竞争市场确实会降低社会总产出，人们是不是应当采取措施以做出相应的改善呢？"名叫金童的男生问道。

"确实！"丁伯根撇了撇嘴，涉及政策方面的内容，他觉得自己比琼更具有发言权，"不过，应该采取怎样的政策呢？就寡头市场而言，如果寡头企业之间形成了某种默契，以协同制定市场政策，那么我们认为，他们在共同实施垄断行为（一旦形成了**卡特尔**，市场实际就是由一个垄断者提供服务）。对此，政府可以名正言顺地做出反垄断措施。但如果他们彼此之间并没

孙继国老师评注

卡特尔，垄断组织形式之一，由一系列生产类似产品的独立企业所构成的组织，集体行动的生产者，目的是提高该类产品价格和控制其产量。

有达成任何协议，那么，政府又能做些什么呢？"

丁伯根提出这个问题之后，沉默了下来。他的目光扫过在座的学生，给他们以思考的时间。

……

虽然没有人回答，但是大家心目中的答案却是一致的：对于自主制定产销政策的寡头企业，政府无法采取干预政策。这是因为，寡头是市场竞争的结果。寡头市场之所以能够形成，是受到市场力量的驱动的。如果贸然将其打破，就是在看不见的手没有显出疲态的时候干预市场调节，其结果往往不会朝着有利于社会生产的方向发展。而对于垄断竞争市场，在经济学没有给出明确的量化分析之前，人们是找不到对其动刀子的依据的。比如，难不成，要强制性地要求所有手机厂商生产iPhone，以打破苹果公司在该产品上的垄断？

"好了，总之，我们的意见已经得到了统一，"马歇尔英国式地捋了捋两撇浓密的白胡子，"那就是，完全的垄断必须要制止。诸如寡头市场和垄断竞争市场这些情况，还是留给市场和竞争去解决。相信，只要保证了市场上不存在垄断，也就是限制竞争的行为，市场必然可以自发地化解这些暂时性的危机的。"

说完，马歇尔坐直了身子。其实只是比之前更直一点儿而已，因为他受到过的良好教育让他一直都是那样板板正正的。"贵校方主持的这个经济学公开课，价值很高。真理是越辩越明的。我想，今天在座的所有人，特别是我们几个，"他左右看了看琼和丁伯根："不虚此行。因为，我们收获了这世界上最珍贵的无价之宝——真理，或者说，我们进一步趋近真理……"

推荐参考书

《现代经济学导论》 琼·罗宾逊同约翰·伊特韦尔合著。全书分三卷，第一卷围绕财富、价格、货币、社会正义和有效需求等问题，扼要论述了从18世纪到现在为止的经济学说。第二卷主要是对资本主义经济的分析。第三卷探讨了当前世界的一些经济问题，包括主要资本主义国家的就业、增长和通货膨胀问题，社会主义国家的国际贸易、农业和计划问题，第三世界的土地改革、就业不足、资金、技术和人口等问题。

第三堂课

康芒斯、西斯蒙第、哈耶克讨论"政府"

约翰·罗杰斯·康芒斯/让·西斯蒙第/弗里德里希·哈耶克

约翰·罗杰斯·康芒斯（1862—1945），美国经济学家，制度学派的重要代表人物。

让·西斯蒙第（1773—1842），资产阶级古典政治经济学在法国的最后代表，经济浪漫主义的主要代表人物。

弗里德里希·哈耶克（1899—1992），英籍奥地利经济学家。新自由主义重要代表。他与缪尔达尔分享了1974年的诺贝尔经济学奖。

第二次公开课活动之后，张山和坐在自己正对面的那个男生成了好朋友。经过交谈，他了解到，这个男生叫申斯文，是电工专业的学生，从小兴趣广泛。高中时代，他有一个对经济学很热衷的同学，受其影响，申斯文也开始了对经济学的关注。虽然并非科班出身，平时对相关的书刊报章也较少涉足，但凭借其空灵的头脑和犀利的思辨能力，他很快跟上了学者们的思路，并能够边思考、边总结、边提出问题。这让张山不由得佩服。

¥ 政府的角色

通过结交新朋友，张山还得到了意外的收获。从申斯文手上，他拿到了活动的进度安排。由于这份进度表是根据学者们的抵达情况做出的，因此通过它，学生们只能预期到最多未来三次的活动主题。

"原来在我加入之前，公开课已经进行了3个星期之久，看来我错过了不少精彩的内容呢。"张山心中不觉十分惋惜，"不过，算了，反正这也不是我的主业。而且，只要以后都准时参加，不是也能增长许多见识吗？"

从任何一个角度来讲，张山都是一个乐观的人。因此，当他和申斯文肩并肩坐在会议室里的时候，尽管再一次没有抢到靠桌子的座位，他仍然充满笑意地看着前面的三位学者。

"让·西斯蒙第，生于18世纪下半叶，在所有的经济学者中可算得上是命途多舛了。"申斯文歪着头凑向张山，小声八卦道，"他的祖上是意大利贵族，但是由于生不逢时，赶上了法国大革命，他和父亲一同被捕入狱。当然了，1833年，他还是入选了法国社会政治科学院，但这时候离他辞世已经不足十年了。"

张山点点头，一边听着申斯文的八卦消息，一边观察着不远处的三位学者。坐在学生左手边的就是申斯文正在八卦的对象——让·西斯蒙第。张山从这位颇具贵族气质、披着厚重大衣的学者身上找不到一丝受迫害的痕迹。也许，这就是贵族气质的力量吧。反倒坐在他对面的1862年出生的约翰·康芒斯，尽管生活在百废待兴的美国内战之后，却显得面色阴沉，瘦小的身板也好似营养不良一般。而老头子弗里德里希·哈耶克生活在20世纪末的欧洲，其生活质量之高，通过其在耄耋之年还谈笑风生就可以看出端倪。

"就像大家已经知道的那样，"西斯蒙第面向学生们开了腔，"我们这次讨论的中心议题是'政府'。那么，对政府，大家都有哪些认识呢？"

"政府是民选出来的对全体民众提供生产、生活服务的组织机构！""政府是拿人钱财替人消灾的雇佣军！""政府是全体国民的代言人，是一种内部团结形成的对外整体！"……

上了大学，学生们对**政府**已经形成了足够丰富的认识，加之政府无论对东方人还是西方人来说都是一个足够敏感的话题，因此，学生们的积极性瞬间被西斯蒙第调动起来了。事实上，当时很多路过的人都误认为这间屋子里是在分赃，或者开批斗大会什么的。

"好了，好了！"西斯蒙第在另两位学者嫌弃的目光中尴尬地收拾着残局，他确实没有想到这个话题能够激起学生们如此之大的反响。看来，在这个方面，大家确实了解颇多。"各位的陈述都有道理。确实，从不同的角度去看，政府代表的意义不同。不过，总的来说，它都是一个行使统治或管理职能的机关、职能部门或当局。这种说法是不会错的。"在他反复地摆手示意学生们安静下来之后，会议桌另一头的学生们终于能够听清这位法国绅士的话了，尽管嘈杂的陈词还是不绝于耳。

"切。"学生中传出不满之声。很明显，有人认为西斯蒙第给出的定义未免过分表面化。当然，张山清楚，如果西斯蒙第不用这种和稀泥的方式来做出总结，恐怕连他也要被迫参与到这场永无休止的争论之中了。

孙继国老师评注

对于政府，我们一般从四个方面来描述：

1.从行为目标看，政府行为一般以公共利益为服务目标；在阶级社会里，它以统治阶级的利益为服务目标。

2.从行为领域看，政府行为主要发生在公共领域。

3.从行为方式看，政府行为一般以强制手段（国家暴力）为后盾，具有凌驾于其他一切社会组织之上的权威性和强制力。

4.从组织体系看，政府机构具有整体性，它由执行不同职能的机关，按照一定的原则和程序结成严密的系统，彼此之间各有分工，各司其职，各负其责。

"无论人们怎么理解，政府都在那里。事实证明，就像市场是有效的配置经济资源的工具一样，政府也可以有效地配置民生资源，使全体公民达到共同富裕。"在争辩之声终于销声匿迹之后，西斯蒙第谨慎地说出了自己对政府这个事物的看法。"因此，与那些无政府主义者坚持的理念相反，政府的存在总还是对民众有利的，无论是在经济方面，还是民生方面。"

"哼，真是这样吗？"就在大家琢磨着老西的话，都在默默点头的时候，另一侧的高脚椅上却传来了刺耳的声音。

¥ 史海拾贝

看来，与前面两次活动的情况不同，这一次学者之间针锋相对的气氛要更浓一些。张山左看看西斯蒙第，右瞧瞧老哈耶克：这回有好戏看了！

"当然。君不见一个高效的政府可以带给国家怎样的飞跃发展，而由非政府组织治理的国家又能够取得怎样的成就。"西斯蒙第似乎早就料到老头子会站出来反对，因此对学生们的错愕也能够处之泰然。

他慢悠悠地回道："从17世纪到20世纪下半期，英国一直采取大陆均势的政策，让欧洲大陆的德、法、俄等强国无一独美，这才让自己可以安定地得到发展。不然，孤悬海外的英伦三岛，又岂是人才济济的欧洲大陆能看得上眼的？不过英国人的政策还不是完美的，大量的海外殖民地牵扯了英国皇室太多的精力，使其推动国内生产的余力小了很多。而美国人则聪明得多。当然，美国人的聪明是由它得天独厚的地理位置决定的。"

"这还是经济学公开课吗？怎么西斯蒙第滔滔不绝地讲起了政治？"张山想起了QQ里"晕"那个表情，他觉得自己要晕了。

"请各位注意，我们目前并没有偏离主题。"西斯蒙第似乎察觉到了学生相互交换眼神背后代表的意义，"现代人普遍承认，政治与经济两者是紧密联系的两种事物。经济是基础，政府则是建诸其上的统治建筑。通过此前的了解，我们知道经济涵盖的方面甚广，就连政府的运作也要服从经济规律。这就是经济基础决定上层建筑的原因。很难想象，一个经济水平欠佳的国家，能有一个在国际上有足够话语权的政府——当然，**流氓国家**除外。"

孙继国老师评注

流氓国家或称无赖政权，是指以独裁和限制民权为主旨的国家政权，以流氓处事的模式对待自己的人民和其他平等地位的国家的政权。不同国家、地区对哪些国家为流氓国家有不同的看法。

"因此，我们这次活动关注的，是政府对经济的影响了？"一名早早就用辅导书占下靠前的又挨着会议桌座位的女生，眨着两只大眼睛问道。

"对，就是这样。"西斯蒙第向她微笑地点点头。

"事实上，我们说政府对经济有足够的影响，是有佐证的。"西斯蒙第接着说，"建立于1427年的荷兰豪达市市政厅，每隔15分钟，就会以人偶的形式再现贵族把城市管理权交给商人的情形。为了获取城市的管理权，以获得更大的经济自由，荷兰商人们从贵族手中购买执政权，可想而知，当时的政府已经在很大程度上制约经济的发展了。"

"恰恰相反，"刺耳的声音再次响起，这一次哈耶克没有点到即止，而是开始了与西斯蒙第针锋相对的陈述，"实现经济发展的核心在于自由竞争。只有通过让人们在市场上自由竞争，让市场经济充分发挥调节作用，才能让社会生产得到最大的发展，而不是依靠那些眼睛里只有钱的政府！"看来哈耶克真是忍了很久了，此刻的爆发表达了激昂的情绪。

"哈耶克老师，"一名男生战战兢兢地举起手来，小心地问道，"您的说辞似乎和凯恩斯先生的理论存在严重的冲突——"

"哼！伟大如牛顿，都有犯错误的时候，凯恩斯也不例外。判断一个社会好坏的标准，并非只有经济福利这一条。"

"呵呵，"西斯蒙第淡定地笑着，瞅了老哈耶克一眼，又转向学生们，"判断社会好坏的标准，没有人能够给出定论。但是人们有着他们自己的选择。如果自由真的是人们需要的，那么我想现在绝大部分美国人应该都聚居在中部大平原这种山高皇帝远的地方。可事实上呢？东部仍然是美国最主要的人群集中地。而他们之所以居住在这里，是因为这里有着现代化的生活条件和富足的物质报酬，而这两者无一不是由发达的经济作为基础的。所以,人们需要经济和物质。"

别看西斯蒙第脸上波澜不惊,心里可是憋着劲儿呢。怎么说他也比老哈耶克早出生一个多世纪,这个小字辈的家伙居然一而再再而三地打断并反对他。法国贵族的尊严怎么能容许他对此坐视不理?哈耶克不说出自己结论的判断依据还好,一旦他把老底交了出来,等于给西斯蒙第显露出了开火的目标。

"最能反映个人目标的恰恰是他们自主的行为。显然人们是看重经济利益的。"成功地反将了哈耶克一军,法国贵族把脚尖跷得更高了。

"这就叫趾高气扬吧?"张山和申斯文对视了一眼,对西斯蒙第得意洋洋的样子表示无语。

"其实,两位的争论虽然很有价值,但是我觉得还是多做实事更好。"约翰·康芒斯被针锋相对的两人夹在中间,一直痛苦地撇着嘴,现在他见西斯蒙第和哈耶克两人的争论告一段落了,赶紧插进来说说话。确实,如果是张山坐在他的位置上,也会感慨:这二人的气场也太强大了吧!

"我想,我们应该从目前已有的情况出发。比如,既然政府是存在的,那么我们就应不断地帮助政府变得更加完善,让它能够更好地为经济服务。如果它不是一个必须有的产物,那么我们最终将见到它消失在历史的长河中;而如果事实刚好相反,那么我们可以通过对政府的修缮,让其更好地服务于人们的经济目标。不是吗?"

这正是康芒斯的理论方向,对政府做持续的改进。康芒斯把制度看成是人类社会,尤其是经济发展的推动力量。而他所谓的制度,指的是集体对个人的约束。因此,从本质上讲,他也是一个凯恩斯主义者,只是他并不认为那是他的理论核心罢了。

"我觉得,我们完全可以把政府作为调解不同利益集团之间的矛盾的工作者,因此——"

"因此,政府的存在是确有必要的。"在确认了康芒斯其实是和自己站在同一条战线上的这个事实之后,西斯蒙第抬手制止了他,并接下话茬,打算说完他的未尽之言。显然,相对于婆婆妈妈的康芒斯,他认为自己的论述更具说服作用。

制度与社会的关系

制度本身实际上并无优劣之分,能与社会和生产力水平匹配、协调的,才是适合的,适合的也就是好的。

💴 头脑的地位

"其实,历史已经充分证明了政府存在的必要性。"也许是将要陈述的理论过于神圣,西斯蒙第脸上已经找不到对胜败的得意与介怀。在他眼里,张山能够感觉到平静与崇高——这是一个真正的科学家应有的眼神。

"20世纪30年代之前,甚至之后的一段时间,美国奉行自由主义经济,"西斯蒙第的眼睛直视侧上方,似乎在回想着某些场面,"但自由主义对华尔街的危机和随后而来的大萧条无能为力,反而是富兰克林·罗斯福总统推行的政府干预政策,成功地挽救了美国经济。"

"事实上,古典经济学中,关于市场是有效调配稀缺资源的手段的论述是正确的,但需要注意的是,血淋淋的案例告诉人们,这只看不见的手并不总能奏效。"说到这里,西斯蒙第的目光下意识地垂了下来,使张山十分怀疑他是不是对某个姓斯密的人有些忌惮和担忧。"而这时,政府这只看得见的手,就能够代替市场继续行使调配稀缺资源,规范经济持续健康发展的作用了。"

"可是——"另一边的哈耶克还是不服,不过他刚一开口,就被西斯蒙第摆手制止住了。显然,法国贵族做出这样的举动是极为不礼貌的,但是一旦他真的这样做了,就意味着他有足够的理由优先讲完自己的判断——即便是以有损自己的身份形象为代价也在所不惜。

张山看到,哈耶克似乎也感觉到了什么,居然被西斯蒙第一个手势就止住了他的争辩,并且目光炯炯地盯着后者,似乎也对他下面将要阐述的内容有了足够的兴趣。

"其实,政府和经济之间的关系,是上天赋予的(这句话放在这里挑衅意味浓厚,张山观察到哈耶克的眼神一瞬间冷了下来)。不过,也许很多人意识不到。其实与之类似的关系,是广泛地存在于自然界的,甚至就在我们每个人的身体之中。"

孙继国老师评注

政府从社会经济生活宏观的角度,具有履行对国民经济进行全局性地规划、协调、服务、监督的职能和功能,这也被称为政府的经济职能。

"什么?"这回除了西斯蒙第本人,会议室里所有的人都瞪大了眼睛,"**经济基础与上层建筑之间的关系,存在于我们的身体内部?**"这种说法大家还是头一次听到。看来,这可能是西斯蒙第压箱底的独创了。

"我们可以看一下政府的行为,目前被认为是优秀的政府的行为是怎样的。"西斯蒙第的脸上找不到喜悦,他自己也深陷于激动之中。此刻,"上帝"正借他之手,把自己真面目的一部分展露给在场所有的人们。

"首先，它永远在观察、倾听着受它影响的所有经济体的活动和诉求，但并不采取行动。就在这一时期，可能有企业破产，有失败者自杀。任何经济体都希望政府能够优先满足它们的经济诉求，但是永远只能有一个是最优先的，第二优先的、第三优先的企业，包括最不受欢迎的经济体，都只能有一个。换句话说，在任何一种经济环境下，不同的经济体对总体经济的重要性都是不同的。它们共同排列、构成一个特定的优先序列，并以这个序列，得到政府的资源配给。"

西斯蒙第描绘完这一幅政府向经济体施粥的景象之后，会议室里出现了另外一个景象：每个人都歪着头，抬着眼睛，在脑海中勾勒和推敲着其中的变数和情形。

"神奇的是，只要大家随便一想，就会发现，其实同样的情形无时无刻不发生在我们的身体之中。"西斯蒙第的嘴角微微翘起，有些恶作剧般地扔出了这天最大的重磅炸弹，"任何一个时刻下，构成我们身体的每个细胞和器官都在向神经系统反馈着它们的状况和诉求。有些饿了（缺乏 N、P 元素），有些渴了（电解质平衡出现问题），有些消化不良（缺乏氧气与营养物质反应产生能量）。但是人不可能同时满足这所有的要求——也许这时他正在车流如潮的高速公路上徒步穿行，又或者在进行着一次不容疏失的考试，因此就算在这段时间里有成千上万的细胞会被饿死、渴死，更多的细胞会因失养而早衰，但他仍然没有理由停下来嚼上几口三明治。因为他的头脑经过计算得出一个结论：如果他真的那么做了，只会有更多的细胞永远见不到第二天的太阳。"

"……"

张山看了看申斯文，申斯文也看了看张山。他们都已经清楚了西斯蒙第所要表达的思想。很显然，无论对于社会经济，还是对于人体而言，其可分配资源总是稀缺的。让每个微观组分自由发展当然会对它们有利，因为有了这种自发性和由自发性衍生出来的扩散作用以及影响力，才让那些重要的问题不会被忽视掉。比如，睡眠很重要，以至于被蚊虫叮咬我们都不会醒来；但如果痛感过于强烈，则人们被认为有必要醒来对周遭的环境查探一番——也许是来了大型兽类，又或者是居室不小心着火了。而政府和头脑存在的意义就在于，经过计算，判断出社会资源或个人资源应该被用在哪里。怎样的危机应该置之不理（比如雷曼兄弟的破产），怎样的危机应该掐灭在萌芽状态（比如汇率变动对国内生产的影响）。

孙继国老师评注

1909年，美国联邦法院判决洛克菲勒的标准石油公司解散，随后标准石油公司提起上诉，1911年5月15日最高法院终审判决维持原判。1911年7月，标准石油公司分拆成34个独立的公司。

值得一提的是，1999年，曾经从标准石油公司分出来的埃克森和美孚再度合并，成为全球最大的非政府石油天然气生产商。

"也就是说，"一名男生若有所思地讲出了所有人心中所想，"在经济中，自由是必须要有的，因为政府这个经济之脑需要切实地了解所有经济体的运行状态和诉求。但自由不代表可以为了个体利益而牺牲整体利益，就好像，好像……"

"饮鸩止渴。"张山大方地替这个男生解了围，顺便秀了一下自己的中文辞藻。

"对，就是饮鸩止渴。"西斯蒙第微笑着总结道，"**当洛克菲勒雄霸美国90%以上石油市场，并借由托拉斯手段实施垄断的时候，最高法院裁定其拆分成34家独立运营的公司。**一个洛克菲勒倒下了，美国人民却成功地切掉了整体经济上的这颗毒瘤——如果任其疯长，它会吸收过多的社会资源，并成为拖累美国经济航船前行最大的那一只锚。"

¥ 延伸——计划经济

"可是，"哈耶克还是有些不甘心，这一方面是出于一个诺贝尔奖获得者的自尊（这很可能是主要方面），另一方面也源自他理论中尚且存在还未被西斯蒙第攻破的部分，"就算小罗斯福依靠政府干预拯救了美国经济，但苏、中相继放弃计划经济体制，不也说明了政府不应过分干预经济运行吗？"

"是啊。"西斯蒙第微笑着看向老哈耶克，"尊驾也说过了，政府是不应过分干预经济，而不是不应干预经济。就好像头脑不应武断地指定，一个人现在是应该吃饭，还是应该谈情说爱一样。一切的源头和标准，都在于整体利益的最大化。

毕竟，政府是由全体公民推选出来的，它就必须代表所有人的利益——即便必须要做出取舍，也只能丢卒保车。至于丢西瓜捡芝麻的事情，无论从道义上还是体制上，都是不应去推动执行的。"

"……"哈耶克长吁了一口气，撇了撇嘴，耸了耸肩，"好吧，你说得对。"

"我反对！"

这叫什么来着？摁倒葫芦起来瓢？张山有些无奈地循着声音的方向扭头向屋子的一角看去。

当然，房间就那么大点儿，想找到一个制造出轰动效果的人还是很容易的——很多人的目光都集中在了这名英气勃勃的女生身上。虽说她没有柳眉倒竖，杏眼圆睁，但这个干净利落的女生质疑西斯蒙第的态度却是决然的。

"拿我们中国来说，在新中国成立初期，执行严格的计划经济体制，对提高生产和人民生活质量都是有过很大帮助的。"女生似乎对西斯蒙第一棒子打死计划经济体制极为不满，语速很快，且带有可以感受到的主观情绪，"当时，如果食品没有按计划配发，而是被奸商囤积钻了空子，那不知道要饿死多少人；如果没有把优秀人才和物质资源都安排到重工业领域，那不知道一切会变成什么样子了。"说到这里，女生尽量克制地瞪了哈耶克一眼。

张山瞅了瞅无辜的哈耶克，想笑又不太敢笑，硬是憋了回去。

西斯蒙第很绅士地向女生点了点头，表示了他的谦逊和敬意。其实，他对积极维护本国尊严的人，都是很钦佩的。无论是他脾性中的法国成分，还是身负的意大利血统，都趋向于把他塑造成一个肯定理想和信念的人。"这位女士，"我无意否定计划经济本身。其实政府对经济的干预，永远带有计划属性。而且，越是在微观经济无法顺利表达，甚至无法确定自身需求和运行状态的时候，政府对经济的干预，就越带有更多的计划成分。贵国在建国初期采用计划经济体制的做法是有道理的。当然，如果当时能够抽出更多的资源用在对微观经济运行的监视上，那么计划政策的效果应该更明显。"

"……"女生的嘴动了动，最终没有说出话来。看来，她已经被西斯蒙第谨慎的措辞说服了。

"好了！"康芒斯再一次抓住难得的冷场，参与了进来。不过随后他发现，从逻辑上看，这期讨论已经进入了尾声。于是，他只好无奈地畅想起了美好的明天:"就像我刚刚讲的,政府的存在很可能是确有必要的——咳,是必然有必要的——"感受到那些来自各个方向的目光,康芒斯连忙改口说道,"但是更重要的是,我们应该不断地提升政府的执政能力。哦,对我们来说是促进经济发展的能力……"

"而其中最关键的,想必通过上面两位学者的讲述,各位已经有所领悟。那就是增强体察民情能力,尽最大可能地判断微观经济体的运行状态和需求;还有就是尽可能精确地计算出资源配给的优先顺序、优化政府内部运行效率。在保证了这些之后呢……唉唉,你们别走啊……"

就这样,今天的经济学公开课结束了。

推荐参考书

《制度经济学》 约翰·康芒斯著。在本书中,康芒斯把制度作为研究对象的一门经济学分支,他研究制度对于经济行为和经济发展的影响,以及经济发展如何影响制度的演变。

第四堂课

斯蒂格勒、布坎南、贝克尔讨论"规制"

布坎南

斯蒂格勒

贝克尔

政府应当对经济行为进行适当的管理和制约。

乔治·斯蒂格勒/詹姆斯·麦吉尔·布坎南/加里·贝克尔

乔治·斯蒂格勒(1911—1991),美国经济学家、经济学史家,1982年诺贝尔经济学奖得主。

詹姆斯·麦吉尔·布坎南(1919—2013),他将政治决策的分析同经济理论结合起来,使经济分析扩大和应用到社会-政治法规的选择,1986年获诺贝尔经济学奖。

加里·贝克尔(1930—2014),美国著名的经济学家和社会学家,1992年诺贝尔经济学奖得主。

西楼副会议室中,张山再次与申斯文相遇了。

张山背着书包出现在门口的时候,看到教室中有人向他招手,原来是申斯文招呼他过去坐呢!

"你来得挺早啊。"张山边走过去边打招呼。

"早来了一会儿。看会儿书,顺便占个好位置。"申斯文说道,"这还有半个小时呢,你来得也不晚嘛!"

"有你这个积极分子在,我来得太晚了岂不是太不像话了。"张山说道,"再说了,之前来的几次都挺有收获的。我对来参加这个公开课还真是有点儿迫不及待的感觉呢!"

申斯文开心地笑了笑说道:"兴趣是最好的老师!对了,你知道今天的主题是什么吗?"

"是什么?"张山确实不清楚。

"提示一下,上一次的主题是政府,这次的主题也跟政府有关,不过,内容可能更加具体一些。"

"哦。"张山想了想说道,"上次讲的主要是有关政府的一些宏观的经济理论,这回难道要来点儿具体的操作办法?"

"可能没有你希望的那么具体,不过也差不多。"申斯文说道,"今天的主题是规制,嘉宾们应该还是会讲理论多一些吧!"

"不知道今天请的是哪几位嘉宾。"

"今天的三位嘉宾也都是经济学界的泰斗级人物,分别是乔治·斯蒂格勒、詹姆斯·布坎南和加里·贝克尔。你看,他们来了。"

张山闻声抬头,三位嘉宾已经来到了教室门口。

¥ 不同的选择

"这几位我一个也不认得,很有名吗?"张山问道。

张山的疑问让申斯文感到无奈，不过，他还是耐心地对张山说道："瘦瘦高高，身着格子西装，头发都白了的这位是乔治·斯蒂格勒。他是美国经济学家，是1982年诺贝尔经济学奖得主。"

"头发整齐，身着深色西装的这位是布坎南，也是美国著名的经济学家。布坎南是公共选择学派最有影响、最有代表性的经济学家，是公共选择学派的创始人与领袖，被称为'公共选择之父'，著述颇丰。"

"不戴眼镜，头发看起来有些稀疏的是美国著名经济学家加里·贝克尔。贝克尔曾担任过1974年美国经济学会副会长，是1967年**克拉克奖**的得主。"

"都是美国人啊？"张山问道。

"知识不分国界！"申斯文不像是开玩笑的样子，"只要对咱们有用，其他的都是浮云啊！"

两人说话的工夫，三位嘉宾已经来到了台上。

走在前面的斯蒂格勒率先开口说道："今天我们三个都很荣幸来为大家讲一讲经济学。今天的议题是规制。"

"斯蒂格勒老师，规制到底是什么意思，又包含了哪些内容呢？"张山迫不及待地问道。

斯蒂格勒回答道："规制，说白了就是政府设置规定对经济活动进行一定的限制。"

布坎南也接着话茬儿说道："规制作为具体的制度安排，是'政府对经济行为的管理或制约'。即在市场经济体制下，以矫正和改善市场机制内在的问题为目的，政府干预经济企业活动的行为。"

"那规制主要包含哪些方面呢？"张山继续问道。

"规制包含的方面非常多，包容了市场经济条件下政府几乎所有的旨在克服

> **孙继国老师评注**
>
> 约翰·贝茨·克拉克奖在经济学界有"小诺贝尔经济学奖"之称，由美国经济学会评选，是经济学界仅次于诺贝尔经济学奖的一项重要殊荣。
>
> 约翰·贝茨·克拉克奖由美国经济协会于1947年在美国经济协会创始人、著名经济学家约翰·贝茨·克拉克诞辰100周年之际设立，用以纪念约翰·贝茨·克拉克提出的边际生产力理论与生产耗竭理论和研究出根植于边际效用的需求理论。该奖每两年评选一次，入选的基本资格为在美国大学任教的40岁以下的学者。

广义市场失败现象的法律制度，以及以法律为基础的对微观经济活动进行某种干预、限制或约束的行为。"贝克尔向前迈一步说道。

斯蒂格勒说道："当然，我们今天讲的主要是规制经济学以及相关的一些内容。在此，我认为首先我们应该明确一下这门学科的概况。"

"规制经济学是对政府规制活动所进行的系统研究的一门学科，是产业经济学的一个重要分支。"

斯蒂格勒接着说道："在规制经济学中，按照研究方法的不同主要分为两大派别：规制规范分析与规制实证分析。规范分析与实证分析是经济学的两种基本分析方法。规范分析涉及价值判断与伦理道德问题，侧重于说明一种事物或行为'应该怎样'，只有通过政治辩论或决策而不是单纯经济分析本身才能解决问题。与之不同，实证分析更侧重于用事实说话，说明事物本身情况，解决'是什么'的问题，主要借助于事实分析与经验证据。"

"这么说起来，规制经济学是不是还有其他的分类方法呢？"一位女同学问道。

"依据规制性质的不同，规制可分为经济性规制与社会性规制。"这次回答问题的是布坎南，"经济性规制主要关注政府在约束企业定价、进入与退出等方面的作用，重点针对具有自然垄断、信息不对称等特征的行业。而社会性规制是以确保居民生命健康安全、防止公害和保护环境为目的所进行的规制，主要针对与

实例分析与规范分析

实例分析
1. 最低工资率法律增加了青年工人和非熟练工人的失业率。
2. 20世纪70年代世界油价暴涨主要是由垄断力量达成的。
3. 利率上升有利于增加储蓄。
4. 效率就是生产率的提高。

规范分析
1. 政府在扩大就业方面还应该起到更大的作用。
2. 政府开支已经超过了应有的水平。
3. 效率比平等更重要。
4. 治理通货膨胀比增加就业更重要。
5. 经济发展过程中出现收入差别扩大是正常的。

应对经济活动中发生的与外部性有关的政策。"

布坎南沉吟了一下接着说道:"经济性规制的实施方式主要有四种。一是对企业进入及退出某一产业或对产业内竞争者的数量进行规制。这一规制可以通过发放许可证,实行审批制,或是制定较高的进入标准来实现。"

"二是对所规制企业的产品或服务定价进行规制,也称为费率规制,包括费率水平规制或费率结构规制。

"三是对企业产量进行规制。产量高低直接影响着产品价格,进而关系到生产者与消费者的利益,通过规制可限制或鼓励企业生产。

"四是对产品质量进行规制。相对于前几种方式,对产品质量进行规制的成本较高,主要包括监督成本、检查成本。由于规制者难以亲自监督产品生产,企业和规制者之间存在着信息不对称。规制者对产品质量很难把握,因此实践中这类规制方式较少采用。"

"由于社会性规制不是今天讨论的重点,所以介绍起来就简单多了。"贝克尔笑眯眯地说道,"这种规制近年来在各国越来越多地被采用,主要通过设立相应标准、发放许可证、收取各种费用等方式实施。"

"那么,斯蒂格勒老师,您刚才讲规制经济学可以分为两大流派,您能再深入地介绍一下规制经济学中的这两大学派吗?"

"当然!"斯蒂格勒将一位绅士该有的表现演绎得恰到好处,"那就分别说一下这两大学派的主要观点吧!"

"规制规范分析学派认为,由于市场机制不完善及存在市场失灵,如自然垄断、外部性等,因此应对企业活动进行规制。规制的目的是在确保资源配置效率情况下,保证公共利益不受损害。

"比如,19世纪时,政府对铁路运输业进行规制的主要根据是这一产业存在自然垄断,竞争性市场难以保证资金供给。为了在推广新技术的同时也提高社会效率,规制就势在必行了。到19世纪末,马歇尔等提出了除自然垄断外其他形式的市场失灵,如外部性问题,使规制的依据有所扩展。

"规制实证分析学派则认为,政府规制的目的并非是保护公共利益,而是为维护个别集团的利益,在规制者与被规制者之间的相互利用。通过经验数据分析,佐证了所提出的观点。在某些经济学家看来,保护公共利益只不过是表面现象,进行规制与是否有必要进行规制或规制的实际效果是两个问题。"

¥ 规制俘虏理论

"规制经济学发展到现在是否已经成熟,又有哪些具体的理论内容呢?"这次提问的是申斯文。

"整体上来看,规制经济学发展到目前已经比较成熟,其具体的理论内容也正是我们接下来要讲的内容。"布坎南说道,"首先我们需要讲的就是规制俘虏理论。讲这一部分内容,我想没有比斯蒂格勒先生更适合的人选了。"

"怎么回事,这是恭维还是推脱啊?"张山低声问旁边的申斯文。

"都不是,"申斯文说道,"规制俘虏理论是斯蒂格勒首先提出来的,所以由他来讲这一部分也是众望所归。"

斯蒂格勒也不推辞,他往前迈了一步说道:"我这个人比较守旧,所以,我们还是从规制俘虏理论的定义说起比较好。"他接着说道,"有人认为规制俘虏理论是对规制在现实生活中有利于生产者的一种经验陈述,实质上这不是真正的规制理论。普遍认同的含义是政府规制是为满足产业对规制的需要而产生的,即立法者被产业所俘虏;而规制机构最终会被产业所控制,即执法者被产业所俘虏。"

"斯蒂格勒老师,您是在什么情况下提出规制俘虏理论的呢?"张山问道。

"前面我们说过,19世纪末,美国对铁路运价提出了一些问题。由于多方面的原因,最终导致了市场失灵的情况。后来,许多经济学家对19世纪末美国规制历史,特别是1887年州际商业委员会对铁路运价规制进行了回顾,发现规制与市场失灵关系不大。至少到20世纪60年代,从规制的经验来看,规制是朝着有利于生产者的方向发展的,规制提高了产业内厂商的利润。"

斯蒂格勒停顿了一下接着说道:"在潜在竞争产业,如货车业和出租车产业,规制允许定价高于成本且阻止进入者。在自然垄断产业如电力事业,有事实表明规制对于价格作用甚微,因此该产业能赚取正常利润之上的利润。规制有利于生产者得到了经验证据的支持。

"这些经验观察导致规制俘虏理论的产生和发展。与规制公共利益理论完全相反,规制俘虏理论认为:规制的提供正适应产业对规制的需求,即立法者被规制中的产业所控制和俘获;而且规制机构也逐渐被产业所控制,即规制者被产业所俘虏。"

"针对这些问题,您是持什么观点的呢?"申斯文问道。

"对于这些问题,我的观点是:不管规制方案如何设计,规制机构对某个产业的规制实际是被这个产业'俘虏',其意义在于规制提高的是产业利润而不只是社会福利。"

"哎呀,听起来云里雾里,实在有点儿摸不着头脑啊!"张山拍了拍脑袋说道,"斯蒂格勒老师,关于规制俘虏理论的内容,您能再详细讲一下吗?"

斯蒂格勒笑了笑说道:"我在1971年曾经撰写过一篇名为《经济规制论》的文章。如果在听了接下来的讲述之后还有疑惑的话,我建议你去找找这篇文章,看一下,也许会对你有些帮助。"

张山听了,苦笑着点了点头。

"目前经济学界普遍认为,规制通常是产业自己争取来的,规制的设计和实施主要目的是为规制产业自己服务。我们经济学方法分析规制的产生,发现规制是经济系统的一个内生变量。规制的真正动机是政治家对规制的供给与产业部门对规制的需求相结合,以各自谋求自身利益的最大化。"

俘获公共规制与公共规制

政府规制是为满足产业对规制的需要而产生的,而规制机构最终会被产业所控制,即立法者和执法者都被产业所俘虏,决策者是被动地根据现实进行规制的。

斯蒂格勒的讲述似乎已经告一段落了，张山还是一副不知所以的样子。

申斯文见状，对张山解释道："斯蒂格勒老师的理论与规制的公共利益理论形成了鲜明的对照。他认为，规制主要不是政府对社会公共需要的有效和仁慈的反应，而是产业中的部分厂商利用政府权力为自己谋取利益的一种努力。规制过程被个人和利益集团利用来实现自己的欲望，政府规制是为适应利益集团实现收益最大化的产物。"

"不错！"斯蒂格勒对申斯文的解释非常满意，他接着说道，"1976年，佩尔兹曼在对市场失灵、对政府规制结果的预测以及进而推断政府规制在经济上的有效性的三个层次上进一步发展了规制俘虏理论。他认为无论规制者是否获得利益，被规制产业的产量和价格并没有多大差异，其主要差别只是收入在各利益集团之间的分配。1995年，伯恩施坦树立的'规制机构生命周期理论'认为，公共利益理论是天真的，规制机构起初能独立运用规制权力，但逐渐被垄断企业所俘虏。'合谋理论'则认为初始的规制从来就受被规制者与其他利益集团的影响，即政府规制者一开始就被俘虏。"

"斯蒂格勒老师，据我所知很多理论由于各种各样的限制都是有缺陷的。"申斯文说道，"规制俘虏理论是不是也有它的不足之处呢？"

"这是当然了！"斯蒂格勒老师说道，"不过，我实在是不愿意面对这个问题，请布坎南先生来回答这个问题怎么样？"斯蒂格勒说着，转向了布坎南。

"乐意效劳。"布坎南冲斯蒂格勒点了点头说道，"事实上，规制俘虏理论与规制历史极为符合，因而极具说服力。不过，所谓'十事九不周'，规制俘虏理论同样面临着一些问题，比如没有坚实的理论基础。出现这些问题的原因在于规制俘虏理论并没有解释规制如何逐渐被产业所控制和俘虏的。受规制影响的利益集团有很多，包括消费者、劳动者组织以及厂商。为何规制受厂商控制而不是受其他利益集团的影响？规制俘虏理论的最初形式并没有对此提供某种解释，它只是假设规制是偏向生产者的。"

"你这么说，肯定是有依据的，这些依据您能给我们讲一下吗？"申斯文问道。

"支持规制俘虏理论的证据非常多，前面斯蒂格勒先生已经说过，现在我只说一些与之冲突的经验。"布坎南说道，"众所周知，规制有两个特性，也就是交叉补贴和偏向小规模生产者。我们知道，**交叉补贴**是牺牲一种产品的利润来保全其他商品的利润的做法，这种规制就不能说是偏向生产者的。而且交叉补贴在向不同消费者提供产品的边际成本不同的情况下,通常采取向不同消费者收取相同价格的形式,这也不是最有效的偏向生产者的规制。"

布坎南沉吟了一下接着说道:"讲到这里,我们不得不提一下规制的另一特性——通常偏向于小规模生产者。小规模生产企业在规制条件下获取的利润往往高于大企业厂商,而在非规制下,他们赚的就少得多了。"

布坎南越说越起劲,完全忽略了旁边的斯蒂格勒,他接着说道:"反对规制俘房理论的最有力的证据还在于现实生活中存在许多不被产业支持的规制,产业利润水平因为规制反而下降了,包括石油天然气价格规制,对于环境、产品安全、工人安全的社会规制。曾经有经济学家评述说,假设规制俘房理论十分正确的话,则20世纪70年代后期在诸如经纪人佣金、航空、有线电视、天然气以及石油定价等一系列放松规制就不可能发生,人们也不会看到1986年税制改革法案的通过,该法案将相当的家庭税负转移给了企业。"

布坎南一口气说了好多内容,他深吸一口气接着说道:"以上种种都说明,规制俘房理论难以解释许多产业被规制及后来又被放松规制的内在原因。"然后,布坎南朝斯蒂格勒点了点头,似乎感到有些抱歉。

孙继国老师评注

交叉补贴是一种定价战略。

其思路是通过有意识地以优惠甚至亏本的价格出售一种产品(称之为"优惠产品"),而达到促进销售盈利更多的产品(称之为盈利产品)的目的。

交叉补贴通常出现在下列被规制产业中:铁路、航空业、城市间通信业。

¥ 公共利益理论

布坎南接着说道:"那么,接下来我们再讲规制经济学中另一个非常重要的内容——公共利益理论。"

孙继国老师评注

在斯蒂格勒于1971年提出公共利益理论之前,经济学界普遍认同的传统观点是,政府管制是为了抑制市场的不完全性缺陷,以维护公众的利益。即在存在公共物品、外部性、自然垄断、不完全竞争、不确定性、信息不对称等市场失灵的行业中,为了纠正市场失灵的缺陷,保护社会公众利益,由政府对这些行业中的微观经济主体行为进行直接干预,从而达到保护社会公众利益的目的。

贝克尔接过布坎南的话茬儿说道:"这部分内容就由我来为大家讲述。"

"什么是公共利益理论呢?"张山问道。

"**公共利益理论**其实也是斯蒂格勒先生提出的,其最主要的含义是指出规制的目的是'为保护生产者利益'这一论点。"

"公共利益理论的基本观念是法律应当反映'公意',代表全体人民,或者'最大多数人民的最大利益'。具体到行政立法领域,官员被假设成为了公共利益、公共秩序和行政效率而行使立法权的利他主义者。"贝克尔接着说道,"立法也可能'从维护人民意志与利益的神圣权力,变为侵犯人民权益的手段;从表达社会公平与正义的价值标准,变为立法者专横统治的工具'。在这种情况下,立法权'异化'了。但是,人民可以通过选举、舆论监督和司法审查等民主制度纠正这种异化。"

"今天讲的理论怎么都这么深奥,"张山似乎有点儿不好意思,"搞不太明白啊!"

"说白了作为共同体利益和公众利益,公共利益是一个与私人利益相对应的范畴。"申斯文看了张山一眼,接着说道,"在这一意义上,公共利益往往被当成一种价值取向,当成一个抽象的或虚幻的概念。以公共利益为本位或是以私人利益为本位,并没有告诉人们公共利益包括哪些内容,它只阐明了利益的指向性。即使是在这种情况下,公共利益也具有一些基本的属性。"

见张山点头表示明白了,申斯文又向贝克尔提出了自己的疑问:"贝克尔老师,公共利益理论都有那些特质呢?"

"你刚才所说的是该理论的本质属性,除此之外,它还有客观性和社会共享性的特点。"贝克尔老师先对申斯文之前的话进行了点评,然后接着说,"客观性是指,公共利益并非个人利益的叠加,也不能简单地理解为个人基于利益关系而产生的共同利益。不管人们之间的利益关系如何,公共利益都是客观的,尤其是那些衍生于共同体的公共利益。为什么会这样呢?"贝克尔紧接着做出了回答,"是因为这些利益客观地影响着共同体整体的生存和发展，尽管它们可能并没有被共同体成员明确地意识到。"

"既然公共利益是共同利益，既然它影响着共同体所有成员或绝大多数成员，那么它就应该具有社会共享性。这可以从两个层面来理解。第一，所谓社会性是指公共利益的相对普遍性或非特定性，即它不是特定的、部分人的利益。第二，所谓共享性既是指'共有性'，也是指'共同受益性'。并且这种受益不一定表现为直接的、明显的'正受益'；公共利益受到侵害事实上也是对公众利益的潜在威胁。"

"那么，这套理论的发展历程是怎样的呢？"张山问道。

"该理论的发展主要经历了两个主要的阶段。"贝克尔老师回答，"第一阶段是反独占的农业社会运动，学者通过研究美国农夫经济过程，认为农夫被下游厂商剥削，下游厂商独占渠道形成差别定价，而让独占厂商享有过度集中的经济力量，经济力量形成之后又继续在社会以及政治上造成影响力，而政治力量应该立法来阻止独占造成的垄断力。由于对于企业本身的不信任，所以希望通过规制来限制厂商的权利以及控制企业在市场上的活动。在这一阶段，经济学家们重视的是生产者本身的利益。"

"第二阶段，规制的主要目的在于防止造成市场无效或是不公平的市场惯例。当独占产生时，规制的主要目的在于回复某种程度的竞争，例如因为规模经济而造成的自然独占，规制要监视的是利率与利润背后的福利水平。这一阶段经济学家们开始重视消费者的利益。"

"今天是怎么回事，到现在我怎么还是搞不清楚到底什么才是公共利益啊？"张山沮丧地说道，"连这个都搞不清楚，理论什么的岂不是更没有希望了！"

"别急！"申斯文说道，"还没讲到呢！接下来可能就要讲这些内容了。"

此时，布坎南走上前来说道："对于公共利益的界定也是公共利益理论中非常重要的一部分。通过之前贝克尔先生的讲述，我们了解了它的主要特质，但如果要让人们能够清楚地从主观的角度清楚地界定公共利益，可能还是有一些困难。其实，对于这个定义，即使是全世界的国家政府之间也没有达成一致，不过好在大同小异，它们的相关界定主要归纳为三种。"

"第一种是由立法机关通过立法程序来界定，具体表现在立法机关确立公共利益的概括性条款；第二种是由行政机关通过行政程序来界定，现实中大量运用公权力追求公共利益必然会有代价的实务运行过程,这一过程也正是由其来行使的;第三种是由司法机关综合各种情况对公共利益做出判断,一般主要是在处理具体涉及公共利益的个案。"

"这么分的标准是什么呢?"张山问道。

"公共利益抽象、不确定的特点使得人们很难给其下一个科学确切的定义,但这并不意味着不能确定公共利益的界定标准,从上述总结的公共利益的基本特征出发,我们一般会综合考虑几个比较重要的方面。"

布坎南接着说道:"首先是比例原则。土地征用、拆迁必须是为了公共利益目的,但符合公共利益目的并不意味着任何土地征用行为都是正当的。国家可以随意地行使相关权力,它必须同时符合比例原则。"

"比例原则源于德国,最初,它具有三重含义。一是政府采取的手段确实可以实现政府希望实现的目的(必要性原则);二是政府采取的手段是在各种可选择的手段中对个人或组织权益有最少侵害的(妥当性原则);三是受侵害个人或组织的利益不应超过政府所要实现的公共利益(狭义比例原则)。比例原则在于限制政府在征地过程中过于宽泛的自由裁量权,它要求政府机关在实施征地行为时,应兼顾行政目标的实现和保护相对人的利益。如果为了实现行政目标(公共利益)可能对相对人的利益造成某种不利影响时,应使这种不利影响限制在尽可能小的范围内,使两者处于适当的比例状态。当征收、征用的目的可以通过其他代价较小的方式实现时,则没必要征收、征用。

布坎南老师的话

作为一个人,无论他处在什么地位,人的本性都是一样的,都以追求个人利益极大化、个人的满足程度为最基本的动机。

"其次是利益衡量原则。利益衡量原则是指依据立法上概括的公共利益标准征收后,能否给社会带来比原先由原财产人使用所产生的'更高的'公益价值。而'更高的'公益价值并非仅指受益人数量多少的问题,而且还包括该征收之目的之'质'的问题。此种'质'取决于所涉及的利益较其他利益是否具有明显的价值优越性。例如,'相对于其他法益(尤其是财产性的利益),人的生命或人性尊严有较高的位阶'。"

布坎南老师想了想接着说:"并且,即使是多数人受益,也不能建立在少数人的痛苦之上;即使多数人同意,也不能剥夺少数人的基本人权,因为公共利益具有功利性价值,而人权具有目的性价值。无论如何,公共利益的增益不能以剥夺人权或牺牲人权为代价,这是法治社会的基本原理,否则将可能导致'多数人的暴政'。换句话说,公共利益应该是对所有个体利益的整体性抽象,其体现为每一个个体利益都能得到改进。即使'帕累托改进'很难实现,至少也要恪守'卡尔多－希克斯'改进的底线。"

孙继国老师评注

卡尔多-希克斯效率是指第三者的总成本不超过交易的总收益,或者说从结果中获得的收益完全可以对所受到的损失进行补偿,这种非自愿的财富转移的具体结果就是卡尔多-希克斯效率。

"第三是公平补偿原则。运用公权力追求公共利益必然会有代价,这就造成公民权利的普遍损害或特别损害。所以在寻求公共利益而不得不让少数人做出牺牲时就必须确立公平补偿的原则。我们的前辈麦迪逊曾说过,'政府的存在本身就是人性不可靠的说明',我对此深以为然。有权利损害必有救济,是公平正义的社会价值观的体现,也是现代法治的基本精神。只有做到公平或公正的补偿,才能使公民个人的权利损害降低到最低限度。"

公共利益和个人利益的变化

在一般状态下,公共利益的衡量掌握在少数人手中,所以公共利益总趋向于扩大,从而侵害个人利益。这就需要正当法律程序约束到合适的比例,一旦比例失调,就需要国家来对个人进行赔偿。

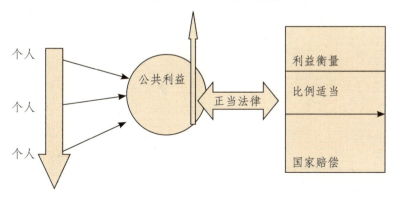

公共利益和个人利益的变化

"布坎南老师，据您所知，各个国家都对此进行了补偿吗？"申斯文问道。

"各国法律中对补偿的表述不一，有'公平补偿'（德国与法国）、'适当补偿'（美国）、'正当补偿'，但他们在计算补偿金额时却考虑了直接损失与间接损失。近几年来，中国在宪法修正案中逐渐增加了征收和征用时给予补偿的规定，而且金额也在逐渐增加。虽然目前还不能达到发达国家的水平，不过，总体来看，趋势还是很乐观的。"

布坎南在台上踱了几步接着说道："除此之外，正当法律程序原则也非常重要。公共利益的确认过程应当充分融入正当法律程序之理念。因为公共利益的公共性和社会共享性要求对公共利益进行确认时必须确保每一个利益集团都有充分的话语权来表达自己的利益诉求。依据'公正程序应当包括五个方面，程序的合法性，主体的平等性，过程的公开性，决策的自治性和结果的合理性'。"

布坎南的讲述结束后，三位嘉宾朝大家点了点头，便转身向门口走去。

推荐参考书

《人力资本理论》 加里·贝克尔著。贝克尔在该书中弥补了舒尔茨只分析教育对经济增长的宏观作用的缺陷，系统进行了微观分析，研究了人力资本与个人收入分配的关系。他把表面上与经济学无关的现象与经济学联系起来，并运用经济数学方法进行分析。

第五堂课

米德、庇古、贝弗里奇讨论"福利"

詹姆斯·爱德华·米德/阿瑟·塞西尔·庇古/威廉·贝弗里奇

詹姆斯·爱德华·米德(1907—1995),英国经济学家,1977年诺贝尔经济学奖获得者,曾在牛津赫特福学院担任经济学讲师,教授经济学理论的全部内容。

阿瑟·塞西尔·庇古(1877—1959),英国著名经济学家,剑桥学派马歇尔的学生,被视为剑桥学派正统人物及主要代表。他因《福利经济学》一书而被西方经济学界奉为福利"经济学之父",成为福利经济学的创始人。

威廉·贝弗里奇(1879—1963),英国经济学家,社会问题和失业问题专家。

张山就读的学校是一所建校较早的学府，虽然并非地处省会城市，但早年在全国的高校中还是享有一定地位的。只是学校错过了20世纪90年代末轰轰烈烈的全国高校大包装的热潮，且优势科目并不受时代发展的待见，因此渐渐地被同行和生源淡忘在了那个寂寞的地级市里。

与大多数同龄人不同，张山对自己就读的这所学校还是很认同的。当然，他认同母校的角度有些特殊——他喜欢校园里的绿化。由于在建校伊始，领导层采纳了专业工程技术院校的定位，在规模上并没有好大喜功，因此尽管所在城市的土地资源并不紧张，但该校区面积在同等级别的院校中确实已经处于接近寒碜的地位了。即便如此，张山仍然能够勉为其难地津津乐道于其"布局之巧妙""细节之用心"，可见他在潜意识里是多么需要认可自己所处的这个环境啊！

其实，张山的内心里是非常向往福利社会的，这也就可以解释他为何对绿化这类公共设施情有独钟了。

¥ 福利经济学

说起最能够令张山欣赏的校园景色，正是教学楼附近的花园林木。七号的这天晚上，本次公开课活动的三位主角穿过这片优美的林木带而来。他们都是英国人，其中两人还彼此认识。事实上，在接下来的时间里，正是这二人的一唱一和，推动着讨论的进行。

"看得出来，大家对这次活动的主题很感兴趣。"首先开口的是最右侧的米德。米德比另外两人要小上30岁左右，从辈分上要算作他们的学生。

"确实，福利这种东西，谁不喜欢呢？"詹姆斯·爱德华·米德调笑地看着学生们，"简单地说，呃……"米德偏了偏头，想到了一个合适的表达方式，"福利，就是幸福和利好。而福利经济学的创始目的，正是要为所有人谋福祉，让所有的人，尤其是那些收入相对微薄的人过上好日子。"

"说得倒是好听。"一旁的申斯文翻开手上的教科书，递给张山。在申斯文所指的位置上，张山看到："……1914 年到 1918 年，第一次世界大战洗劫了欧洲主要国家。1917 年，十月革命爆发，布尔什维克取代资产阶级建立了社会主义政权。无论是国际战争的爆发，还是一国内部不同阶级之间的斗争，都宣告资本主义社会内部，福利严重不均的状况已经把社会推向了危险的边缘……"

"原来是统治者发现自己的位子不那么稳当了，所以才被迫去研究改善底层人民生活水平的理论和方案啊！"张山不由得撇嘴。

"1920 年，庇古老师的《福利经济学》出版。"米德微笑着向庇古点了点头致以敬意，而后者却完全没当回事，自顾自地低头玩着手机，"标志着福利经济学在经济学大家族中正式拥有了自己的席位……"

"当然，这一时期的福利经济学与现在大家接触到的知识内容还是有不少出入的。"听到米德吹嘘得太过火了，庇古忍不住摆了摆手。他虽然桀骜不驯，却并不狂妄自大，尤其在学术方面，庇古是一个有分寸的英国绅士。"1929 年金融危机开始，到 1933 年大萧条基本结束，人类历史上最大规模的一次经济危机给所有人，包括经济学家在内的人上了难忘的一课。经济危机以后，边沁、帕累托、马歇尔等人对福利经济学进行了许多修改和补充，从而促生了新福利经济学的诞

马歇尔消费剩余理论

消费者剩余 $B-P$
生产者剩余 $P-C$
成本 C

单位产品

创造的价值 = 消费者剩余 + 生产者利润
= $(B-P) + (P-C)$
= $B-C$

B—消费者愿意支付的最高价格；P—实际支付价格；C—生产者实际成本

生。相应的，我之前提出的福利经济学内容则被重新命名为旧福利经济学。"

"老师，新旧两种福利经济学，具体有哪些不同之处呢？"申斯文不怀好意地问道。

"嗯。它们的区别主要在于，新福利经济学主张把价值判断从福利经济学中排除出去，代之以实证研究；把交换和生产的最优条件作为福利经济学研究的中心问题，而不是从收入分配问题入手研究。"庇古似乎察觉到自己的讲解把在座的学生置于云雾之中，于是转换了说法，"从实际的角度来看，新福利经济学反对将高收入阶层的货币收入转移一部分给穷人的主张，而这是旧福利经济学的主体命题之一。"

"这个人虽说长得有些轻浮，但做派到还算中肯——"申斯文眯眯眼睛，暗自嘀咕。"如果庇古对福利经济学的成就大包大揽，教室里会有不少人对此提出质疑的。边沁的功利主义原则被认为是福利经济学的哲学基础，帕累托提出的最优状态理论是判断福利状况优劣的最终判据，而马歇尔的消费者剩余理论至今仍在经济学中扮演着极为重要的角色。如果庇古连他们三人的功劳也要抢，今天恐怕难以收场。"

"现代的福利经济学，包括实证和规范两个方面的内容。在实证福利经济学中，经济学家依据一定的福利目标来建立经济学理论，使用边际效用作为定量计算的基本元素，以得到可以被足够信赖的量化结果。之后，在规范阶段，根据上一阶段的计算结果，来具体制定和实施行政级别的福利政策。"为了让学生们彻底忽略掉米德的过度恭维，维护自己谦逊的学者之风，庇古硬着头皮引入了新的知识内容。

¥ 福利的目标

"庇古老师，请问怎样的社会福利水平，才是合适的福利目标呢？"一位扎着马尾的女生举手问道。

"这个，我们需要从另外一个角度去看。在这里，绝对的福利指标是不适用的，因为各国的经济发展水平不同。因此，经济学家惯于使用相对的方式来确立福利目标。根据边际效用基数论，国民收入的分配越是均等，全社会获得的福利也就越大。因此，在制定福利目标的时候，均衡性是目标之一。此外，正如所有人知道的那样，社会总生产越高，福利总量也就越大，人们的生活水平也就越高。"

"这么说来，福利政策的目标，至少要包括提高社会生产和加强均衡分配这两个方面了？"张山身后传出声音。

"是这样的。事实上，贝弗里奇先生在他的福利报告中，正是沿着这种思路给出了相应的福利政策建议，并得到了英国政府的贯彻实施。"庇古饶有趣味地看向贝弗里奇，把主导活动进程的交接棒递给了这个比自己小两岁，人气却大胜于自己的政治家。与此同时，所有学生的目光都集中到了这个精瘦干练的绅士身上。

威廉·贝弗里奇，1942年发表《社会保险及相关服务》报告。作为1941年组建的同名委员会的主席，贝弗里奇爵士受英国战时内阁财政部长、英国战后重建委员会主席阿瑟·格林伍德先生委托，对现行的国家社会保险方案及相关服务（包括工伤赔偿）进行调查，并就战后重建社会保障计划进行构思设计，提出具体方案和建议。它成为了后来政府福利事业的蓝图。不仅如此，该报告先后被许多国家翻译出版，如日本早在20世纪60年代就翻译出版了其报告，可见它是一笔宝贵的世界知识财富。

关掉手机浏览器，张山心中对眼前的男子更添敬佩之情。这个英国人对福利制度的贡献远非奠基那样简单。其发表的委员会的工作报告，概要介绍了社会保险和相关服务部际协调委员会的工作过程，审视了英国当时保障制度所存在的诸多问题，详细论述了报告所建议的二十三项改革的理由及具体建议。最为难能可贵的是，他的这份报告，一点儿假大空的嫌疑都没有。事实上，数据翔实丰富、分析阐述深入正是它最大的特点。贝弗里奇先生在大量调查统计数据的基础上，通过对劳动年龄人口、老年人、供养子女等不同群体对房租、食品、衣着、燃料等生活必需品的需求分析，得出了战后满足人们基本生活最低需要所需的保险待遇标准；又根据英国人口老龄化现状及当前养老金制度存在的问题，提出了提高养老金标准、改革养老金制度的建议。这些都被现代福利制度几乎原封不动地照搬了下来。可以说，贝弗里奇凭借一己之力，就给出了一整套论述严密、可操作性强的福利政策系统，而此前并无等规模的先例可供其参考。可以说，贝弗里奇报告不仅是经济学史上的壮举，更是人类科学史上的一个奇迹。

然而，这个配得无数掌声的人，脸上却找不到一丝一毫的得意："真理的小小钻石是多么罕见难得，但一经开采琢磨，便能经久、坚硬而晶亮。科学家只是客观上帝的仆从，上帝借我们之手打开一个个魔盒。至于魔盒之中有着什么，科学家无从控制。但好在，制定国家政策的并不是科学家们，而是政治家。前者在多数情况下只是后者的顾问。经过政治家的把关和筛选，对人类有益的魔盒内容会最终传递给大众，而有害的内容则会被重新禁锢在当局的备忘录中。"

在给出了这样一段玄妙的阐述之后，贝弗里奇就一言不发了。这就是真正的牛人，言语之间，其层次便显现出来，也把在座的学生迷倒了一大片……

"米德老师，我有一个问题。"一名男生起身问道，"既然英国是最早勾勒出福利国家制度蓝图的国家，为什么后来没有彻底地推行贝弗里奇老师的建议，反而是北欧国家将其严格地贯彻了下来呢？"

"这个嘛……"老米德有些为难地看了看贝弗里奇，回答得吞吞吐吐，"福利国家是资本主义国家通过创办并资助社会公共事业，实行和完善一套社会福利政策和制度，对社会经济生活进行干预，以调节和缓和阶级矛盾，保证社会秩序和经济生活正常运行，维护垄断资本的利益和统治的一种方法……"

由于老米德的答非所问比较明显，台下质疑的情绪开始传播开来。

解铃还须系铃人。默不作声的贝弗里奇"扑哧"一声笑了出来，平静地接下了话茬："我所在的委员会最初给出的福利国家制度，是基于新旧两派福利经济

政治家的作用

"政治家"一般是从事或积极投入政治的人，他们有理想，能为国家与人民着想，其动机着眼于民众的福祉、世界的和平与发展。他们努力从各种纷杂的事物中理出头绪，将其制定成为法规，以期能够提高国民福祉和全体利益。

学的研究成果的。当时，我们的着眼点更多地放在了提高短期民众福利，也就是当代国民的生活水平上面。但根据随后的一些研究成果，还有世界各国的不断尝试，发现高福利不仅会对政府财政带来严重的考验，而且从长期上来看，对社会总生产发展的贡献也并不明朗。受这些条件所影响，包括英美在内的许多原福利国家都逐步淡出了原有的福利政策。反倒是北欧国家由于更多地看重当代国民的生活质量，而且又面临着十分小的财政压力，所以把福利国家的接力棒接了下来。"

￥ 福利的正义性

"可是，这样说来，难不成福利国家的政策是错的了？"一名思维单纯的男生直截了当地问道。不得不承认，这个问题，很多人都想到了，但只有他一个人说了出来。

贝弗里奇轻轻摇了摇头，笑了。这个问题，只有他能接下。

"福利国家不是社会保险，不是公费医疗，也不是家庭福利或社会救济计划。福利国家甚至不等同于社会保障或社会政策，而是它们的总和。如此普遍的福利政策必然需要庞大的预算来支持。当初英国政府之所以选择去推行我的报告中的部分内容，在某种程度上也是因为，即便经历了战火的劫掠，'日不落帝国'的人均收入水平仍然是位于世界前列的。但由于战后人口的高速增长和受到国际经济竞争对国家竞争力的压力，推行广泛的福利国家政策显然已经不利于英国的长远发展，因此该项国策的执行力度被大大地削减了。"

关于福利国家的情况，张山此前在一个同学的家中看到过相关介绍。20世纪30年代的经济大危机孕育了世界大战，但也催生了英国的"人民预算"和美国的"罗斯福新政"。在战争废墟上建立起的是新的福利制度，后被泛称为"福利国家"。不过，作为福利国家策源地的英国，自从20世纪70年代遇到了财政困难，便开始逐渐削减福利的规模，引入市场因素。此后，削减福利的改革浪潮逐步席卷到几乎所有西方发达国家，包括美国。不仅如此，即便是北欧国家，贝弗里奇模式典范的名号,也是名不副实的。

贝弗里奇报告中提出的"3U"标准包括:普享性原则(Universality),即所有公民不论其职业为何,都应被覆盖以预防社会风险;均一性原则(Uniformity),即每一个受益人根据其需要,而不是收入状况,获得资助;统一性原则(Unity),即建立大一统的福利行政管理机构。真正的贝弗里奇式的福利模式,即全民福利模式,在任何国家包括英国和北欧国家的历史上都从未彻底地实现过。

"从福利国家制度的应用情况来看,近些年西方福利制度的改革过程,实际上就是一个不断打破福利津贴'大锅饭'的过程。这一过程,用美国的表述来说,是'拯救社会保障制度';用北欧三国的表述来说,是'工作有其酬'和'从福利到工作'的转变;用学界的表述来说,是社会保障'再商品化'的趋势——因为,如果人们知道有人会为他们的消费买单的话,人们就不会再去储蓄了,也不去工作了。"贝弗里奇微笑着说。

"也就是说,福利国家政策面临的问题,从根本上说,是当代人的利益和后

福利极端化引发的弊端

过度的社会福利会导致社会成员的劳动和创造积极性大幅降低,从而影响整个社会的生产效率,最终引发一系列的经济问题。

代人的利益的冲突,也是劳动者和分享者之间的利益冲突?"有人问道。

"对。或者说,是今天和明天的冲突。为了稳定民心,英美等国在战后选择了今天;为了长久发展,它们又在几十年后选择了明天。"贝弗里奇解释道,"而我给出的,正是照顾今天的解答。"

"事实上,其实无论新旧福利经济学、今天与明天,作为实用科学,它们都是为了追求一种利好才应运而生的。也就是说,两种政策都会产生福利,只是它们产出的'福利',却不尽相同。更多关注今天的人们生活水平的旧福利经济学,其着眼的福利是人们的生活水平,也就是 welfare;更多地关注明天的生产能力的新福利经济学,则是着眼于社会总生产,及 benefit。但两者同源于产出的概念。如果硬要说它们的区别,就是旧福利经济学关注的是微观的福利,而新福利经济学追求的是宏观的福利吧。"

"也就是人们变得更加理智了?不再一叶障目,不见泰山?"由于贝弗里奇思维活跃,反应灵敏,下面的提问也积极起来。

"我想是的。"老贝肯定地说。

¥ 福利中国

"老师,"眼见着还有几分钟活动就要结束,三位主角似乎也不准备继续讨论什么话题了,一个戴眼镜的女生站起来,鼓足了很大勇气问道,"既然几位对福利事业研究很深,能不能回答我们一个具体的问题,那就是,中国应该采用怎样的福利制度体系,才更有利于国家的发展与人民的幸福?"

受学者们的影响,大多数学生也在无聊地等待活动的结束。但是此刻,人们的目光重新凝聚在会议室前面三个人的身上。

"综观当前全球高福利国家,我们可以发现几点。"贝弗里奇清了清嗓子,开始了陈述。

"那就是,第一,上述国家的人均 GDP 都达到了几万美元,我们可以先将其视为高福利水平的经济基础;第二,高福利未必完全等于社会和谐。福利模式的选择是一个非常重要的因素。2006年在法国,社会骚乱和'青年恐慌'频繁发生,甚至引起了全世界的关注,而与其福利支出大致相当的邻居德国却没有发生同样的情况。也就是说,可用于福利的财富总额和分配方式,对福利政策的最终效果都有着重大的影响。"

"就中国的情况来说,虽然经济增速可以笑傲全球大部分国家,政府的财政收入形势也十分喜人,但是考虑到庞大的人口基数,这些收入的总量确实还无法满足全民高福利的必要条件。但是,"贝弗里奇加快语速,"我们说过,影响福利最终效果的因素并不仅仅有可用于福利事业的财富总量这一个方面,还包括福利模式的选择。"

总算说到点儿有新意的内容了!张山等一众学生的眼睛开始明亮起来。

"其实,如果各位认真留意过,就会发现,从20世纪下半叶开始,任何西方国家搞的'全民保障''全民医疗''人民福利'等,都正在经历着类似我们曾经经历过的打破'大锅饭'的改革过程。根据新福利经济学理论,我们知道,对低收入群体实施过分的福利倾斜,虽然可以在短时间内提升全民的福利水平,但从长期来看却是不可取的。再考虑到上面提到过的贵国的实际国情,我认为,对贵国来说,现阶段追求全民高福利,不仅是不现实的,也是不必要的。贵国需要关注的,是保证低收入群体的基本生活保障,并把高福利预算与基本福利预算之间的差额支付在更有利于长期经济发展的领域上面。"

"此外,还有一点是可以考虑关注的。"贝弗里奇在21世纪做出的报告仍然是一环紧扣一环,"福利制度属二次分配,是体现社会公平的一个手段。但是,二次分配动作太大会扭曲劳动力市场,产生负激励作用。因此,我们可以考虑在初次分配上想办法。"

众人有些懈怠的精神被老贝的这一句话再一次唤醒了。张山心想:老贝啊老贝,你说话就不能直截了当一点儿?总是这样抑扬顿挫的,让人的心情忽高忽低,眼神忽明忽暗,你当人家都是信号灯啊……

"福利制度属二次分配,是体现社会公平的一个手段,但是,福利制度不能解决一次分配的全部问题。构建和谐社会的关键,还在于建立一个科学、公正的一次分配制度,也就是把最合适的人,放到最合适的岗位上去,去做最适合他的工作,这样才能创造出最大的效益。而为了能够提供足够多的机会让人们去选择,必须提高经济的活跃度和经济体制的健康度，这两者都是政府可以着手改善的。其实，贵国始自20世纪80年代初的改革开放活动，对提升这两个指标起到了非常有效的作用。"

对于贝弗里奇给出的这个建议，学生们也十分认同。我国实行改革开放，打破"大锅饭"，之所以能够迅速得到全社会的拥护，就是因为改革能够最终使人民得到实惠，收入得到提高，生活水平也随之改善。

"老师，您的意思是说，现阶段，我国完善福利制度的目标还应是'减困'和'雪中送炭'，而不是'锦上添花'。而提升我国的福利水平，应该从分配体制上着手，且首先重点关注一次分配，即劳动/经营机会的问题。如果一次分配不完善，那么二次分配再好，也是徒劳无功，对吗？"那名提出问题的女生看来心情不错，兴奋地总结道。

"正是如此。"贝弗里奇点点头说，"福利制度只是二次分配的一个子系统，一次分配制度出现的问题，不应该在二次分配制度上去补足。这就好像，一家学校的师资力量差，个别老师上课就是在应付。这时想要提高学生的成绩，就不应

中国福利制度的最终目标

中国福利制度的目标是建立起与社会主义市场经济相适应并能够促进整个社会协调发展的新型社会福利制度，使社会福利能够适应发展变化了的现实社会，并沿着体系规范、水平较高、社会化实施、多层次发展的道路实现自我良性发展。

该采取逼迫学生更加努力地学习和向家长兜售补脑药的方式来处理了。"

"老师，我明白了。谢谢您。"女生开心地笑了。不过，就算她再明白其中的道理，就算她请来亚当·斯密和约翰·凯恩斯助阵，如果没有行政力量的支持，一切仍是空谈……

不过，由于有贝弗里奇这样级别的人物出谋划策，历史确实已经向前跃进了一小步。至少，现在这个屋子里的这些年轻人，已经明白了提升全民福利水平的方略梗概。而他们中间，有人不是没有可能最终从政。虽然，在人生的道路上，他们仍将遭遇诸多的挫折、诱惑；虽然，他们中有的人可能将贝弗里奇的教诲遗忘；虽然，他们有人可能在光怪陆离的城市中迷失自己的方向，但是只要他们的头脑中已经种下了科学与进步的种子，中国的未来，仍将承载着贝弗里奇式的福利希望……

活动结束，三位英国绅士鱼贯而出。

推荐参考书

《国际经济政策理论》 詹姆斯·爱德华·米德著。米德是在假定各国已经实现了内部平衡和外部平衡的前提下，以福利经济学为理论基础，以实现世界经济福利的最大化为价值尺度，讨论在实现世界实际收入的合理分配和促进世界经济效率时，是否要实行直接控制的问题。他在书中用了相当大的篇幅批判了为保护主义辩护的主论点，主张以自由的国际经济秩序来实现世界经济效率，以各国政府间的直接援助来实现世界实际收入在国际上的合理分配。

第六堂课

休谟、费雪讨论"利率"

大卫·休谟/欧文·费雪

大卫·休谟（1711—1776），苏格兰哲学家、经济学家和历史学家，被视为苏格兰启蒙运动以及西方哲学历史中最重要的人物之一。

欧文·费雪（1867—1947），美国经济学家、数学家，经济计量学的先驱者之一，美国第一位数理经济学家，耶鲁大学教授，主要贡献是货币理论原则。

"11月的最后一次公开课活动，老洛克缺席。"这是整轮活动结束后，张山上交到学校领导手中的总结中的一句话。

确实，星期四的那次活动，是经济学公开课第一次出现专家缺席的一次活动。对于大多数学生来说，这都是无足轻重的小事，但是申斯文却敏锐地觉察到了一些蛛丝马迹。比如，"专家数目不会增加，只会减少""仅仅一次堵车并不应影响原本安排好的计划，除非专家在主观上已经萌生了退意"一类的话，听得张山也有些担心。

如果真如申斯文所说，那么专家的缺席应算是活动走向下坡路的迹象。而无论是源于学校内部工作人员的配合，还是外部专家受到本国意志的影响，最终的结果就是，活动的安排被打破了，而根据经济学中的破窗理论，其实公开课活动的正常进行已经处于危险之中了。

¥ 货币不了情

"大家好，我是大卫·休谟。"左手边白面长衣、卷发披肩的男子看了看时间，率先开口向学生们做了简单的自我介绍，"我生活在各位所熟知的自由资本主义时期的英国，也就是文艺复兴之后，手工资本主义向机器资本主义生产方式过渡，并高度发达的一段时期。事实上，如果说小斯密是古典经济学之父，那么我应该算是现在所说的'先驱'一类的人物吧。"

说完，休谟自顾自地笑了起来。

"休先驱，"后面有男生恶作剧般地站起来附和，"那您今天来此，有什么要指点一下我们这些小辈的吗？"

"这个嘛，"休谟意味深长地微笑了一下，没有直接回答男生的提问，而是转头面向所有同学，"我想在座的诸位应该没有对货币不感兴趣的，那么，各位有没有什么疑问，希望得到解答呢？"

经休谟一提醒，张山也想起了自己的一些疑惑。对货币这个在商品经济中不可缺少的交易媒介来说,目前专家得出的一致结论是,微量的通胀是健康的、可以被接受的,也是目前世界各国普遍推行的货币政策。但是——

"老师,就我个人而言,我对货币的了解仅限于课本上学到的从宏观的角度研究货币的超发和少发对经济产生的影响,并没有具体的、从微观的层面去讲解和介绍货币是如何超发、少发的。"一名给人女强人印象的戴黑框眼镜的女生站起来回答道,"事实上,我不记得之前听到过关于现代货币制度下,货币是如何发行的一类相关知识。"

对了!就是这个。经这位女同学提醒,张山也想到了,为什么自己刚才总有一种模糊的感觉,似乎有疑问,但是又想不起来到底是什么。原来,这是因为有部分知识是空白的,所以感觉缺少了点儿什么,却又正因为这一部分是缺失的,而无法提出有针对性的问题。

"不是啊,我记得课本中有提到过,货币的超发,也就是银行券的超发,是银行私自发行金属货币的储蓄凭证,并用于盈利的经营行为,这难道不是对货币超发的解释吗?"一位女同学质疑道。

不用专家出面,下面的学生就已经七嘴八舌地驳斥了她的意见。这一次,大

银行通过利息吸引储户

众的智慧是正确的。

"早期银行券的超发,那并不是真正意义上的现代货币。"

"这是因为当时任何银行都可以发行可流通的银行券。""现在已经是中央银行一统货币发行天下的时代了。"

"两者在运行方式上可以说是大大地不同——前者的工作在今天已经被分别赋予给了央行和商行。"

"而且,早期的银行券虽然可以简单地超发,但是还没听说过哪家银行曾经少发银行券的。"

"是的,"休谟点头补充道,"如各位所说的,关于货币是如何发行的这个问题,确实有必要再讲一下。而本次活动的主题,正是现代货币发行体系的核心——利率。"

"我们都知道,"看到学生们的思维成功地被自己激发起来,休谟十分满意,"现代社会的银行,所能够对外提供的金融服务种类繁多,但根本上仍并未脱离早期银行的'存贷款'两项服务。事实上,存款和贷款仍是银行最核心的业务。而这两者也是人们所最熟悉的服务。对绝大多数人来说,他们一生中只会接触到

互惠互利

银行为企业提供资金,促进企业的发展;反过来,企业利用银行提供的资金发展壮大之后也付给银行贷款利息,双方都达到了盈利的目的。

这两种银行服务，甚至更少（取款计为存款的子服务）。"

不得不承认，这位辈分比亚当·斯密还要高的经济学者，其思维的跳跃性还是太强了一点儿。学生们满心期待听到的货币发行知识，却被突兀地替换成了银行业务内容。于是乎，大家都不约而同地抬起了头，用带着疑惑的眼神看着休谟。

"当然，也许各位会表示不解，为什么我会插进这部分内容。"休谟似乎预料到了台下会有如是反应，"其实，我只是希望能够从各位熟悉的知识部分开始。要知道，现代银行核心业务之一的贷款，其实正是货币发行的主体途径。"

台下哗然。贷款就是货币发行？这确实出乎绝大部分人的意料。

"存款是机构和个人将货币交付银行存放，并委托管理的过程。"稍稍安抚了学生们的疑虑之后，休谟接着讲他的银行业务，"而贷款则是和存款相反的过程。机构和个人都可以从银行获得本不属于自己的货币，前提是经过银行的还款能力审查，并签订贷款协议。"

"休谟老师，您刚才不是说了，货币发行是央行的事情，可是您现在讲的这些，都是商业银行的货币业务。这，是不是有点儿远了？"刚刚提醒上次活动有知识点空白的女生打断休谟冗长的铺垫。

"好好好，"休谟无奈地摇了摇头，"那我就快点切入进来。其实，各位不必如此心急。"

在学生们的催促下，休谟终于正儿八经地讲起了货币的发行过程，并引出了本次活动的主题——利率。

原来，在现代金融体系之下，央行已经和商行完成了普遍的分工。前者负责货币的制造、货币政策的制定，而后者则负责将这些货币向商品经济社会发行。而这些发行活动，其实正是通过贷款的形式来实现的。

表面上看起来，贷款是一种获利行为（这里不独立讨论存款，因为从储户角度来看，存款本身就是对银行的贷款行为）。而贷款的获利途径，就是利率。

"利率是利息率的简称，指的是借贷期满所形成的利息额与所贷出的本金额的比率。"当休谟开始正式介绍经济学知识的时候，学生们期待已久的行云流水般的讲解也成了现实。"正因为有利率的存在，贷款活动才会产生利息；正是因为有利息的存在，商业银行才愿意对外贷款，推动手中的货币流向商品社会，从而在客观上完成了货币的发行。"

原来如此，怪不得他之前总是强调利率是货币发行的核心呢。张山不禁点头。

"可是老师，您也说了，央行行使制造货币的职责。也就是说，最初货币是在央行手中的，那么后来又是怎样交到商行手里的呢？毕竟如果央行不把货币交给商行，后者也无法去对外贷款，并最终完成货币的发行啊？"

张雪是该女生的名字。事实上，包括张山在内的很多学生，在张雪提问之前，都没有意识到这样一个问题：在货币的发行脉络中，到现在为止，是存在空档的。而商行是如何从央行处拿到货币的，休谟还并未交代。

"这就是刚刚我为什么倾向于先把贷款业务介绍完整，"休谟无奈地摇头说道，"因为贷款活动是货币发行的载体。了解了贷款，也就了解了货币的发行。不过，现在补充也不算太晚，只是介绍起来会显得有些凌乱。"

¥ 贷款与利率

"贷款是银行或其他金融机构，按一定利率和必须归还等条件出借货币资金的信用活动形式。"休谟想了想，斟酌字句接上了之前对贷款的介绍，"广义的贷款包括贷款、贴现和透支三种主要形式，狭义的贷款即指贷款本身。当被抵押的资产为非货币形式时，借贷被称为贷款；当被抵押的产品是现钞以外的货币形式时，这种借贷被称为贴现；此外还有一种特殊形式，这种形式的借贷不存在抵押品，或者说抵押品就是客户的信用，这就是透支。"

"实施上，贷款活动，根据其交易双方的不同，还可以分成几种。除了最常见的商行与企业、个人之间的贷款活动之外，商行与商行之间、央行与商行之间，同样存在贷款关系。只是在叫法上会略有不同，比如前者多称拆借，后者则常以贴息之名出现，但实质都是一样的。"

关于拆借和贴息，张山用手机搜索到的结果是这样的：

对企业贷款之外，商行和其他营利性金融机构还互相借贷。这种借贷一般用于商行短期资金不足，但体制上也可以成为银行长期盈利的手段。金融机构之间的货币借贷被称为"拆借"。拆借和一般贷款没有本质区别，但是因为银行

拆借

拆借有两种情况：一是商业银行之间的相互拆借；另一种是商业银行对证券市场经纪人的拆借（通知放款）。主要是互相买卖它们在中央银行的超额准备金存款余额：各金融机构在一天营业结束后，可能形成资金的多余或不足，不足者不能保证第二天正常营业，多余者资金闲置，因此有必要临时性资金调剂，即拆借。

信用通常较非金融企业信用为高，因此拆借利率一般会比普通贷款利率要低一些。同拆率一般由市场供需决定，央行不做干预。我国执行上海同业拆放利率SHIBOR。

而贴息，也就是贴现是指，银行承兑汇票的持票人在汇票到期日前，为了取得资金，贴付一定利息将票据权利转让给银行的票据行为，是持票人向银行融通资金的一种方式。说白了就是把将来的钱换成现在的钱。央行通常对商行的票据贴现叫作"再贴现"。无论是贴现还是再贴现，都有折扣，也就是另一种形式的贷款利率存在。通过再贴现利率，央行不仅可以调节货币供应的速度，还可以保证再贴现贷款这笔买卖的"稳赚不赔"。

"……也就是说，无论是债务人支付利息的贷款活动，还是第三方支付利息的贴现活动，都是存在一定利率的。以这些利率为基础，债权人最终都能收获到比贷出货币更多的货币量。是这样吗，休谟老师？"现在在众人眼中，张雪的微笑是从未有过的迷人。

"正是如此。货币是个好东西，每个人都想要。因此，央行乐于向商行贷款，从而推动货币流向商行；商行也乐于向商品社会贷款，从而完成货币发行的整体链条。因此，我才反复强调，利率，是货币发行的灵魂。"休谟答道。

"老师，按照您刚才的说法，货币流入社会之后，还会以还贷的方式回流向银行，这时的流动方向则是相反的。"不知道是不是出于嫉妒心，戴黑框眼镜的女生在这次活动中也表现得相当积极，"那么，这里似乎有两个问题。"

女生故意停顿了一下，看到自己成功地吸引到了所有人的目光，才接着说，"第一个是，贷款流向的对象，也就是接待关系中的债务人，为什么会愿意支付利息，偿还更多的货币给债权人呢？"

休谟点点头："这个问题，是这样的。在贷款业务中，虽然借入方总是要多还给借出方一些货币，但是实际上商行对央行的借贷利息，会通过对企业借贷转嫁出去；而企业对商行的利息，则可以通过扩大生产抵消，同时还有盈余。也就是说，在以贷款为主要形式的货币流动中，央行、商行和生产企业都是盈利的，没有输家。因此，这样一个贷款的循环才会周而复始地存在下去，为经济的发展服务。"

听完休谟的解释，不仅女生本人，其他学生也是不约而同地点点头：原来如此。确实，货币在商品经济中的角色永远是交换的媒介，而商品经济的基础是商品生产。就算商品社会最终需要向银行偿还更多的借款，但由于生产的增加，最终仍然是有利可图的。

"第二个问题，"女生推了推眼镜，紧紧盯着休谟，"如果央行也是以贷款或贴现的方式对流通领域补贴货币，那么到了还款的时候，央行将收回比投入货币更多的资金，这样周而复始，经济岂不是会陷入紧缩？"

果然，问题一出，人们的目光再一次从休谟身上转移到了女生这里。

"这个问题提得很好。"休谟目光炯炯，不由得多看了女生两眼，"如果央行的贴现规模一直不变，那么的确会造成通货紧缩。但实际上，央行贴现的规模是与年俱增的。也就是说，央行在收回多于向商品社会供应的货币的同时，也在进行着另外一些贷款活动，从而保证了商品社会中的货币总量是动态稳定的。只要控制得当，用货币之饵钓生产之鱼的把戏，将一直诱惑着红尘中的凡夫俗子们，把有限的生命投入到无限的生产交换之中去。"

"好了，关于货币的发行，我们就说这些，下面我们重点关注利率知识本身。既然大家已经清楚了，存款实际上也是贷款活动中的一种，只是债权人是客户，债务人是银行而已，那么，下面我们讨论利率，就不分开讨论，而是只关注贷款利率了。"在学生们普遍还在回味现代货币供应体系的巧妙之处的时候,休谟已经开始引导活动的进程继续向前发展,进入到当天核心的议题中去了。

当然,被推动转换的,不仅是活动的主题,还包括推动活动进程的主讲人本身。

"我们对利率的讨论,还是要以宏观为主。也就是说,主要考量利率的高低,对宏观经济的影响,而非债权人能够在多大程度上盈利这些微观命题。而大家一定清楚,在定量分析方面,我们的费雪老师的建树,可是要大大强于前人的。"

说着,休谟向一直端坐在另一边的白发健硕老人微笑致意,默默地把活动的接力棒交到了这位传奇人物的手里。

欧文·费雪,美国经济学家、数学家,经济计量学的先驱者之一,也是美国第一位数理经济学家,耶鲁大学教授。他的交换方程大概是解释通货膨胀的原因的理论中最成功的,正是他使经济学变成了一门更精密的科学。

费雪曾经发明过可显示卡片指数系统,并取得专利,办了一个获利颇丰的可显示指数公司。但 20 世纪 80 年代大萧条前,他借款购买了大量兰德公司股份,并因此在随后的几年中损失了近一千万美元。那是一段艰苦的时期,耶鲁大学甚至需要把他的房子买下,再租给他住,以免他被债主赶出去。

但是,眼前的费雪似乎并没有多么沧桑,他看待世界的眼光依然是那么地平静。也许,这是因为他有着一颗本善的心灵吧。费雪深信人性本善,而相信人性之善,是一个人心理健康的出发点。

当然,这也能够很好地解释,为什么休谟滔滔不绝占用了那么多的时间,费老师依然神色自如。

¥ 利率的调控

"经济中存在着各种各样的借贷形式,但人们最熟悉的还是银行存贷款。"费雪舔舔嘴唇,很平静地接下了休谟的话茬,"尤其在贵国,银行业更是借贷领域的绝对统治者,掌握了央行发行的绝大部分货币。"

"正是由于银行的这种借贷首选属性,使部分国家萌生了'牵银行一发而动经济全身'的念头。目前各国牵动的银行之发有两根,其中一根是利率,另一根是存款准备金。下面我们就关注一下,如何借由利率的调节,来定向地调控经济,使其更加符合国家利益。"

"老师,您说的利率调控,是指贷款利率吗?是否包括对存款利率的调控?"一男生站起来问道。

"呃,这个嘛,"费雪想了想,"虽然存贷款在本质上是相同的,但由于在实际中,利率政策确实是存贷款分开的,因此,在论及利率对金融乃至于经济的具体影响时,我们还是把存贷款分开讨论。尽管,最终结论将显示,这样做其实是没有必要的。"

接下来,费雪分别讲到了存贷款两种情况下,利率的高低对经济的影响。在贷款方面,他让学生们认识到:当贷款利率提高,人们会更少地从银行贷款。一旦企业能够获取的货币量减少,提高生产的主观能动性和客观条件都会受到负面影响。结果就是生产减缓,经济发展减速。而存款方面,当存款利率提高,人们会更多在银行存款,也就是贷款给银行。这样一来,人们用于购买产品的货币就会减少。这同样会导致企业生产减缓。

"这么说来,利率的提高几乎总会遏制资本流动,并因资本流动受阻而减缓经济的发展了?"张雪总结了一下费雪的讲解,希望得到一个概括性的答案。当然,她也确实得到了。

"对,所以利率应该尽可能地低,才更有利于宏观经济的发展。"就在费雪要回答提问的时候,休谟出人意料地插了进来,抢在费雪之前回答了这个问题。看来,这个休谟对自己的低利率理论还是深信不疑啊。张山知道,休谟一直坚信,在他所处的那个时代,荷兰人之所以能够聚集世界上的大量财富,与他们国家长期以来奉行的低利率政策是分不开的。正是基于此,休谟作为一个商人,甚至还发表了《关于贸易和货币利率的简要观察》等数篇闻名于当时的论文。不过,这个观点还是被费雪在稍后小小地做了修正。

"呃,这个,"费雪斟酌着字句,尽量显得足够礼貌,以免冒犯眼前这位老前辈的自尊心,"虽然央行指定的基准利率不宜过高;但是另一方面,利率水平如果太低,实际上操作性也是不强的。"瞄了一眼休谟,费雪敏锐地察觉到对方有要和自己辩论的意向,赶紧解释了一下自己的论点,"这是因为,如果利率水平太低，债权人是可能不愿借出资金的。这同样会导致资本流动受阻。确实，利率水平越低，就越有利于经济的发展，但是经济行为，确实不是政府意志所能完全决定的。至于最优的利率水平，可以由央行根据财富增量（由借贷产生）的分配政策来计算得出。当然，就目前普遍的情况来看，各国还是倾向于把这个计算的任务留给市场，让一个足够完善的金融市场，通过内部供需关系来分散地确定。政府需要做的，只是从大的方向去掌控，使利率水平不至于明显地不利于经济发展就好了。"

听完费雪的陈述，休谟似乎接受了他的观点，努努嘴没有说什么——管他呢，反正我关于低利率的倡议没有错就是了！

"费雪老师，如果出现市场利率不利于经济发展的情况，央行又能怎么做呢？"这次提问的是申斯文。

"那么央行就要行使它的货币管理的职责了。"费雪眨眨眼睛，点头说道，"央行在货币合作中'说了算'的方式，在各国略有不同。经济政策偏向自由的国家，会完全放开商行的存贷款利率；而偏保守的国家，则会在不同程度上限制商行的存贷款利率。而不论哪种方式，央行对商行的再贴息利率都是基于国家意愿的，在一定程度上限制了商行的对外存贷款利率的设定。想想看，商行总不能以低于再贴息利率的利率对社会发放贷款吧？那样岂不是在做赔本的生意？而商行是纯盈利性机构，与政府没有任何关系，不对经济形势负责，完全为利益所驱使。因此，为了赚钱，他们只能以高于再贴息利率的利率水平放贷。"

"可是即便如此，央行还是只能调节商行对外贷款利率的下限，而不能调节上限啊。"张山摇了摇头，"也许这就是所谓的管得越少越好的行政思想吧！"

"老师，您刚才说利率水平可能低到债权人不愿贷出货币。但是根据利率的存在，既然只要贷出就会有利息收入，为什么债权人仍然可能不愿对外贷款呢？"坐在靠窗位置的一名男生举手问道。

"哦。这个，就要涉及**实际利率与名义利率**的知识了。"费雪一字一顿地说道，"从20世纪初开始，世界各国纸币的发行开始和黄金储备脱钩，纸币贬值情形的发生比以往任何一个时代都要频繁。在长周期、大数额的借贷中，双方的收益对币值的变化非常敏感。因此，人们开始考虑币值变化对借贷的影响，并把通胀率或通缩率包括到利率期望的计算之中。"

"就目前而言，借贷中标称的利率都是不考虑币值变化的，这种利率被称为

孙继国老师评注

名义利率与实际利率的关系可以用下式粗略表示：

$$r=i+p$$

其中，r为名义利率，i为实际利率，p为借贷期内物价水平的变动率，它可以为正，也可能为负。

国际通用的较精确的公式为：

$$r=(1+i)(1+p)-1$$
$$i=(1+r)/(1+p)-1$$

名义利率。而使用币值变化率对名义利率做修正后的结果，就是实际利率，也就是债权人的真实收益率。一旦名义利率下降到低于通胀率的水平，对外出借货币是可以赔本的。这就是为什么表面看起来利率为正的时候，债权人仍然可能不愿对外借贷的原因了。"

"当然，和利率相关的知识和问题，还不仅仅包括前面这些。"费雪瞄了一下手表，心中暗暗摇头——看来剩下的内容只能保留了。"如果各位关于利率知识还有什么问题，请不必着急。未来，我和休谟老师也许还会回到这个课堂。当然，那时唱主角的，又将是另外一个主题了……"

 推荐参考书

《利息理论》 欧文·费雪著。在第一次世界大战期间和战后，世界各国因筹措战费以及战后的赔款、复兴及工商业的重建而引起惊人的信用膨胀，使经济学家和生意人又重新注意资本主义以及利息的性质和起源等问题。欧文·费雪说："本书是为金融界、实业界的领导者以及经济学教授与学者们写的。"

第七堂课

门格尔、凡勃伦、麦格雷戈讨论"消费"

> 卡尔·门格尔/托斯丹·邦德·凡勃伦/道格拉斯·麦格雷戈

卡尔·门格尔（1840—1921），奥地利著名经济学家，现代边际效用理论的创始者之一。

托斯丹·邦德·凡勃伦（1857—1929），伟大的美国经济学巨匠、制度经济学鼻祖。

道格拉斯·麦格雷戈（1906—1964），美国著名的经济学家、管理学家，X-Y理论管理大师，人际关系学派最具有影响力的思想家之一。

下午，张山像往常一样来到了西楼副会议室。他想朋友申斯文今天应该来得比自己晚，结果进门一看，申斯文已经坐在熟悉的位置上看书了。

张山走近说道："你不是去买东西了吗，怎么来得这么早？"

"去倒是去了，一看那里人山人海的，我就没敢进去，直接去吃饭了。"申斯文说道。

"唉！"张山叹了口气说道，"幸亏你没去，你要是去了，说不定也像我一样买些没用的东西回来。"

"我也有这方面的顾虑，折扣那么低，很容易让人失去理智，有用没用的都买一大堆。"申斯文笑着说道，"我还是对自己的定力不够自信啊！"

"得了吧，你！"张山愁眉苦脸道，"我回去才发现，买的东西倒都是一些能用得上的，就是多了一点儿！"

"洗发水3瓶、浴液两瓶、洗面奶两支、饼干5包、泡面10包……"张山开始细数他的"战利品"。

不等张山说完，申斯文就打断了张山的絮叨："那么多东西，什么时候才能用完啊？"

"当时买的时候也没想这么多啊！"张山说道，"而且好多吃的东西保质期都不是很长了。我看了一下，以后每周要吃掉一袋瓜子、3包泡面、一包饼干才行。"

"那恭喜你了，未来一个月的生活是如此丰富多彩！"申斯文揶揄道。

"唉！"张山再次叹了口气，"冲动是魔鬼啊！"

"确实啊！这就是经济学中所说的冲动消费。"申斯文不再嬉皮笑脸，"说起来，今天的议题就是消费，待会儿你可得好好听一听。"

"是吗？"张山惊喜道，"今天都有哪几位嘉宾来啊？"

💰 消费的类型

"今天的嘉宾是卡尔·门格尔、托斯丹·邦德·凡勃伦和道格拉斯·麦格雷戈。"

申斯文说道。

"哦,这三个人都没听说过啊!"张山接着说,"你得给我好好介绍介绍。"

申斯文笑了笑说道:"卡尔·门格尔是奥地利著名经济学家。他是19世纪70年代那场开启了新古典经济学序幕的'边际革命'的三大发起者之一,经济科学中的奥地利学派当之无愧的开山鼻祖。"

"托斯丹·邦德·凡勃伦是挪威裔美国人,是美国经济学巨匠、制度经济学的鼻祖。1924年他拒绝接受美国经济学会会长一职的举动使他蜚声内外。著名的'凡勃伦效应'就是他提出来的。"

"道格拉斯·麦格雷戈是美国著名的经济学家,人性假设理论创始人,管理理论的奠基人之一,X-Y理论管理大师,同时也是人际关系学派最具有影响力的思想家之一。"

申斯文说完见张山正盯着门口看,原来三位嘉宾已经来了。于是,申斯文告诉张山:"走在前面黑头发大胡子的是门格尔;中间浓眉大眼,留着短胡子的是就是凡勃伦;短头发,没留胡子,看起来最年轻的那位是麦格雷戈。"

申斯文跟张山的私语刚刚结束,三位嘉宾便来到了台子中间。首先开口的是看起来最年轻的麦格雷戈:"消费作为'三驾马车'之一,在经济发展的过程中占据了非常重要的位置。大家每天都在消费,那么,是否对消费有足够的了解呢?"

> **孙继国老师评注**
>
> 消费、投资和出口被誉为发展经济的"三驾马车"。

"本来我还以为自己挺了解消费的,不就是花钱买东西嘛!"张山对申斯文嘀咕道,"谁知道,今天吃了消费的亏不说,你还说我是冲动消费。我现在是完全不知道消费是怎么回事了。"

看到没人回答,门格尔接着说道:"今天我们几个就来为大家讲一下消费。"

"我们要讲的第一个问题,什么是消费?"凡勃伦自问自答,"消费是指利用社会产品来满足人们各种需要的过程。消费是社会再生产过程中的一个重要环节,也是最终环节。"

"消费又分为生产消费和个人消费。这是关于消费的定义的第二个问题。"凡勃伦接着说道,"生产消费指物质资料生产过程中的生产资料和活劳动的使用和消耗。个人消费是指人们把生产出来的物质资料和精神产品用于满足个人生活需要的行为和过程,是在'生产过程以外执行生活职能'。它是恢复人们劳动力和劳动力再生产不可少的条件。"

"通常讲的消费,是指个人消费。生产决定消费,消费反过来影响生产。因为只有在消费中产品才成为现实的产品,并创造出新的生产需要。生产的目的是消费,但并不都是为了消费。"

"说过了生产消费和个人消费,我们再来说一下消费的类型。"麦格雷戈接着凡勃伦的话说道,"一般我们根据消费习惯的不同将消费的类型分为三种。"

"第一种是计划型消费,也就是按家庭收入的实际情况和生活目标制订计划,消费时大致按计划进行。这种消费非常理智,很少出现盲目和突击性消费。"

"第二种是随意型消费,冲动型消费也包括在其中。"麦格雷戈一边说着一边意味深长地看了张山一眼,张山略显窘迫。

麦格雷戈接着说道:"这种类型的消费是指消费者完全按个人喜好和临时兴趣进行消费,较少考虑整体消费效益,所谓钱多多花,钱少少花是这部分人的突出特点,较易出现盲目性和浪费性消费。"

"最后一种是节俭型消费,这种消费讲究精打细算,能省即省,并且善于利用再生性消费。这一类型的消费方式能够使家庭逐渐殷实,然而过于节俭的意识有时可能因过量购买便宜货而造成**积压性消费**。"

"这三种哪一种更好一些呢?"张山问道。

"说实在的,"麦格雷戈说道,"这三种消费方式都各有利弊。过分按计划消费,遇到临时性的消费时有可能错过好产品;而随意型消费因为缺少计划则很有可能导致入不敷出;老年人大多喜欢选择节俭型的消费,但对年轻人也同样适用。适当的节俭可以带来可观的效益,不过积压性消费的问题也同样值得关注。"

孙继国老师评注

积压性消费是指为了抢购便宜商品或者赶时髦,购进大量家庭一时用不完或暂时用不了的商品,造成积压,使商品的使用价值逐渐减少甚至完全失去。

积压性消费本质上亦是一种浪费。

¥ 决策和动机

"我想知道到底是什么东西诱使我去消费啊！"张山说道。

"这位同学说的是消费动机的问题。"凡勃伦说道，"我们做的任何事情都是受到动机支配的，消费行为当然也不能例外。我们去购买商品最终是为了满足某种需要的内部驱动力，这就是动机。"

"那么，只要有动机就一定能够引发消费吗？"张山说道，"我早就想换个手机，结果一直也没钱换，这不是有动机而没有引发消费吗？"

听到张山的问题，凡勃伦笑了笑说道："消费行为一定是由消费动机引起的，但消费动机并不一定就会产生消费。这还要取决于消费动机的强烈程度。"

凡勃伦接着说道："一个人同时可能存在许多动机，这些动机不但有强弱之分，而且有矛盾和冲突。只有最强烈的动机即'优势动机'才能导致行为。依照动机来源的层阶性将消费动机分为生理性动机、社会性动机、心理性动机。"

凡勃伦看着张山说道："我们举个例子，你现在坐在这里听这个讲座，那就说明你有学习经济学的需要和动机。但你现在突然非常想去厕所，这也是一种动机。你会怎么选择呢？"

"当然是先去厕所啊！"张山说道。

"在这个例子中，去厕所就是优势动机。它不仅导致了行为，还中断了另一种行为。"凡勃伦说道，"因此，你刚才说的一直想换个手机，却一直没能形成消费行为的最主要的原因就是动机不够强烈。"

"强烈也没用啊！"张山说道，"关键是没有钱啊！"

"那也是动机不够强烈造成的。"凡勃伦说道，"如果你的动机足够强烈，那就会想尽一切办法去获得足够的钱，比如说省吃俭用，比如说勤工俭学，再或者，采用更极端的方法甚至不惜触犯法律。"凡勃伦说到这里，表情很严肃。

"那还是算了吧！"张山撇了撇嘴，"一部手机而已，等以后赚了钱再换也行，也不是现在就必须换。"

这时，申斯文问道："消费行为是由动机引发的，那动机是怎么来的呢？"

"动机来源于需要，需要就是客观刺激物通过人体感官作用于人脑所引起的某种缺乏状态。需要的多样化决定了动机的多样性。"凡勃伦说道。

凡勃伦想了一下,似乎感觉这么解释有点儿单薄,便接着说道:"消费动机的形成受制于一定的文化和社会传统,具有不同文化背景的人选择不同的生活方式与产品。不过在互联网时代,文化的全球性和地方性并存,文化的多样性带来消费品位的强烈融合,人们的消费观念受到强烈的冲击,以文化为导向的产品总是使年轻人感受到强烈的购买动机。"

"美国著名未来学家约翰·纳斯比特夫妇在《2000年大趋势》一书中认为,人们将来用的是瑞典的宜家家具,吃的是美国的麦当劳、汉堡包和日本的寿司,喝的是意大利卡布奇诺咖啡,穿的是美国的贝纳通,听的是英国和美国的摇滚乐,开的是韩国的现代牌汽车。"凡勃伦接着说道,"这么说可能有些夸张,但他们要表达的意思很明确,就是随着网络的发展,我们所能接触到的商品信息越来越多,我们的消费动机也会越来越多,但最终,我们选择购买的商品,只能是其中我们认为最适合的,也就是使我们产生优势动机的商品。"

"那么,接下来,我们就来说一下消费动机的种类。"麦格雷戈说道,"消费动机分为生理本能动机和心理动机两大类。"

"第一种生理本能动机是维持生命的动机,也就是消费者正常的新陈代谢随时都需要得到相应的补充,比如我们每天都要进行的吃饭、喝水等。第二种是

约翰·纳斯比特夫妇认为的未来人们的生活

保护生命动机，比如我们天冷了加衣服等。第三种是延续生命的动机，我们购买保健品，生病了吃药，甚至做手术都是出于这种动机。第四种是发展生命的动机，我们结婚、繁衍后代，提供各种物质和精神上的保障都是出于此。"麦格雷戈说道。

"那心理动机呢？"张山问道。

"心理动机主要分为四种。"麦格雷戈说道，"第一种是情感动机，比如因爱美而购买化妆品，为交际而购买馈赠品等。第二种是理智动机，比如我们买房子、买汽车一般都是出于理智动机的。这种动机要求购买的商品既是需要的、实用的，又具有经济、可靠、安全、美观等特点。第三种是惠顾动机，比如我们总是喜欢买固定的某一品牌的鞋子，吃饭总是喜欢去固定的一家餐馆，用一句俗语表示就是'跑顺了腿了'。最后一种被称为社会动机，因其具有社会属性而得名，我们赡养父母、抚育子女都是出于这一动机。"

"这些动机相互之间会有什么影响吗？它们又是什么关系呢？"申斯文问道。

"消费动机有主导性、转移性，也有矛盾性。"麦格雷戈说道，"主导性是指购买动机可能是由一种动机或几种动机中有一种在起主要作用而驱使购买行为的特点。转移性是指一种或两种动机在进行过程中因受阻碍而发生转变的特点。矛盾性是指由多种动机同时驱使购买行为时，相互间的作用方向有可能不一致的特点。"麦格雷戈说完便走到一旁，看起来是想休息一下。

门格尔走上前来，见同学们没有再提问，便开口说道："既然动机已经有了，那就让我们再来说一说消费者在消费过程中的决策问题。简单地说，消费者决策就是消费者购买商品的一系列过程，其中涉及比较、选择、取舍等问题。"

"这还要决策啊？"张山说道，"都决策些什么啊？"

"消费者决策的内容主要包括五个部分，"门格尔说道，"我们称之为'3W+2H'（或称5W）。即什么时间（When）、在哪里（Where）、买什么（What）、如何买（How to buy）、买多少（How Much）五个部分。"

"'什么时间'也就是要确定购买时间。"门格尔说道。

"这个还要确定啊，想买的时候就去呗！"张山不屑地说道。

门格尔说道："决定何时购买受到很多因素的影响，比如消费者对某商品需要的急迫性、市场的供应情况、营业时间、交通情况和消费者自己的空闲时间等。此外，商品本身的季节性、时令性也影响购买时间。"

"'在哪里'也就是需要确定购买地点。购买地点的决定受多种因素的影响，

消费需求和消费动机分析

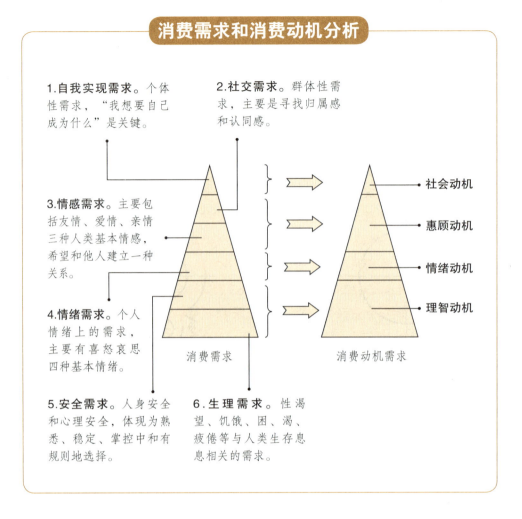

诸如路途的远近、可挑选的商品品种、数量、价格以及商店的服务态度等。"

门格尔接着说道:"一般说来,各个商店吸引顾客的特质都不同。有的商店可供选择的货物品种不多,但离家却很近;而那个商店的价格略高,可是服务周到。消费者决定在哪里购买与其买什么关系十分密切。例如,有研究发现,购买衣服最常见的决定顺序是商店类型、商店、品牌、地点选择,而购买照相机的决定顺序是品牌、商店类型、商店、地点选择。"

"'买什么'是消费者最基本的任务,也是决策的核心和首要问题。只有确定了买什么,才可能导致购买活动的产生。决定购买目标不应该只停留在一般的类别上,还要明确具体的对象。"门格尔接着说道,"比如夏天的时候天气炎热,需要防暑降温,这时候消费者就有空调和风扇两个选择。假设消费者选择空调,那么接下来还要决定买什么品牌的空调。确定了品牌之后还要选择空调的功率、样式、颜色等。只有最后具体到一台空调的时候,这个阶段的**决策**才算结束。"

"'如何买'需要消费者确定的是购买方式。"门格尔说道,"我们还是以买空调为例。消费者已经确定了要买某一款空调,他就需要考虑是到实体店里去购买还是通过网络购买。确定了这个之后,他还要考虑付款的问题,是全额付款还是分期付款,全额付款的话是现金支付还是转账,分期付款的话要分几期付,等等。"

孙继国老师评注

消费者决策是指消费者谨慎地评价产品、品牌或服务的属性,并进行理性选择,想用最少的付出获得能满足某一特定需要的产品或服务的过程。

"最后一个问题'买多少'需要消费者确定购买数量。购买数量取决于消费者的实际需要、支付能力及市场的供求情况等因素。如果某种产品在市场上供不应求,消费者即使目前并不急需或支付能力不强,也可能借钱购买;反之,如果市场供给充裕或供过于求,消费者既不会急于购买,也不会购买太多。"门格尔说道。

"既然消费动机分好多种,消费者决策应该也不止一种吧?"张山问道。

"不错,"这次做出回答的仍然是门格尔,他接着说,"消费者决策也分名义型、有限型和扩展型三种。"

"我们先说名义型决策。其实这种决策本身并未涉及决策,因为在这个过程中并不包括选择,只是根据以前的经验做出的惯性反应。这种类型的决策通常发生在低介入程度的购买过程中。"门格尔接着说道,"很多品牌培养的所谓'品牌忠诚度'其实也就是培养消费者的这种惯性。"

"有限型决策是指当消费者并未掌握完整的信息就需要其做出决策时,消费者所做出的一种有限地解决问题的方式。"

"那什么情况下会出现这种决策呢?"张山问道。

"一般当所购产品品牌差异较小,或者消费者有了一些基本但单一的评价标准时,或者某种动机过于强烈时,通常就表现为这一类型的决策。有时间压力时也会如此。"门格尔回答道。

"那么,扩展型决策呢?"张山不打算让这些大师有一点儿空闲。

"当消费者掌握了足够多的对做出决策有帮助的信息时,消费者就会选择一种能够广泛地解决问题的方式,也就是扩展型决策。"

"怎样算是掌握了足够多的有帮助的信息呢?"张山接着问道。

"我们可以理解为消费者收集到了大量的相关商品的信息,还有广泛而深入的已经购买或使用过该商品的用户的评价,并且经过对多种同类型商品的比较。"

¥ 行为和心理

"既然做完了决策,"凡勃伦捋了捋自己的大胡子说道,"那接下来就应该付诸行动了。"

"哦,该讲**消费行为**了,是吧?"这次张山反应得倒是挺快。

"那消费行为有哪些内容呢?"申斯文问道。

"消费行为包含三方面的内容。"凡勃伦说道,"第一,消费行为可以表述为寻找、选择、购买、使用、评价商品和劳务的活动。这些活动的本身都是手段,满足消费者的需求才是它们的目的。"

"第二,消费行为是一种复杂的过程。无论在什么情况下,任何一个阶段,即便是最重要的购买阶段,也不能等于消费行为的全过程。消费行为必须包括购买前、购买中和购买后的心理历程。"

孙继国老师评注

消费行为是消费者寻找、购买、使用和评价用以满足需求的商品和劳务所表现出的一切脑体活动。

"第三,消费者扮演着不同的角色。在某种情况下,一个人可能只充当一种角色;在另一种情形下,一个人则可能充当多种角色。"

"哦,我明白了!"张山说道,"需要决定动机,动机决定行为。看来我以后买东西的时候要先确定一下是不是真的需要这个商品才行。"

"这么说并没有错,不过显然还不是很全面。"凡勃伦说道,"消费行为确实是由消费动机决定的，但还有其他一些因素也会对消费行为造成影响。"

凡勃伦停顿了一下接着说道："行为学派对于消费行为的核心问题是消费者的购买动机的形成的解释是必须要有一定的'看得见的行动'，或者类似的刺激。他们用'S→R'表示某一行为，其中S代表一定的刺激，R代表一定的反应。这是传统的解释，一般被认为过于简单化。与此同时，还有很多学者认为，消费者的行为趋向，是决定和影响消费者的各种内在因素和外部环境共同作用的结果。因此，应对相关的所有内在因素和外部条件的作用进行系统的分析。"

"由消费者自身的欲望衍生出来的需要，进而引发的消费动机是驱策消费者去购买的主因，这也是我们所说的内在因素。内在因素虽然是影响消费行为的决定性因素，但外部因素的作用仍然不可忽略。"

"影响消费行为的外部因素主要有哪些呢？"张山问道。

"外界环境是制约消费者行为的影响性因素，它包括社会因素和企业因素两个方面。"凡勃伦回答道。

"社会因素主要分为两个部分。"凡勃伦说道，"首先，社会交往会对消费者的消费行为造成影响。这是因为每个消费者都有自己的'社交圈'，他会购买与'社交圈'里的人大致相仿的消费品，如服装、手机、耐用消费品，等等。"

"其次，一些社会舆论和社会活动也会对消费者的消费行为造成影响。"

"然后，我们再来讲企业因素。"凡勃伦说道，"企业因素主要与企业的科技水平以及推广相关，包括五个方面。首先是企业产品的吸引力，这主要由产品的更新换代情况、质量、性能以及产品包装决定。其次是企业的信誉。拥有名牌产品、老字号以及实力雄厚的大企业总是在这方面占据着优势。"

"第三是企业的宣传，企业为产品所做的广告和推销员的'劝说'总是能在消费者和产品之间形成一定的拉力。第四是服务态度，这一点不用多说了，我想在座的同学们肯定有因为对方服务态度不好而取消购买决策的经历。第五，费用也是非常重要的一个因素。产品本身的价格以及运费等其他衍生的费用是几乎每个消费者在进行消费行为时都要考虑的因素。"

凡勃伦接着说道："此外，还有一些因素也会影响到消费者的消费行为。"凡勃伦接着说道，"比如说消费者对产品的'认识'与'理解'；消费者对购买该商品或劳务的'经验'与'知识'；消费者通过对各种商品的比较和'判断'所形成的'态度'，等等。"

消费行为的内在因素和外部的力量

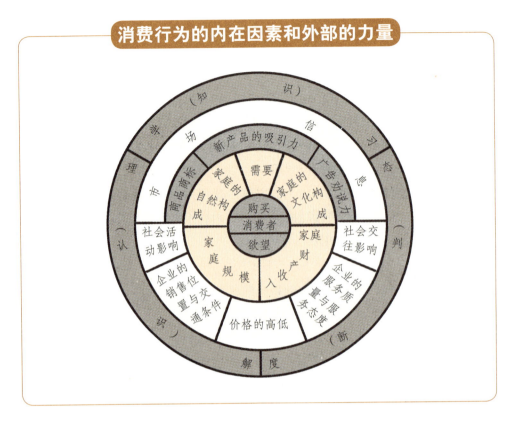

"弄清楚了消费行为和影响消费行为的因素,我们再来分析一下影响消费动机和消费者决策的深层原因。"麦格雷戈说道。

"决定动机的不是需要吗?"张山问道。

"不错!"麦格雷戈话锋一转说道,"需要是一种心理活动,接下来我们就来分析一下处于消费过程中的消费者心理。消费者心理是指消费者发生的一切心理活动,以及由此推动的行为动作。"

"这怎么分析,每个人想的都不一样啊?"张山说道。

"那么,**消费者心理**有什么共同的特点吗?"申斯文问道。

"既然都是消费者,那他们的心理还是有一些共同点的。分析这些共同点,无论是对普通的消费者还是对研究都是有一些好处的。"麦格雷戈接着说道,"事实上,许多企业和商人对消费者心理的研究也乐此不疲。"

"所有消费者心理的共同点,我们可以称之为特征了。消费者心理主要有五个特征,即目的性、自觉性、多样性、关联性和变化性。"

"第一点表明了消费者心理的目的，也就是满足消费需要、实现消费动机、得到期望的消费体验。"

"第二点说明消费是消费者的一种自觉自愿的行为，而且购买行为只有在消费者自觉地支付了相应的货币之后才能实现。"

"第三点多样性体现的就是刚才有的同学所说的'每个人想的都不一样'。"

"这样也行？"张山说道。

孙继国老师评注

消费者心理主要包括消费者观察商品、搜集商品信息、选择商品品牌、决策购买、使用商品形成的心理感受和心理体验、向生产经营单位提供信息反馈等。

麦格雷戈笑了笑，接着说道："关联性是指消费者在满足一种消费需要、实现一种消费动机时，为了得到更加满意的消费效果而对另外的商品产生消费需要和消费动机。"

"还会有这种事情？"张山不太相信。

麦格雷戈仍然微笑，他往前走了一步说道："我平时都穿运动服，但今天为了出席这个场合，我决定去买一件正式一点儿的上衣。买完上衣之后，我发现西装上衣搭配运动裤实在不太协调，于是又买了一条西裤。接着，又感觉运动鞋也不太合适，便买了一双皮鞋。结账的时候，售货员告诉我没有领带会导致衣服穿在身上的效果大打折扣，于是我又买一条领带。"说到这里，麦格雷戈看见张山不住地点头，接着说道，"最初，我只打算买一件上衣，最终却买了一整套衣服，还有鞋子和领带，这就是消费者心理的关联性导致的。"

"此外，消费者自身背景、社会环境、家庭状况等方面的变化会引起消费者心理活动的变化，这就是消费者心理的变化性。"

"说了半天，还是没弄明白研究消费者心理有什么作用。"张山总是这么"务实"。

"不要着急呀。"门格尔似乎能看出张山在想什么，说道，"企业在这方面的策略一般是运用消费者心理进行品牌推广。"门格尔说道，"其中一个大家非常熟悉的企业——蒙牛，在这方面就做得非常好。"

"今早晨刚喝过蒙牛的牛奶，不过对于它的品牌推广我倒是没了解过。"张山说道。

"并非不了解，只是平时没有注意罢了。其实我一说大家就会明白的。"门格尔笑着说道，"蒙牛的营销团队通过对消费者心理的分析，认识到消费者对于乳制品最关心的问题就是质量。但是，质量可以说看不见也摸不着，简单地通过数据来表现又显得苍白无力。那应该怎么办呢?"

"是啊,蒙牛是怎么做的呢?"张山也非常好奇。

"蒙牛确定了发展目标后就提出了一系列的口号并采取了一些措施。"门格尔说道,"他们先借了已经成为中国顶尖乳业品牌的伊利的'东风',提出了'向伊利学习,为民族工业争气''做内蒙古自治区第二品牌'的口号,表现了自己谦虚、诚恳、善于学习、尊重他人和自尊自爱的品质,赢得了消费者的良好印象。"

"随后,蒙牛又根据呼和浩特人均牛奶拥有量全国第一,人均牛奶消费量增速全国第一的状况,提出了'建设我们共同的品牌——中国乳都·呼和浩特'的倡议。然后,蒙牛又投放了300多副灯箱广告,广告语包括:千里草原腾起伊利集团、兴发集团、蒙牛乳业;塞外明珠辉照宁城集团、仕奇集团,河套峥嵘蒙古王,高原独秀鄂尔多斯;我们为内蒙古喝彩,让内蒙古腾飞。其广告涵盖了内蒙古的几乎全部明星企业,而且将蒙牛与内蒙古牢牢地绑在了一起,使人们无论是想到内蒙古还是提起其中的任何一家明星企业时都会联想到蒙牛。"

凡勃伦接着说道:"说到蒙牛,我也有所了解,这家企业在利用感情联系进行宣传推广、打造品牌的方面也着实有一手。后来蒙牛打出了'一天一杯奶,强壮中国人'的宣传语,体现了一个民族产业对国民素质的关心,充分地将产品和民族情感联系在一起,赢得了消费者青睐。这样的宣传,不仅为许多消费者购买牛奶提供了更加充分的理由,也将蒙牛与牛奶紧密联系在一起,每当消费者想起牛奶的时候,蒙牛是一定会被联想到。"

凡勃伦说完,三位嘉宾便与同学们道别。

"这么说起来,这些研究还真是作用巨大啊!"看着三人远去的背影,张山意犹未尽地说道,"以前就知道喝牛奶,没想到其中还有这么多道道呢!"

推荐参考书

《国民经济学原理》 卡尔·门格尔著。这部奠定奥地利学派基础的代表作,继承了德国经济学的传统,重视心理分析,把经济学一向注意的欲望分析转到对满足欲望的分析上,批判价值理论中的客观主义理论。

该书被誉为与《国富论》《纯粹经济学要义》相媲美的经济学著作,其作者门格尔也因此当之无愧地成为现代经济学开创者之一。

第八堂课

希克斯、弗里德曼、鲍莫尔讨论"竞争"

约翰·希克斯/米尔顿·弗里德曼/威廉·杰克·鲍莫尔

　　约翰·希克斯（1904—1989），英国经济学家，在微观经济学、宏观经济学、经济学方法论以及经济史学方面卓有成就。1972年与美国经济学家肯尼斯·约瑟夫·阿罗一同获诺贝尔经济学奖。

　　米尔顿·弗里德曼（1912—2006），美国经济学家，货币主义大师，以研究宏观经济学、微观经济学、经济史、统计学及主张自由放任资本主义而闻名，1976年诺贝尔经济学奖得主。

　　威廉·杰克·鲍莫尔(1922—)，美国经济学家，普林斯顿大学荣誉退休高级研究员和经济学教授，纽约大学经济学教授。

下午，西楼副会议室，靠窗户的位置，张山正捧着一本很厚的书专心地看着。

"用功呢？"申斯文见张山来得比自己早有一点儿意外。

张山转过头来，朝申斯文点了点头便接着埋头苦读。

"学什么呢？"申斯文好奇地问道，"这么投入！"说话的工夫，申斯文已经来到张山身边坐了下来。

张山仍然没有说话，而是把书合起来放在桌子上，然后推到了申斯文的面前。

"怎么不说话？"申斯文边看桌子上的书边问道。

"昨天去唱歌了，"张山声音嘶哑，"唱了一个通宵，嗓子哑了。"

"哎哟，你这声音还是少说话为妙。这样对别人好，对你自己也好。"

张山摆了摆手回应申斯文的玩笑。

"《美国货币史》。"申斯文说道，"怎么想起来看这个了？这可是大部头啊！"

"听了那么多大师的课，就想着去图书馆找点儿经济学的书，多学习学习。"张山用嘶哑的声音说道，"我去图书馆前了解到，今天的嘉宾有弗里德曼，正好看见这本弗里德曼与施瓦茨合著的《美国货币史·1867—1960》，就借过来看了。"

"这次一块来的嘉宾还有希克斯和鲍莫尔。每一位来讲课的嘉宾都是响当当的人物啊！"申斯文说道，"对了，昨天不年不节的，也不是周末，你们怎么想起来去唱歌了？"

"唉——"张山叹了口气接着说道，"前几天咱们学校旁边不是新开了一家KTV嘛！新开的这一家搞活动，原来的那一家也开始打折了。"

"哦，这我倒是没听说。"申斯文说道。

"就你那公鸭嗓子，别人知道了也不会告诉你。"张山用更正宗的公鸭嗓音揶揄道。

"这倒也是，不过貌似你现在也好不到哪里去啊！"申斯文笑着说道。

"他们只在周日到周四晚上搞活动，打折打得挺低的。我们几个人合计了一下，正好今天上午没课，昨天晚上就去了。"

"看起来应该是很便宜啊！"申斯文说道，"你们去的哪一家？"

"是啊！"张山说道，"算下来每人才十几块钱。我们去的是新开的那一家。不过两家价格都差不多。"张山感叹，"还是竞争好啊！两家KTV竞争，我们就有便宜可占了！"

"这就是竞争当中比较常见的价格战。利用价格战在竞争中取得优势的企业实在是太多了。"

"是啊!"张山也说道,"2012年京东和当当网、京东和苏宁的价格战就挺有名的。"张山话锋一转,接着说道,"不过关于价格战和竞争的原理,我还真不太懂。"

"这个我也了解不多。"申斯文说道,"不过别急,一会儿几位嘉宾就来了,今天的议题正好是竞争,咱们好好听就是了。"

¥ 竞争的若干种

"说起来,关于这几位大师,我除了知道弗里德曼写了这本《美国货币史》之外,其他的就一无所知了。"张山说话的时候一直看着申斯文,他知道申斯文肯定做足了准备,等着申斯文介绍这几位大师。

"我倒是在来之前了解了一下。"申斯文有求必应。

申斯文说道:"咱们就先说说米尔顿·弗里德曼吧。"

"弗里德曼是美国著名经济学家,货币主义大师,研究范围包括宏观经济学、微观经济学、经济史、统计学,以主张自由放任资本主义闻名于世。弗里德曼凭借他在消费分析、货币供应理论及历史、稳定政策复杂性等范畴的贡献而获得了1976年诺贝尔经济学奖。"

申斯文刚一停顿,张山便说道:"他们来了。"

申斯文转过头去看了看,三位头发全白了的老者正从门口走进来。申斯文接着说道:"穿黑色西装,戴黑框眼镜的就是弗里德曼;穿浅色西装,脸上皱纹看起来比较多的那位是约翰·希克斯。"

"希克斯也是诺贝尔经济学奖得主,他于1972年获奖。希克斯是英国著名经济学家,在微观经济学、宏观经济学、经济学方法论以及经济史学方面卓有成就。"

申斯文接着说道:"穿黑色西装,不戴眼镜,也没打领带的那位就是美国著名的经济学家威廉·杰克·鲍莫尔。鲍莫尔凭借他颇具原创性的理论在经济学领域占据了重要的位置。他研究的内容主要包括企业行为理论、产业结构理论、通货膨胀理论、艺术品市场、环境政策以及竞争政策等。此外，鲍莫尔还曾在普林斯顿大学等多所大学担任经济学教授，他的重要研究成果多是在普林斯顿大学任教期间完成的。"

"非常高兴见到各位！"希克斯与大家打过招呼便进入正题，"今天要与大家探讨的是经济学中有关竞争的一些问题。"

弗里德曼接着说道："**竞争**不只是经济学中的一个概念，它覆盖范围非常广泛。在很多学科，比如生物学、社会学中，都是非常重要的概念。"

鲍莫尔说道："竞争是生物学中生物之间的一种关系，化学的化学反应中有时也具有这种效应，竞争还是社会科学研究的基本关系之一，竞争也是经济学上推动市场经济发展的推动力。当然，对于此时此地的我们来说，经济学中的竞争才是主角。"

"好家伙！还跨学科了。"张山说道，"看来这竞争中的门道还真不少。"

申斯文问道："在经济学中，竞争是如何被描述的呢？"

孙继国老师评注

竞争是一种社会互动形式，指人与人、群体与群体之间对于一个共同目标的争夺。竞争分为两种：

正式竞争，即有组织的竞争，如体育比赛等。

非正式竞争，不是有组织地明确宣布的竞争，但实质上可以比出水平高低的某些社会活动，如学生升学考试等。

"关于竞争的概念问题，早在1907年德国法学家罗伯在其著作中对竞争做过这样的解释。"做出回答的是希克斯，"竞争是各方通过一定的活动来施展自己的能力，为达到各方共同的目的而各自所做的努力，而且竞争行为仅存在于同类商品的供应之间。综合各家学说，我们可以将竞争的一般性定义做如下表述：竞争主要是两个或两个以上的主体在特定的机制、规则下，为达到各方共同的目的而做的较量，并产生各主体获取不同利益的结果。"鲍莫尔接着说道，"这里所说的主体是指有意识的个体或群体。"

"这么长的定义，完全找不到重点啊！"张山说。

希克斯笑了笑说道："根据竞争的定义，我们可以归纳出竞争的几个要点。"

"首先，竞争必须是人们对于一个相同目标的追求，目标不同就不会形成竞争。

其次，这个追求的目标必须是较少的和比较难得的。对于数量很多、轻而易举即可得到的目标的追求，不能构成竞争。"

希克斯接着说道："第三，竞争的目标主要在于获取目标，而不是反对其他竞争者。竞争虽然是人与人之间的一种相互排斥或相互反对的关系，但是是一种间接的反对关系，而不是直接的反对关系。第四，竞争按照一定的社会规范进行。为了防止竞争发展成为人们之间的一种直接反对关系，就必须制定一些各方都必须遵守的规则。涉及政治、经济领域的一些大规模竞争，往往需要法律、制度来维持，否则就会变成暴力或战争，导致社会动乱。"

希克斯说完，申斯文接着问道："那么，竞争具有哪些特征呢？"

"关于竞争的特征，我们可以分三个方面来表述。"弗里德曼回答申斯文的问题，"第一，竞争必须发生在两个或两个以上的企业之间。如果在特定的市场里只有一个企业想参与竞争，则不称其为竞争。"

"在特定的市场里虽然有两个或两个以上企业可以参与竞争，但由于其中一个企业实力过强，其他企业无法与之匹敌，则该企业即独占整个市场。要形成竞争，关键就在于让特定的市场存在两个或两个以上的企业，使两者之间形成竞争关系。"

"第二，竞争必须发生在同行业企业的生产经营活动中。首先，在生产或经营同类商品的企业之间，或提供同类服务的企业之间发生竞争一般是不可避免的。其次，竞争必须是在企业生产经营活动中的争夺。"

"第三，**竞争**必须发生在同一个特定的商品市场或劳务市场中。"

"接下来，我们再来简单讲一下竞争的基本原则。"鲍莫尔说道，"为了使竞争更加规范，防止一些不正当的和恶意的竞争发生，参与竞争的各方都必须遵循竞争的基本原则。"

"因此，各个国家都明确提出了各种法律、法规对商业中的竞争作出规范，比如《合同法》《反不正当竞争法》等。"鲍莫尔沉吟了一下，说道，"我们以中国为例，

孙继国老师评注

此外，竞争还有卖方竞争和买方竞争之分。

卖方竞争是指作为卖方主体的商品和劳务提供者之间的竞争。

买方竞争则是指作为买方主体的商品和劳务的接受者之间的竞争。

中国的《反不正当竞争法》就是一部对商业竞争做出规范的法律。其中的第二条第一款规定:'经营者在市场交易中,应当遵循自愿、公平、诚实信用的原则。'实际上,这也是大家公认的在商业竞争中需要遵守的基本原则。"

"关于竞争,还有一个竞争力的问题需要向大家简单地说明一下。"希克斯说道,"竞争对象在竞争中显示出的能力,我们称之为竞争力。"

"希老师,经济学家们是如何分析和确定的呢?"张山问道。

"实际上,想要准确地测量出竞争力,尤其是企业竞争力的大小是非常困难的。"希克斯无奈地笑着说道,"这是因为,竞争力并非像其他指标一样是绝对指标。竞争力只是一种相对指标。没有竞争,竞争力就不能表现出来。但通过竞争表现出来的竞争力又是可以区分大小或者强弱的,因为在竞争当中总有获胜的一方或者几方。"

"完全没有办法准确地测量竞争力吗?"张山有点儿失望,在他的印象中,"大师"应该是不存在解决不了的问题的。

希克斯想了想说道:"这一方面也并非无人研究,他们把这项工作分成测定竞争力和评价竞争力两个部分来研究。竞争力包含在对象的当前状态当中,但它是对象未来可以展示的能力。因此,要测定竞争力就需要确定一个测定目标时间。"

"此外,要评价竞争力,还得确定一个包含足够的竞争对象的比较竞争力的群体,通过竞争对象在目标时间内在竞争群体中的表现来评价该对象的竞争力。测定和评价竞争力可以采用未来研究方法,但竞争力测定的是对象'现在'中包含的'未来'。"

台下,申斯文在记笔记,张山则是皱着眉头、若有所思的样子。

¥ 完全竞争

很快,申斯文做完了笔记,张山皱着的眉头也舒展开来。

"这个太抽象了,完全想不明白啊!"张山对申斯文嘀咕道,"就不能来点儿具体的内容吗？"

张山的话恰巧被离他们不远处的希克斯听到了，希克斯笑着说道："接下来我们要讲的内容就具体一些了。"

弗里德曼往这边踱了两步，与希克斯对视一眼，然后说道："我们就来讲一讲完全竞争吧。"

"完全竞争，也称自由竞争，是一种不受任何阻碍和干扰的市场结构，指那些不存在足以影响价格的企业或消费者的市场。完全竞争是经济学中理想的市场竞争状态，也是几个典型的市场形式之一。当然，完全竞争的结果也是符合**帕累托最优**的。"

"在完全竞争的状态下的市场就是完全竞争市场。"弗里德曼说道。

"完全竞争市场的定义又是怎样的呢？"张山问道。

"如果市场中的买者和卖者数量足够多，并且任何一个买者和卖者都是价格接受者，而且不能单独影响市场价格时，我们就称这种竞争状态为完全竞争，这样的市场也就是完全竞争市场。许多农产品市场就具有完全竞争市场的特征。"弗里德曼说道。

> **孙继国老师评注**
>
> 帕累托最优是一种资源分配的理想状态，是达到帕累托最优的路径和方法。假定固有的一群人和可分配的资源，从一种分配状态到另一种状态的变化中，在没有使任何人境况变坏的前提下，使得至少一个人变得更好，这就是帕累托改进或帕累托最优化。
>
> 帕累托最优是公平与效率的"理想王国"。

"关于完全竞争市场的含义，我想还是有必要详细说一下的。"弗里德曼说道，"我们知道，在一个完全竞争市场中，每个人都不能依据他或她的购买或销售影响价格。不过，要形成完全竞争市场也并非易事，一个完全竞争市场的建立需要五个至关重要的条件。我们也可以认为这是完全竞争市场的五个特点。实际上，没有完全竞争市场就不可能有完全竞争。因此，这五点也是产生完全竞争的必要条件。"

"首先，完全竞争市场中的商品必须具有相同的性质。所有卖者提供的商品都是相同性质的。这样一来，无论买谁的商品对买者来说都是没有差别的。"

"其次，完全竞争市场中要有足够数量的买者和卖者。因卖者所出售的都是相同性质的商品，所以，买者也只能购买同一性质的商品。买者和卖者数量足够多，因而其中任何一个买者或者卖者的需求量或者供给量都只占总需求量或总供给量的很小一部分。这也就决定了该市场中的所有参与者中的任何一个都不具有左右市场中商品价格的能力，他们只能是价格的接受者。"

"第三，在这个市场中，资源可以任意流动，而且无需成本。这样的结果是任何想要加入市场的人都有资格加入，而且不会遇到任何阻力；当然，想要退出这一市场也同样不会遇到任何阻力。"

"第四，所有的买者和卖者对他们的需求曲线和成本曲线必须有充分的了解。也就是说，买者和卖者可以充分掌握该市场的任何需要了解的信息和动态。"

弗里德曼停顿了一下，然后说道："最后一点，产品必须是可分的。而产品可分的程度要达到产品少量部分或是可以购买的，或至少是可以租用的。这个假定是为了消除竞争市场中潜在的进入壁垒问题。"

"完全竞争市场有什么好处吗？"张山问道。

"让我们举个例子来说明一下自由竞争的好处吧！"鲍莫尔回应张山的提问。

"在美国阿拉斯加州涅利斯自然保护区内，有一种珍稀的鹿群经常受到狼的袭击。于是，善良的人们为了保护鹿，就把保护区中的狼消灭了。鹿没有了天敌，终日无忧无虑，饱食于林中。十几年后，鹿群由四百只发展到四万只。但鹿却今非昔比，它们体态愚笨，早已毫无灵气可言。保护区中的植物也因鹿的过量繁殖和践踏而凋零。安逸的生活使鹿群养尊处优，体质大大下降，再加上缺乏充分的食物，鹿大批死亡。"

"于是，善良的人们为了鹿群的未来，只好把狼先生又请了回来。狼来了，鹿又开始奋力奔跑了，重拾往日的灵秀，保护区恢复了昔日的勃勃生机。相信这个引狼逐鹿的故事大家都听说过了，我今天讲它是借以说明自由竞争的必要性。"鲍莫尔看着大家说道。

"在保护区中，在人类开始干预之前，鹿群与狼群共同组成了一个完全竞争市场，二者互有付出与所得。"鲍莫尔说道，"但是，人类的插手完全破坏了这个自由竞争的状态，这一行为使得保护区内的狼被消灭，后来又导致鹿差点儿灭绝。人们最后采取了挽救措施，恢复了自由竞争的状态。"

鲍莫尔接着说道："自由竞争在自然界是必要的，在人类的经济生活当中也具有重要作用。在完全竞争市场中，消费者和生产者是平等的，他们都不会占到任何便宜，当然也就没有人会吃亏。因为有自由竞争的存在，商品生产者想要获得更多的利润就必须使成本更低，以使其价格更具竞争力，这样才能吸引到更多的买者。"

"从社会角度来看，完全竞争促使社会资源可以有效地分配到每个部门、每种商品上，并得到充分利用。"鲍莫尔说道，"在这个过程中，生产效率低的企业会逐渐被淘汰掉，它们的资金、劳动力、设备、土地等社会资源将被重新组合到生产效率更高的企业中，这就促进了社会的进步。"

"因此，"鲍莫尔总结道，"自由竞争能够促进经济的良性循环，并且能够刺激生产者的积极性。所以，鼓励竞争，营造更加接近完全竞争环境的公平、自由的竞争环境就是非常必要的了。"

"一般提起完全竞争，另外一个经济学的名词'纯粹竞争'就会出现。这两者并不完全相同，但总是让初学经济学的人产生许多困扰。"鲍莫尔说道。

"那么，纯粹竞争与完全竞争究竟有哪些相同之处，又有哪些区别呢？"申斯文问道。

"纯粹竞争和完全竞争之间是有区别的，但在最初的时候并没有人对此做出明确的说明。美国的著名经济学家爱德华·张伯伦在他的《垄断竞争理论》中对完全竞争和纯粹竞争的区别做了明确的说明。"

"张伯伦指出，纯粹竞争是没有垄断因素存在的竞争，而完全竞争还需要其他的条件，如资源和信息充分流动，并不是专指不包括垄断因素在内的那种竞争状态。也就是说，完全竞争比纯粹竞争的限制条件要严格。"鲍莫尔说道。

"也就是说，纯粹竞争涵盖的范围要比完全竞争更加广泛。"张山学着鲍莫尔的语气说道。

见鲍莫尔点了点头，张山接着问道："但是，完全竞争市场在现实中是真的存在的吗？"

申斯文也表达出疑问："现实的经济活动不太可能做到参与交易的任何一方都不能单独影响价格吧？另外，要求买者和卖者的信息完全对等，也并不容易。"

"不错，完全竞争市场确实是一个理想模型。"鲍莫尔说道，"要说起实际中的市场，最接近完全竞争市场的应该就是农产品市场了。"

"比如，自由的玉米市场就是一个非常接近典型完全竞争市场的存在。"鲍莫尔说道，"在这个玉米市场中，有数量庞大的玉米的出售者和购买者。其中的每个买者和卖者都没有单独影响玉米价格的能力。因此，每个市场的参与者将价格看作是既定的。"

"他们虽然不能影响价格，但关于农产品，国家不是有统一收购价吗？"张山问道。

"不错，如果没有国家的统一收购价作为标准的话，这种市场就是完全意义上的完全竞争市场。"鲍莫尔一笑，"所以，我们只是说这种市场非常接近完全竞争市场。"

"看起来，现实当中是很难出现完全竞争的。"张山眨了眨眼说道，"还是来点儿在现实当中能够用得上的理论比较好！"

¥ 智力的角逐——博弈

"那咱们就来讲点儿实际存在的。"希克斯说道,"说到竞争,理想情况下的完全竞争是必须要讲的,现实中存在的**博弈**也是绕不开的话题。"

"那么,什么是博弈呢?"申斯文问道。

"博弈是指在一定的游戏规则约束下,基于直接相互作用的环境条件,各参与人依靠所掌握的信息,选择各自策略,以实现利益最大化和风险成本最小化的过程。"希克斯接着说道,"简单说就是人与人之间为了谋取利益而竞争。"

"还是不太明白。"不用问,说这话的肯定是张山。

"换句话来讲,"希克斯耐心地解释道,"博弈就是指在游戏中的一种选择策略的研究。"

"游戏?"张山对这个倒是挺感兴趣的。

希克斯呵呵一笑,接着说道:"这是因为博弈的英文单词是GAME,我们一般把它翻译为'游戏'。"希克斯话锋一转,"不过实际上,西方人所讲的'GAME'与汉语中的'游戏'的意思并不相同。英语中的'GAME'是指人们遵循一定规则的活动,而进行这项活动的最终目的就是使自己获胜。怎样才能使自己获胜呢?"

说到这里,希克斯卖了个小关子。

"哦,"张山说道,"这就要用到博弈论了。"

"不错,"希克斯点了点头说道,"想要获胜不但要考虑自己的策略,还要考虑其他人的选择。如果赢家只有一个的话,只有保证别人不赢,自己才有可能成为最终的赢家。生活中的很多案例和一些有趣的游戏都涉及博弈,或者换句话说,只要有涉及人群的互动,就有博弈。"

孙继国老师评注

博弈最初是指两个人下棋,后来拓展到生物学、经济学、国际关系、计算机科学、政治学、军事战略和其他很多学科当中。

市场中的博弈是指厂商在市场竞争中根据对形势的判断采取对自己最有利的策略。

"那就举个通俗易懂的例子吧！"张山说。

"就比如挤地铁吧！"希克斯沉吟一下说道，"早晨的上班高峰期，挤地铁的人非常多，而一列地铁有很多门。选择在哪一个队伍中排队就关系到能不能用最少的时间上车，继而关系到上班是否会迟到、能不能拿到全勤奖或者会不会被罚款的问题。那么，应该怎么选择呢？"希克斯又开始卖关子。

"当然是选人最少的队伍排队了。"张山说道。

"这当然是非常重要的一个因素。"希克斯笑着说道，"此外，你还要考虑与你一同进站，还没有选择队伍的人的选择。已经站好的队伍也在考虑范围之内，如果队伍前面有行动不方便的人，那么势必会影响整个队伍上车的速度。此外，因为地铁总是有人下车，而且是先下后上，这时，你就要考虑哪个门下车的人会多一些。下车人多的门势必会使车厢内有更多的空间。而在很挤的情况下，车内的人的移动速度是很慢的。"

听希克斯说完，张山感叹道："做学问的真是伤不起啊！挤个地铁也能挤出这么多道道。"

希克斯接着说道："通过挤地铁的例子，我们可以发现，在博弈中做出正确的策略至少需要知道四方面的基本信息。"

"首先是参与博弈的人。在上面的例子中，地铁站中所有等车的乘客都是这次博弈的参与者。"

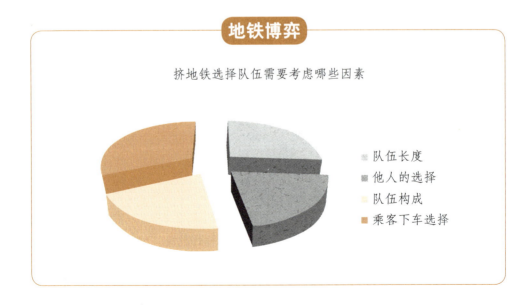

地铁博弈

挤地铁选择队伍需要考虑哪些因素

- 队伍长度
- 他人的选择
- 队伍构成
- 乘客下车选择

"第二要知道博弈的基本规则。通过这些规则判断参与博弈的其他人的策略：谁在何时会采取行动？他将采取什么样的行动？他采取这种行动的依据是什么？等等。"

"在上述例子中，车来了才能上车、先下后上、在挤车过程中还需要注意尊老爱幼。据此，你就可以对你的'竞争者'做出分析。"

"第三是结果，是指对于参与人行动的每一个可能的集合，博弈的结果如何。比如选择人少的队伍排队，选择前面没有行动不便者的队伍排队以及选择预测下车人数多的队伍排队，要明白这些不同的选择将分别带来何种结果。"

"最后是盈利，是指参与人在每个可能结果上的偏好。也就是通过上述信息分析每个参加博弈的人的最终选择以及他们的选择所产生的结果。在上述例子中，我们需要分析的是大多数等车乘客的选择，做出与多数人不同的选择，上车的几率明显会更大一些。"

"这个博弈论可真不是一般的牛！"张山一脸佩服地说道，"随便挤个地铁就能挤出这么多的学问。就像牛顿一样，被苹果一砸，结果砸出了万有引力。哎！"张山转头对申斯文说道，"这博弈论到底是谁提出来的啊？"

"博弈论其实早就有，不过并不系统。"申斯文说道，"1928年，冯·诺依曼证明了博弈论的基本原理，博弈论由此正式诞生。"

"冯·诺依曼不是搞计算机的那个吗？"张山一脸疑惑地问道，"他也研究经济学？还是重名的人？"

"不是重名，就是'现代电子计算机之父'——冯·诺依曼。"申斯文说道。

"不错，冯·诺依曼先生研究范围广泛，"弗里德曼说道，"而且难得的是他在其涉猎的所有方面都有极高的成就。1944年，他在著作中提出了多人博弈论，并且将其引入经济学领域，为经济学中的博弈论建立了理论基础。"

弗里德曼接着说道："其中很重要的一条便是博弈的要素。"

孙继国老师评注

约翰·冯·诺依曼，美籍匈牙利人，数学家、计算机学家、物理学家、经济学家、发明家。

1944年，冯·诺依曼和摩根斯特恩合著了《博弈论和经济行为》，是这方面的奠基性著作。将二人博弈推广到N人博弈结构并将博弈论系统地应用于经济领域，从而奠定了这一学科的基础和理论体系。

"博弈的要素?"张山下意识地将弗里德曼的话重复了一遍。

"完整的博弈需要八个方面的要素才能形成。"弗里德曼说道。

"前面我们说过,博弈是人与人之间为了利益而进行的竞争。这第一个要素就是决策人。在博弈中,我们将率先做出决策的一方称为决策人。决策人往往依据自身的感受、经验和表面状态优先采取一种带有方向性的行动。既然是人与人的竞争,有了率先做出决策的,那没有抢到第一桶金的竞争者们也会不甘落后。由于已经动作滞后,陷入了被动状态,为了最终取得优势,他们会做出与决策人基本反面的决定。博弈中这一部分竞争者,我们称之为对抗者,这是博弈的第二个要素。"

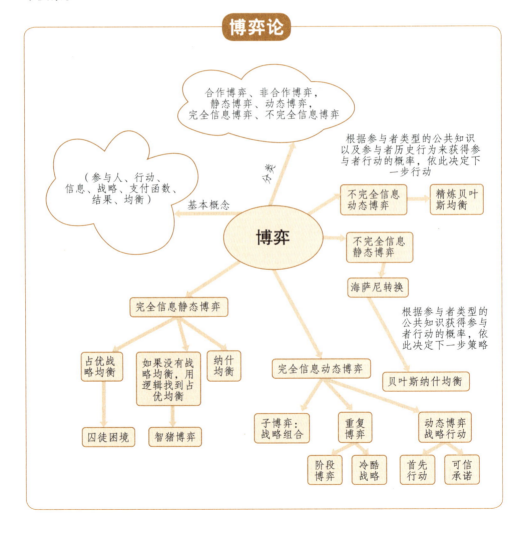

"被人家抢了先机,对抗者岂不是输在了起跑线上?"张山问道。

"其实对抗者的情况是既有劣势也有优势的。"弗里德曼说道,"其劣势就在于没有占到先机;而他们的优势也恰恰在此。就像中国武侠小说中描写的高手过招一样,两个绝世高手对峙了一天一夜,但是谁都不肯先出手。因为双方都处于高度戒备状态,先出手不一定能够制敌,反而在进攻的时候会露出破绽。"弗里德曼眉飞色舞地说道。

"对抗者的优势就在于可以根据决策人的策略中的弱点有针对性地进行反击。"

"看不出来这老头对武侠小说还挺有研究的呢!"张山说道。

"第三个要素是生物亲序。"弗里德曼见大家都疑惑不解,接着说道,"当生物处在恶劣、未知的环境中时都会本能地寻找规律和秩序,这就是生物亲序。处在博弈中的参与者也会在混乱的环境中表现出这种本能。"

"博弈的每一个参与者都具有决策权,我们将他们称为局中人。这是博弈的第四个要素。"弗里德曼接着说道,"这么说起来,博弈实际上就是一个局,只有两个局中人参与的局,我们称之为'二人博弈',由多个局中人组成的局则被称为'多人博弈'。"

"在博弈中,每个局中人都会选择实际可行的、能够指导整个行动的方案,也就是完整的方案。我们将一个局中人的一个可行的能够自始至终统筹全局的行动方案称为策略。策略是博弈的第五个要素。博弈中的局中人具有有限个策略时,我们将这局博弈称为'有限博弈',反之,则是'无限博弈'。"

弗里德曼接着说道:"博弈的每个参与者的目的都是相同的,那就是获得最终的胜利。既然有胜利,也就有失败。这种整个博弈的结果,我们称之为得失。得失是博弈的第六个要素。当一局博弈结束时,每个局中人的'得失'都是全体局中人所取定的一组策略的函数,被称为'支付函数'。"

"博弈中局中人的决策总有先后之分,而且每个局中人都要做出多次决策,每个局中人的这些决策也具有先后之分,我们将这些决策的先后顺序称为次序。次序是博弈的第七个要素。在博弈中,即使其他所有要素都相同,只要次序不同,博弈的结果就会不同。"

"最后一个要素是均衡。均衡是指一种稳定的博弈结果。博弈论中有关均衡的研究有很多,其中**纳什均衡**是其中最著名的。"

孙继国老师评注

纳什均衡是一种策略组合，使得每个参与人的策略是对其他参与人策略的最优反应。

假设有N个局中人参与博弈，如果某情况下无一参与者可以独自行动而增加收益，则此策略组合被称为纳什均衡。

无一参与者可以独自行动而增加收益是指为了自身利益的最大化，没有任何单独的一方愿意改变其策略的。

"关于博弈，我们最后再来简单讲一下它的类型。"鲍莫尔说道，"博弈根据不同的分类标准分为三种类型。"

"第一种是合作博弈与非合作博弈。这种分类是以参与者是否为方便集体行动而形成了约束性的协议为依据的。"

"所谓合作性博弈是指参与者从自己的利益出发与其他参与者谈判达成协议或形成联盟，其结果对联盟方均有利。"

"非合作性博弈是指参与者在行动选择时无法达成约束性的协议。人们分工与交换的经济活动就是合作性的博弈，而囚徒困境以及公共资源悲剧都是非合作性的博弈。"鲍莫尔补充道，"前面提到过的纳什均衡就是一种非合作博弈。"

"信息是博弈论中重要的内容。根据局中人掌握信息的程度的不同，博弈可分为完全信息博弈和不完全信息博弈。"

"完全信息博弈是指博弈参与者对所有参与者的策略空间和策略组合等信息具有充分的了解；反之，则是不完全信息博弈。"

鲍莫尔接着说道："此外，博弈还可以分为静态博弈和动态博弈。"

"静态博弈是指在博弈中，参与者无论同时做出选择或非同时做出选择，都不知道其他参与者做出了什么样的选择。动态博弈是指在博弈中，参与者的行动有一定的先后顺序，且后行动者能够掌握到先行动者做出的选择。"

"这个静态、动态都快把我绕晕了。"张山愁眉苦脸地说，"鲍老师，能来点儿更通俗的解释吗？"

张山一开口，本来已经转身的鲍莫尔不得不再回过头来。鲍莫尔微笑着说道："相信大家都下过象棋或者打过牌，"见同学们都点头，鲍莫尔接着说道，"下象棋的时候，后行动者对于先行动者所采取的动作有充分的了解，这就是典型的动态博弈。"

"那静态博弈呢？"张山追问。

"关于静态博弈,有个非常著名的案例,"鲍莫尔说道,"就是'囚徒困境'。"

"我们将囚徒困境用表格表示。"鲍莫尔在白板上画出一个表格,然后补充道,"在囚徒困境中,甲、乙都不知道对方会如何选择,因此这是一个典型的静态博弈模型。"

"你认为甲、乙会如何选择?"鲍莫尔说这话时来到了张山身前。显然这个问题是冲着张山去的。

张山看了一会儿白板上的表格,挠了挠头说道:"肯定是都选择合作啊!这样应该是最佳结果。"

鲍莫尔笑了笑并没有表态,而是接着问道:"假如你是甲、乙中的一个,你会如何选择?"

张山刚要开口回答,鲍莫尔又说道:"注意,你并不知道对方会做出怎样的选择。"

"哦——"张山说道,"那,估计会背叛吧。"

"呵呵。"不止鲍莫尔笑了,同学们也都笑了。

鲍莫尔说道:"这就是静态博弈了。在静态博弈中,参与者不知道对方会做出什么选择,所以就尽量选择对自己有利的策略。而看起来是最优方案的策略放

 孙继国老师评注

经典囚徒困境是这样表述的:

警方逮捕甲、乙两名嫌疑犯,但没有足够证据指控二人有罪。于是警方分开囚禁嫌疑犯,分别和二人见面,并向双方提供以下相同的选择。

1.若一人认罪并做证检举对方(术语称"背叛"),而对方保持沉默,此人将即时获释,沉默者将判监10年。

2.若二人都保持沉默(互相"合作"),则二人同样判监半年。

3.若二人都互相检举(互相"背叛"),则二人同样判监2年。

囚徒困境

	甲沉默(合作)	甲认罪(背叛)
乙沉默(合作)	二人同服刑半年	甲即时获释,乙服刑10年
乙认罪(背叛)	甲服刑10年,乙即时获释	二人同服刑2年

在整个博弈中实际上并非最优方案。"

"记得我刚才提醒你什么吗?"鲍莫尔老师接着说道,"你不知道别人的状态,这就是一种不完全信息博弈,'囚徒困境'、玩扑克、猜拳等都属于常见的不完全信息博弈;而前面提到的下象棋,你每走一步都是基于清楚地看到对手走的步骤,分析对方的意图,和对方得到的信息一样,才做出抉择,这就是典型的完全信息博弈。"

¥ 没有硝烟的战争——价格战

张山说道,"这些企业在市场中是怎么竞争的呢?"

"接下来几位老师应该就会讲一讲具体的竞争手段了。"申斯文说道。

"是啊!"希克斯说道,"理论讲得也差不多了,我看也该讲一点儿实际操作的手段了。"

张山一听就来了精神,他总是对能够操作的东西更感兴趣。张山捅了捅旁边的申斯文道:"你说希老师会讲什么竞争手段?"

"这商场中最有效的竞争手段应该是价格战了。"申斯文想了想说道。

"不错,"希克斯满意地点了点头说道,"价格战的确是商业竞争当中最有效的,也是最常见的一种手段。"

"所谓价格战是指卖方为了挤占市场而采取的一种竞争手段,而今某些强势企业为了打击竞争对手而采取薄利多销的手段。"希克斯接着说道,"有时候有些经济实力雄厚的企业为了把竞争对手彻底挤出市场,甚至以低于成本的价格销售商品。"

"这简直是伤敌一千,自损八百啊!"张山说道,"不过消费者可就爽了。"

"价格战确实是一把既能伤人,也能伤己的'双刃剑'。它不仅能直'刺'对手'要害',让其'一剑见血',而且还往往能'一剑封喉',将对手逼入绝境,直到将竞争对手彻底挤出市场为止。"希克斯接着说道,"价格战的初期,消费者确实能够获得一些实惠。不过一旦价格战结束，消费者就会陷入尴尬的卖方市场中。"

"这是为什么呢？"张山下意识地问道。

"唉——"申斯文叹了口气，"企业的最终目的是获利而不是搞福利。价格战结束之后，获得胜利的企业就能够独占市场，从而形成垄断。这时候，消费者就成了案板上的鱼肉，只能任人宰割了。这也是为什么企业即使赔本也要打赢价格战，占领市场的原因。"

"看起来价格战确实不是什么好东西。"张山说道。

"也不能这么说，"希克斯说道，"价格战是一种市场'工具'。作为'工具'来说，它没有好、坏之分。就像一把宝剑，拿在仁义无双的大侠手中可以用它来匡世济民；而如果拿在一个江洋大盗手中，这把宝剑就只能助纣为虐了。同一把宝剑，使用者不同，产生的效果也不一样。"希克斯讲得神采飞扬。

"看来希老师对武侠不是一般地感冒啊！"张山说道。

"不同厂家以不同的目的来使用价格战，所产生的结果和效果也会截然不同。"希克斯说道。

"那么，就结果来说，什么是好的价格战，什么是不好的价格战呢？"张山问道。

希克斯想了想说道："就我的观点来看，凡是有助于环境净化、有益于行业发展、有利于企业竞争以及战略实现以达到共赢的价格战都是好的价格战。相反，那些低价倾销、投机取巧、扰乱市场秩序、毫无战略意义的价格战便是不好的价格战。"

"不管是好的价格战还是不好的价格战，作为企业，无论是主动发起的一方还是被动接受的一方，谁都不愿意输掉啊！"申斯文说道。

张山点了点头，问道："那么，希老师，在价格战中的企业要怎么做才能赢得胜利呢？"

"价格战作为一种最为直接的攻击装备，关系到一个企业的整体战略规划、产品定价策略、销售渠道调整以及企业的销售与管理等等。因此，要想打赢价格战，就必须讲求天时、地利、人和，'该出手时就出手'，明晰价格战的定位与定性，从而更加灵活、准确地运用价格战。"弗里德曼回答道。

"当然，"弗里德曼接着说道，"价格战并不仅仅是指降价，价格战最讲究的还是适当的策略，也就是我们说的战略型价格战。"

"成熟的企业在执行价格战时会对消费者和分销渠道采取不同的策略。针对

孙继国老师评注

饥饿营销是指商品提供者有意调低产量,以期达到调控供求关系,制造供不应求"假象",维持商品较高售价和利润率,也达到维护品牌形象,提高产品附加值的目的。

消费者,企业一般会采取'有价无货,有价少货'的策略,对于这个策略的一个时髦的说法是'饥饿营销'。"

"这个我知道。"张山说道,"苹果公司采用的就是饥饿营销的办法。"

弗里德曼点了点头说道:"不错!深谙经营之道的乔布斯在 iPhone 未出的时候,就已经开始大肆铺张渲染,勾起了世人的欲望。从 2004 年至苹果问世前,关于苹果手机的外观图片和名字有着不同的版本,乔布斯通过各种传播方式来获得用户对苹果手机的反馈,并且让苹果手机概念提前进入用户的大脑。"

"然后,在新手机刚上市的时候,苹果并不是尽量多地生产手机,而是只推出固定数量的手机,造成一种'供不应求'的现象,吊足了消费者的胃口,从而使想要购买苹果手机的消费者趋之若鹜。当有足够数量的苹果手机上市的时候,他们就会在第一时间购买。"弗里德曼分析道。

"那么,对于分销渠道,企业会采取怎样的策略呢?"申斯文问道。

"对于分销渠道,企业往往采取'助销为主,奖励为辅'的策略。"弗里德曼回答道,"企业会在分销商的销售过程中进行售前、售后指导等助销行动。然后,他们还会对销售业绩较好的分销商给予物质奖励,以鼓励分销商的积极性。"

"那么,价格战有几种类型呢?"申斯文接着问道。

"根据价格战的市场战略定位,价格战主要分为进攻型、狙击型和防御型三种。"鲍莫尔说道。

"所谓进攻型的价格战是指以快速占领市场为目标,最大可能地抢占竞争对手市场份额。"

"这种类型的价格战有什么特点呢?"申斯文问道。

"从它的名字上,我们可以看出,这是一种主动进攻的价格战,它打击面广,讲究的是'稳、准、狠'。"鲍莫尔说道。

"那狙击型的呢?"张山问道。

"狙击型的价格战要求细分市场,瞄准目标,有效打击竞争对手,瓜分对手市场份额。"鲍莫尔接着说道,"这种价格战针对性强,打击面较窄,也就是说比较专注有力。进行这种价格战时，要求企业攻击目标明确，出手快。一定要速战速决，不给对手喘息机会。一旦犹豫或动作缓慢，就可能因对手的反扑而功亏一篑。"

鲍莫尔不等大家提问便接着讲道："防御型价格战以牺牲战略性产品为代价，维护和巩固现有市场，并以此扩大销售额及市场占有率。在实际操作中，防御型多与进攻型相结合，静待机会，一旦发现可乘之机，就于防御中展露'杀机'，向对手发动雷霆一击。采用这种类型的价格战的企业多倾向于建立战略市场防御体系，以策略性产品'掩护'市场现有产品'突围'。"

"那这三种价格战的方式应该分别在什么样的情况下使用呢？"申斯文问道。

"进攻型价格战主要运用于战略区域市场，幅度及规模要充分结合当地市场实际情况。从企业的角度看，进攻型价格战多是出于公司的战略考虑，为了迎合企业所在行业竞争的需要，也可能是企业为了实现自身的快速增长，使企业达到规模效应，从而更好地参与市场竞争的需要。"鲍莫尔接着讲道，"进攻型价格战是企业主动采取的一种市场攻击行为，这种价格战大多都是以策略性产品为'先锋'，及时跟进战略型产品。甚至有的厂家在实现了市场的规模覆盖后，实行捆

狙击型价格战

这种价格战的整个过程就像是一次狙击行动，选定目标瞄准—进行有效攻击—达成战术和战略目的。对于狙击型价格战来说，占据市场份额就是最终目的。

绑式销售或限量发货,以实现企业的战略发展目标。"

"狙击型价格战更像是一种'突击'行动,是企业为了更好地进行市场细分与市场区隔而采取的措施。狙击型价格战在实际操作过程中还有几个注意要点。"鲍莫尔接着说道,"首先要'瞄准靶子'。有目标才有行动。而'靶子'往往是进入该市场的新品牌或当地主要竞争品牌。然后要'技术过硬,一招制敌'。也就是说,所打价格战要一打就准,不可蜻蜓点水,浅尝辄止,以致半途而废。最后要'盯紧战利品'。狙击成功之后切入市场的产品一定要占领对方的市场领域,抢得市场份额,切不可因大意为别人做了嫁衣。"

"最后我们再来说一说防御型价格战,这是企业迫不得已而采取的一种市场防御行为。当领地有'强敌'入侵时,企业为保全市场,大多会采取这种防御型的价格战。"鲍莫尔说道,"采用防御型价格战的企业也有几个需要注意的地方。"

"首先是侧重点,也就是说参与价格战的产品一定要有侧重点,要针对竞品的主要规格选取相应的产品参与价格战,不可全线参与。其次,在价格战中尽量使用新产品作为炮灰产品,因为一旦价格战结束,这种产品也就是先去价值了。第三,学会'防守反击',一味地防御是永远不可能取得胜利的,必须在防守的过程中寻找对方的破绽,一旦出现机会便毫不留情地进行打击,实现由防御到进攻的完美逆转。"

"看来不只是我们这些'无产阶级'喜欢逆袭,名满世界的大师也有一颗逆袭的心啊!"在几位嘉宾临走的时候,张山不忘调侃一句。

推荐参考书

《资本主义与自由》 米尔顿·弗里德曼著。1956年6月弗里德曼在瓦巴西学院做了一系列演讲,他的妻子罗丝·弗里德曼对其进行了整理,于1962年第一次以英文版本发行,由芝加哥大学出版社出版。全书的自由主义思想体系十分完整,涉及的问题很广,既表明了哲学观点,又反映了经济、社会主张。

《美国货币史》 米尔顿·弗里德曼著。该书以货币存量为主线,研究了美国1867年至1960年近一个世纪的货币发展历程及其对美国一系列重大历史事件的影响。弗里德曼通过对货币供应变化和通胀水平的因果关系的细致描绘,证明了货币政策对于一国经济运行的深远影响,尤其是货币在稳定经济周期中的重要地位。

第九堂课

洛克、边沁、费雪讨论"银行"

约翰·洛克 / 杰里米·边沁 / 欧文·费雪

约翰·洛克（1632—1704），英国的经济学家、哲学家。洛克的思想对于后世产生了巨大影响，并且被广泛视为启蒙时代最具影响力的思想家之一。

杰里米·边沁（1748—1832），英国功利主义哲学的创立者、经济学家、法学家。

温度的变化为毗邻学校的诊所带来了大量的生意，不过学校里的学生正是身体素质最好的年纪，感冒生病的倒是不多，这使得他们可以尽情地享受这初秋的惬意。

吃过午饭，张山背着书包在校园里慢慢地走着。下午没课，他打算去自习，孰料秋日高远的天空配合午后暖洋洋的阳光，让他实在是不愿意到冷冰冰的教室中去。这么想着，张山已经在校园中转了一圈，再次来到了餐厅后面的小草坪旁边。这大好时光，在草地上看会儿书实在是再舒爽不过了。

不觉间，太阳西斜，凉意浸了上来。"唉，当真是'秋风萧瑟天气凉'啊！"张山正发着感慨，听见有人喊他。

"张山，挺有情调啊！"申斯文在路边上喊道。

"今天天气这么好，在这儿看会儿书挺舒服的。"张山回道，"要不你也过来坐一会儿？咱哥俩探讨探讨人生理想、宇宙奥秘。"

"得了吧，你！我可没工夫陪你。"申斯文不给张山反击的机会，接着说起了正事儿，"今天的经济学公开课你是不是不打算去了？"

"哪能啊，肯定要去啊！"

"那走啊！这都四点多了！"

"不用着急，我已经安排好了。"张山神秘地说道。

"你那两本书估计已经在团委了，明天自己去取吧！"申斯文故意用担心的语气说道，"自从A大学发生了因为占座斗殴的事后，咱们学校已经禁止占座了。我可是听说有几个人中午就去了，晚饭都打算在那里解决。"

"那还等什么？赶紧走啊。"张山终于不淡定了。

"别急，吃个饭先。"

¥ 银行的双重角色

虽然吃完饭后就过来了，但张山和申斯文还是坐到了最后一排。如此"优厚"的待遇，让张山有点儿无奈。不久，三位老人走进了教室。

为首的一位身着西装，戴着眼镜，率先走到了台上，开始介绍："各位，大家好！我是来自美国的欧文·费雪。之前跟大家探讨过利率，各位还记得吧？"费雪老师转向左边，介绍起旁边头发灰白的高瘦老者，"这位是来自英国的著名的经济学家约翰·洛克先生。"穿着一身英国旧式贵族长袍的洛克老师朝同学们微笑着点了点头，颇有几分仙风道骨的味道。然后，费雪老师又介绍起了右边的老者，"这位是来自英国的经济学家杰里米·边沁。"与洛克老师的高瘦不同，边沁老师属于矮胖的体型。

"这二位英国绅士好像'胖头陀'和'瘦头陀'啊！"张山打趣道。

好像怕张山引不起足够的重视，申斯文说道："你可别小瞧他们，这几位也都是泰斗级的人物呢！费雪是货币理论原则的主要贡献者之一；边沁则是一位对福利制度贡献颇丰的经济学家；洛克不光研究经济学理论，曾经流亡法国，在'光荣革命'成功后，曾任英国政府部长，在政治经济学方面颇有建树。"

"哦，洛克老师可真是经济学家中的战斗机啊！"张山感叹道。

"闲话扯了不少，现在就让我们言归正传。今天的议题对大家来说都不陌生，就是司空见惯的银行。"费雪正式地做了开场白。

"确实不陌生，钱存到银行里，银行就是按章给钱的嘛！"张山说道。

"不错，银行给的钱称为利息，而利息与本金的比率就是利率，我们一般说的利率是指年利率。"洛克补充道。

"不过并非所有时候都是银行给钱，有时候个人或组织还需要给银行钱，你们知道吗？"边沁微笑着问道。

申斯文不急不忙地说道："是啊，房贷、车贷都是需要给银行利息的，这个比率也是利率。"

"这么说，银行不光是付息的角色，还是个收租的地主啊！"张山说道。

"不错，不过银行可跟普通的地主不一样。地主用来收息的本金（土地）是他的私有财产，而银行用来放贷的本金则有一部分并非银行的财产。"费雪说道。

"这一部分就是储户暂时存放在银行当中的本金。"洛克补充道。

"此外，银行有些时候并不像地主那么心急。地主恨不得没到收租的时间就去收，而银行却是严格按照贷款协议上规定的时间来操作的。"边沁笑眯眯地说道。

"大企业，就是正规啊！"张山感叹道。

"这可不光是因为银行素质高，恪守协议。"洛克讲话总是简短有力。

银行的双重角色

"哦,还有别的原因吗?"申斯文疑惑道。

"是啊,我叔叔家三年前供了一套房子,现在想增加还款额度,早点儿还完,人家银行还不乐意呢!"张山说道。

"不错,咱们就以张山叔叔的情况为例,来分析一下另一方面的原因。"费雪似乎很愿意在两位前辈面前充当发言人的角色,"我们假设当时的房价是4000元/平方米,张叔叔的房子是100平方米,而他当时的月薪是5000元,一套房子总价40万元,他自己出10万元,贷款30万元。当时,张叔叔每月可以拿出3000元来还贷,需要15年才能还清贷款。"

"不过,现在叔叔的收入增加了不少,所以就想每月多供一点儿,早几年还清。"张山解释道。

"好,现在张叔叔的月薪是10000元,每月可以拿出7000元来还贷,所以就想早点儿还完了事。按理说,钱早点儿回到自己手里,是每个债主都巴不得的事情,但银行却并不乐意,这是为什么呢?"费雪把问题抛给了大家。

同学们讨论了一会儿,边沁见大家并没有什么真知灼见,便解释道:"看一个问题,要看它的本质。银行为买房者提供贷款的最根本目的是什么呢,是搞慈善吗？"边沁自问自答，"那就是获取利益，而利息就是他们所追求的利益。提前还款，周期就短了，相应的利率并没有变，那么，利息就会减少。利息就是他们的利益，利益变少了，相信是谁都会不乐意的。"

"哦，原来如此。"听了边沁最后的解释，同学们都有一种豁然开朗的感觉。

然而边沁还没有说完，他接着说道："其实，张叔叔打算提前还款还有另一方面的原因。"边沁故作神秘地说道，"近年来，中国的通货膨胀问题十分突出。为了严控通胀，抑制经济过快过热增长，政府多次提高利率。对于贷款买房的消费者来说，无形之中就加重了利息负担。为了想省点儿钱，很多贷款者都会申请提前还款，但是对于银行来说，利率提高，利息收入自然而然就会增长，而且还抑制了通货膨胀，如此两全其美，为什么还要批准消费者提前还贷的申请呢？所以，像张叔叔这样的提前还贷者，不受银行的待见也就成为必然了。"

"说的也是，利来利往嘛！大家各自站在自己的立场上，有分歧也就不足为怪了。"原本还愤愤不平的张山现在倒是释然了。

¥ 利率杠杆

正当老师讲得津津有味，同学们听得聚精会神时，一段不合时宜的短信铃声打破了场中的气氛。一时间，大家都把目光投向了张山，希望找到声音的源头，张山下意识地缩了缩脖子。

过了一会儿，大家都不再关注他了，张山才拿出手机，小声自语道："关键时候掉链子，这怎么能行呢！"

打开手机一看，原来是手机报，张山便浏览了起来。

"央行又调整利率了，这点小事儿还总是拿来说。放着那么多大事不报道，这些媒体实在是越来越无聊了。"张山抱怨道。

"是啊，每次调利率就那么零点几甚至是零点零几个百分点的事情，这也好意思拿出来说！"旁边的申斯文深以为然。

他们声音有些大，引来了台上老师的关注。

费雪向他们二人望过来，二人都识趣地不再说话，但费雪却并未打算制止他们。

"刚才我听某同学说中国的央行再次调整了利率。"费雪的话让张山两人无地自容，以为要被点名批评了。

张山忍不住小声嘀咕道："这外国老师忒小心眼儿，溜个号儿而已嘛，何必做得这么绝！"旁边的申斯文倒是没再说话。

很明显，费雪听到了张山的抱怨。他也不多做解释，而是接着说道："同学们可能都认为国家调整利率，而且调整的幅度那么小，并不是什么大事，跟自己的生活也没什么关系。"

同学们听了之后都点了点头，张山听了知道自己误会费雪老师了，脸上满是对自己"以小人之心，度君子之腹"的心态的愧疚。

"估计大多数老百姓也是这么认为的：利率和自己没有多大关系，上升一点儿，下降一点儿都不影响自己的生活，也就没必要关心。但事实如何呢？"费雪问道。

紧接着，不怎么作声的洛克接过话茬说道："其实利率是经济学中非常重要的一个金融变量。可以说，几乎所有的金融现象、金融资产都和利率脱不了关系。当前，世界各国频繁运用利率杠杆实施宏观调控，利率政策成为了各国中央银行调控货币供求，进一步调控经济的主要手段。"

"那么，洛克老师，什么是利率杠杆呢？"申斯文问道。

"要了解利率杠杆，我们先要明白利率是如何影响经济的。"边沁接过话来说道，"在经济萧条的时期，政府降低利率，扩大货币供应，刺激经济发展；在膨胀时期，提高利息率，减少货币供应，抑制积极的恶性发展。利率政策在中央银行货币政策中的地位越来越重要。而在现实生活中，不断调动的利率，就如同一盏忽明忽暗的信号灯，向人们反馈不同的信号。利率对经济的影响过程我们可以通过这个流程图得到一个更直观的了解。"

"利率杠杆就是政府通过调整利率，影响货币资金供求流向，从而对国民经济进行调节的一种手段。它具有资源配置诱导、政策信号显示、主体行为约束、经济运行杠杆等功能。在西方发达的市场经济国家，利率杠杆是灵敏、有效的，对调节国民经济运行起了很大作用。"洛克老师非常擅长向大家解释这些概念性的内容，他吐字清晰，而且总能通过其独特的讲话节奏抓住大家的兴趣。

"我想，这次中国政府肯定是小幅降低了利率。"费雪胸有成竹地说道。

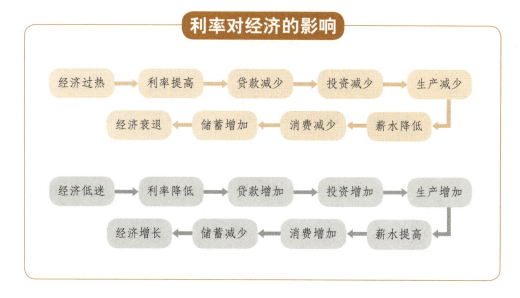

"是的。"张山赶紧大声附和,又小声对身边的申斯文说道,"不愧是大师啊,果然预测得很准。"

费雪神秘地笑了笑说道:"同学们想知道我是怎么知道的吗?"

"想。"同学们异口同声地回答。

"其实很简单,在这次公开课开始之前,我已经看过这条新闻了,哈哈。"这个幽默的美国人在吊足了同学们的胃口之后,竟然不顾大家满脸的黑线,自顾自地掏出手机,边向同学们炫耀似的展示边笑了起来。

表面看起来一直都很严肃的洛克适时地打断了费雪的笑声:"费雪老师跟大家开个玩笑,活跃一下气氛。其实我们在看到这条新闻之前就知道中国政府迟早是会这么干的,只是不能预测调整幅度的具体数字以及调整时机的问题而已。"

"众所周知,现在全球的经济形势并不是很好,中国当前面临的危机虽然并不像西方国家那么严重,但在全球化的大背景下,前景也不容乐观。实际上,自从2007年以来,已经显露出一些经济衰退的端倪来了。"洛克向前走了两步,似乎希望拉近跟同学们的距离,"在这种低迷的环境下,经济的发展势必会受到严重的影响,政府自然是不希望这种情况出现的。众所周知,当今世界的主题就是'和平与发展',而其中的'发展'主要讲的就是经济。如果经济不能持续发展,那势必造成很多大家不愿意看到的情况。因而,政府就会采取措施,以保证即使在低迷的大环境下,本国经济仍能保持持续发展的势头。"

"不错，"许久没开口的边沁接着说道，"这时候政府就会降低利率。一旦利率降低了，人们在银行当中的存款就会减少，而企业和个人从银行中贷款的数额便会增加。于是，更多的资本流入市场。这些流入市场的资本便是刺激经济发展的强心剂。"

"也有一些人，他们更愿意把钱存在银行里。如果有足够的钱，存到银行里吃利息不是也很好吗？"张山向往地问道。

"当然可以，只不过在这种情况下这并非最优选择。"边沁解释道，"首先，政府调低利率，贷款和存款利率都会降低。这样，存在银行当中的钱所带来的利息可能就会大打折扣了，当然，这并不是主要原因。因为即使如此，如果本金数量充足的话也不会产生太大的影响。关键是第二点，我们可以通过前面的流程图清晰地了解到利率降低带来的一系列影响，工人薪水增加、经济形势好转带来的结果就是经济发展以及物价的上涨。实际上，健康的经济环境都有轻微的通货膨胀的倾向。在通货膨胀的环境下，在银行中的钱能不能保值都难说，更不用说升值了。"

边沁一口气说了一大段，但他似乎还没有说完，停顿了一下接着说道："此外，在健康、良好的经济环境下，投资的回报也会变得比较高。一正一反算下来，差距可就大了。大多数时候，人们都很难抵挡这种诱惑的。"

"是啊，当初股市形势好的时候，很多一开始极力抵制的老大爷、老大妈可都是倾家荡产地去炒股啊！"申斯文想起当时的状况总感觉很好笑，可再想到这些人现在的处境时，又怎么都笑不出来了。

"股市的问题，我们今天先不聊，还是接着说利率。"费雪终于找机会插了一杠子进来，"实际上，通过各种途径刺激这些存款从银行流入到市场中正是政府调低利率的目的。也唯有如此，才能最终达到刺激经济增长的效果。这就是我们所说的利率杠杆了，政府通过看似微小的利率的调节，最终达到影响整个经济环境的目的。"

"四两拨千斤，这用来描述经济杠杆还真是形象啊！"张山感叹道。

¥ 货币的中转站

费雪说道:"很多人以为银行是货币的根据地,这些人经常会不无羡慕地说起银行,想必大家也都有过这种想法。"

"是啊,银行总是有用不完的钱。"有人说道。

"银行里面的钱取之不尽,用之不竭,想要多少就可以印多少。"也有同学这么说。

"不错,很多人都是抱着这种想法看待银行的。这么说来,银行似乎是货币的根据地,或者说是货币的娘家。其实真的是这样吗?"费雪看向了洛克。

"当然不是,银行实际上只是货币在流通过程中的中转站而已。"洛克会意,接着说道,"当然,在历史上,也发生过如刚才同学们说过的那种想要多少钱就印多少钱的'理想状态',但这是不符合经济规律的。每当这种情况发生,就不止是经济问题了,整个社会都会受到冲击而导致震荡。其实在中国就发生过这种情况,有哪位同学能替我说一下吗?"洛克望向同学们。

申斯文马上便想到了民国时期,国民政府发行金圆券的事情,便说道:"金圆券便是这样一个典型的例子。在经历了抗日战争和内战的大量消耗后,国民政府搜刮的财富日渐匮乏。在解放战争后期,引起财政赤字直线上升和物价疯狂上涨,国民党统治区社会经济一片混乱。1948年,通货膨胀达恶性时期。而当时的法定货币——法币急剧贬值。国民政府为挽救其财政经济危机,维持日益扩大的内战所需的军费开支,最终决定废弃法币,改发金圆券。但他们罔顾经济规律,不设上限地疯狂印刷,后来导致更加严重的通货膨胀,竟出现了成捆的金圆券仅购买一沓厕纸的尴尬局面。可见当时的经济和市场毫无秩序可言。"

"不错,这确实是一个典型的例子。"这次说话的是边沁,"国民政府发行金圆券用超额来形容好像都已经不合适了。实际上,当时发行的金圆券数额超过原定发行总限额的六万五千倍,最后竟然出现了面值五十万元和一百万元的钞票,这不得不说是经济史上的一个奇谈。"

"国民政府的那帮经济学家难道都是吃干饭的吗?他们应该知道这么做是行不通的。"张山好奇地问道。

通货膨胀时的货币

通货膨胀时,货币贬值,物价飞涨,在极端情况下,用一麻袋纸币购买一卷卫生纸的情况也是有可能发生的。比如,1949年新疆国民政府曾经发行过面额为"陆拾亿圆"的纸币,是迄今世界上面额最大的纸币。据说一张这种纸币在当时只能购买77粒大米。

"当然不是,其实他们的目的确实也达到了。"边沁接着解释道,"大多数政府采取货币政策都是为了稳定经济,或者说促进经济的发展。但很显然,当时的国民政府并不做此打算。他们这么做的唯一目的就是——与民争利。这一目的最明显的证据就是国民政府在发行金圆券的同时还允许金、银等硬通货在市场上流通。当然,最后这些金、银都到了国民政府的手中,而老百姓获得的只是面额巨大却没有购买力的金圆券。这一措施,不仅导致了经济的崩溃,也最终导致了国民党在解放战争中的失败。"

"我想,可能大家都对银行发行货币数额是怎么确定的感兴趣,请边沁老师帮我们分析一下吧!"费雪见边沁有跑题的趋势,赶紧抛出一话题。

边沁对费雪打断他讲话不太高兴,但还是说道:"这就涉及一个金本位的问题,我想,在这方面洛克先生更有发言权。"

这个问题像皮球一样被踢来踢去,最终滚到了洛克的脚下。他也不再推辞,清了清嗓子说道:"黄金自古以来便是通用货币,也被称为硬通货。不过随着纸币的推广,黄金逐渐消失在了人们的视野中,现在一般只作为首饰或者装饰品出现在人们的生活中。"洛克话锋一转,"不过最近中国大妈确实因为黄金在世界上抢够了风头。"

"哦,这事儿我知道,当时我妈还花6000多块买了一条金手链呢!"张山说道。

"听说最后中国大妈打败了美国华尔街啊!"申斯文一副知情人的样子。

"货币发行便是与一个国家的黄金储备挂钩的,"洛克见这个话题有脱缰的危险,便赶紧纠正道,"黄金可以自由铸造,自由熔化,而且具有无限法偿能力,同时还能限制其他铸币的铸造和偿付能力,关键是黄金在全世界任何地方都是被认可的,这一点导致了黄金成为唯一的准备金。一个国家发行的货币必须是与黄金挂钩的,有了黄金储备做后盾,就不会出现价格混乱和货币流通不稳的情况了。而且,有黄金作为依托,不同的币种之间的汇率确定起来也就更加明了了。"

"老师!"张山话一出口,三位老师同时转过头来。张山虽然有点儿窘,还是说道,"咱们讲了半天银行了,银行到底是怎么来的啊?"

这次,费雪当仁不让地开口了:"**银行一词最早是由意大利语中的'banca'演变而来的。**最早的银行业发源于西欧古代社会的货币兑换业。最开始的时候,货币兑换商只为商人兑换货币,后来逐渐发展为替商人保管货币。这一点与中国古代的钱庄很相似。他们收付现金、办理结算,还提供汇款业务。只不过当时的'银行家'还没有想过用这些钱进行投资,所以他们并不支付利息,反而还要收保管的费用。"

"没有利息,有人去存钱吗?"张山不解地问道。

"普通人是没有的,一方面,他们并没有太多的钱;另一方面,货币放在家里也会很安全。"费雪话锋一转,"不过,商人可就不一样了。商人需要到处去做生意,而当时都是金属货币,带在身上非常显眼。加上当时的治安情况并没有好到'夜不闭户'的程度,所以带着大量的货币是很危险的。而'银行家'们会在各个地方开设分部,商人到一个地方后只需要拿存钱的凭证就能取钱。因此,他们何乐而不为呢?"

孙继国老师评注

银行一词最早是由意大利语中的"banca"演变而来的。

Banca本意为板凳,早期的银行家在市场上坐着板凳与人交易,被称为"坐板凳的人",后来板凳也用来代指银行。

再后来,banca在英语中转化成bank,意即柜子,就更加形象了。

"到了1171年,威尼斯银行成立了。"边沁默契地接过话题,"这是世界上最早的银行。随后意大利的其他城市以及德国、荷兰的一些城市也都相继出现了银行。可能大家很难想象,当时这些银行的主要业务对象竟然是政府,而其中最主要的业务竟然是银行向政府放高利贷。虽然匪夷所思,但这类银行还是存在了五百多年。直到1694年，英格兰银行的成立。英格兰银行是最早出现的按照资本主义原则组织起来的股份银行，这家银行已经属于现代银行的范畴了。"

"中国的银行是什么时候出现的？"

"中国最早的现代意义上的银行是'中国通商银行'，该银行成立于1897年；最早的国家银行是成立于1905年的'户部银行'，后改为'大清银行'，辛亥革命后又称'中国银行'。"

"这个'中国银行'难道就是现在的中国银行？"

听到申斯文的问题，边沁转过身来，微笑着朝他点了点头，表示肯定。

"现代银行又有许多种类，按照职能可划分为中央银行、商业银行、投资银行、储蓄银行、政策性银行、世界银行等。"

边沁看了看表说道："时间有限，其他常见的银行就不再赘述了。今天我们跟同学们聊得很愉快，希望有机会还能再跟大家见面。"

洛克也朝大家点了下头。而费雪则挥动着胳膊，不知道的肯定以为他在欢呼而不是道别。

推荐参考书

《论降低利息和提高货币价值的后果》（1692年）及**《再论提高货币价值》**（1695年） 约翰·洛克著。洛克在这两本著作中发展了霍布斯的税收益交换说，认为税收是人民从国家取得利益所缴纳的报酬，或人民财产得到保护而向政府付出的代价。政府的主要职能在于保护私有财产，而政府没有充足的经费就不能维持，凡享受保护的人都应该从他的产业中支出他的一份来维持政府。

洛克认为，政府只能站在议会赞助权的立场上，按照法律规定的赋税条例行使课税权。洛克的这一思想，无疑是对封建的君权神授论的勇敢挑战，是对封建国家专利课税、横征暴敛的有力鞭笞，它为近代西方国家立宪依法征税提供了理论基础。

第十堂课

凯恩斯、舒尔茨、列昂惕夫讨论"投资"

约翰·凯恩斯/西奥多·舒尔茨/华西里·列昂惕夫

西奥多·舒尔茨（1902—1998），美国经济学家，因深入研究了发展中国家在发展经济中应特别考虑的问题，从而获得1979年诺贝尔经济学奖。

华西里·列昂惕夫（1906—1999），美籍俄裔著名经济学家，1973年诺贝尔经济学奖获得者。

张山在下午两点就来到了西楼副会议室。

在等待的时间里，张山只能拿出课本来学习。

很快，半个下午的时间便过去了，教室里的人逐渐多了起来。

正在投入地看书的张山忽然感觉肩膀被人拍了一下，回头一看，原来是申斯文。

"哟，挺投入啊！什么时候来的？"申斯文跟张山打招呼。

"早来了，都半个下午了，一直看书来着。"张山有气无力地说道。

"没看出来啊，这么热爱学习了。"申斯文打趣道。

"唉，没办法，在现实中虽然果腹困难，但书中自有玉盘珍馐嘛！"说到这里，张山突然变得神采奕奕起来，"刚才正准备吃满汉全席呢！结果被你一巴掌给拍没了，晚上你得请夜宵。"刚说完，张山的肚子竟"咕咕"叫了起来，估计是表示附议。

"你中午没吃饭？"申斯文听出点儿门道来。

"是啊，没钱吃饭了。"

"怎么回事？"

"淘宝淘多了，一不小心把生活费给花完了。硬着头皮跟我妈要钱，明天才能打过来。"张山小声说道。

"一会儿这边完事儿了，一块去吃夜宵。"

"等的就是你这句话。"张山笑了起来。

"其实支付宝里还有几十块，取不出来实在是让人恼火。"张山挠了挠头说道，"那里面总是有几十块的余额取不出来，要不我也不会饿肚子了。"

"是啊。不过这些钱现在有了别的用处，可以用来投资呢！"

"是吗？几十块钱投给谁啊？捐给别人，估计都嫌少！"

"最近有一个叫余额宝的业务，主打的就是一块钱也能买基金，它就是要把支付宝里的这些闲钱利用起来。"

"有这种好事儿，我得了解了解。"

¥ 基金——赚钱，让专业的来

俩人正聊着，今天的三位嘉宾已经依次入场了。

居于中间、头发少而白、面目慈善的老人开始介绍起来："很荣幸参加这次公开课，我是华西里·列昂惕夫，来自美国，祖籍俄国。"这位老者笑着做完自我介绍后便指着左手边头发灰白，脑门锃亮，看起来非常睿智的老者介绍道："这位是来自英国剑桥的著名经济学家约翰·凯恩斯。他可不光是在剑桥上学，还在剑桥任教，而且还是在剑桥出生、成长的。他可是位土生土长的剑桥人。"然后，列昂惕夫转向右手边戴眼镜的高瘦老者，说道："这位是美国著名的经济学家西奥多·舒尔茨。"

列昂惕夫在上面忙着介绍，申斯文在下面也没闲着，他正在给张山做讲解："约翰·梅纳德·凯恩斯，现代西方经济学最有影响的经济学家之一，他创立的宏观经济学与弗洛伊德所创的精神分析法、爱因斯坦的相对论一起并称为20世纪人类知识界的三大革命。它不仅是一位理论家，还是一位经济理论的实践者，在实践中印证并完善了经济学理论，被称为'宏观经济学之父'。第一堂经济学公开课中，他跟大家探讨过壁垒。"

"华西里·列昂惕夫，1973年的诺贝尔经济学奖得主，还教出了两名获得该奖的学生。"

"西奥多·舒尔茨获得了1979年的诺贝尔经济学奖，他致力于研究'穷人的经济学'。"

"来这里的每一位嘉宾都是大有来头的啊！"张山转向申斯文，"你怎么知道这么多？"

申斯文神秘一笑，不再言语，而是指了指前面，示意嘉宾们要开始讲正题了。

张山对申斯文转移话题不以为然，撇了撇嘴也不再讲话。

"刚才一进门的时候，我听到有同学在谈论基金的话题，看起来大家现在对投资方面的事情都关注不少啊！"列昂惕夫讲话时喜欢卷舌，他好像怕讲得太快同学们听不清楚，便刻意一字一句地慢慢说道，"正好我们今天要讲的议题就是投资，那就从基金开始吧！"

列昂惕夫回头征求另外两位大师的意见,两位都点头,他便接着说道:"我曾经认识一个美国人,我们姑且称之为山姆吧。山姆出生于 1919 年,当时他们家的经济状况并不是非常好,不过也经常能有点儿结余。山姆的父亲老山姆在攒了八百美元后打算买一辆当时比较流行的福特 T 型汽车。可在购买汽车之前,他去听了一个关于基金的讲座,之后他跃跃欲试。考虑到山姆出生后开销会增加,他便将这 800 美元投入到了基金当中,打算用赚的钱补贴家用。"

"老山姆的行为可以说是头脑一热的一时冲动,很快他就把这件事忘到脑后了,而且这一忘就是五十多年。老山姆后来在整理东西的时候发现了当年购买基金的凭证。此时,他已经 75 岁了,已经当爷爷了。他通过电话询问了账户余额,对方报出的数字把老山姆惊呆了——当年的 800 美元已经变成了 384 万美元,他突然之间就变成了百万富翁。"

"这简直是一夜暴富啊,我什么时候才能遇到这种好事啊!"张山满脸羡慕地说道。

"这可不是一夜暴富,这是通过 50 多年的积累才得来的。"列昂惕夫纠正道,"听了这个故事,估计大家对基金都充满了兴趣。那么,什么是基金呢?"

同学们面面相觑,显然并不知道答案。这时,舒尔茨为大家解了围:"基金

基金积少成多

基金从某种角度来说与储蓄有些相似,实际上是一个积少成多的过程,不过,毕竟是投资,风险也是有的。

有广义和狭义两个概念，广义上，基金是指为了某种目的而设立的具有一定数量的资金。例如，信托投资基金、公积金、保险基金、退休基金，各种基金会的基金。而从会计角度来说的话，基金就是一个狭义的概念了，这是指政府和事业单位的出资者不要求投资回报和投资收回，但却要求他们的出资应按照法律规定或者出资者本身的意愿来制定资金的用途，这类资金被称为基金。通常，人们平常所说的基金主要是指证券投资基金。"

"当今社会是经济的社会，其中一个表现就是，随着消费理念的改变，更多的人愿意把资金用于投资，而不再像以前一样藏在床底下，或者银行里了。"凯恩斯一句话就把大家逗笑了。

张山却泼了一盆冷水："可是，凯恩斯老师，很多人并不懂经济学啊，让这些人去投资简直就是送羊入虎口嘛！"

"不错，社会分工越来越细，而且各种学问的深度也逐渐增加，要求所有人都懂经济学、都会投资是不可能的。这也就是基金出现的原因了。"大师都喜欢吊人的胃口。

"哦？这是怎么回事？"张山配合地问道。

凯恩斯点了点头，似乎非常欣赏张山的配合，说道："一般的证券投资基金的操作方式是通过发售基金份额，将众多投资者的资金集中起来，形成独立资产，然后交由基金托管人托管，并由基金管理人进行管理，以投资组合的方法进行证券投资，形成一种利益共享、风险共担的集合投资。"凯恩斯说完，看同学们好像仍然不解，便解释道，"通俗地说，基金就是投资基金，是汇集了众多分散投资者的资金，委托投资管理专家按照投资策略统一进行投资管理，为众多投资者谋利的一种投资方式。"

"哦！我明白了，"张山作恍然大悟状，"就是散户出钱，让专业的人士来帮他们赚钱嘛！"

"嗯，"舒尔茨点了点头，"虽然通俗，不过就是这么回事儿！"

"还有一点需要提的就是，"列昂惕夫说道，"基金虽然相对来说风险较小，但终归还是一种投资，只要是投资就有风险存在，所以说基金也并不是稳赚不赔的。"

¥ 风险——总与利益结伴而行

"哎哟，说了半天，也是有风险的啊！"张山失望地说道，"我还以为只赚钱不赔钱呢！"

"基金的风险相对来说是比较小的，"申斯文解释道，"开始的时候，人们了解得不多，再加上一些不良业务员的蛊惑，大家都以为基金是一本万利的好买卖，结果2005年的时候出现了一次大规模的基金套牢的事件。至此，很多人才明白风险与利益共存的道理。"

"说得非常好，"不知什么时候，列昂惕夫已经走到了他们二人旁边，"有利益就有风险，这是亘古不变的道理。天上掉下来的馅饼也有砸破头的危险，何况是投资呢！"

"既然利益与风险共存，那么，势必大的风险伴随的就是更大的利益。接下来我们就介绍一下对于普通人来说风险最大，也是最容易获得利益的一种投资方式，想必大家都知道是什么了吧！"

"股票！"同学们异口同声地回答道。

凯恩斯缓缓向前走了两步，微笑着对大家说道："不错，讲到投资，如果不讲股票，人家肯定会说你不专业。为了显得专业一点儿，我们还是说一说股票吧！"

"来到中国的这几天，我认识了很多人，其中有一位市场上卖菜的女士，有一位上市公司的普通职员，还有一位名声不显却深藏不露的大和尚。"凯恩斯娓娓道来，"第一天，我到菜市场上去溜达，走到这位女士的蔬菜店门口时，她正眉飞色舞地跟人聊着股票，看样子应该是赚了不少钱。见我去买菜，不仅热情地打招呼，还在结账的时候把零头给去掉了。"

"后来，有一次外出，我认识了一个年轻的小伙子，他当时被公司派到山里的一家工厂去维修机械设备。那个小伙子没有一点儿不开心的情绪。交谈中，我知道他也在炒股，而且这段时间赚了不少。"

"到了山里后，我遇到了一位大和尚。难以想象，他也炒股。但我跟他谈股票的时候，他却一头雾水的样子，完全不像那位女士和小伙子一样讲得头头是道。"

"后来，我又分别与他们见了一次面。那位女士当时的心情并不好，面对顾客也爱答不理的，显然是亏了一些钱；而那个精力充沛的小伙子也打不起精神来，他也赔了不少钱；倒是那位大和尚，仍旧是不悲不喜的样子。我以为他也亏了钱，却没想到他赚了不少。"凯恩斯讲了一大段，停下来喘了口气。

"这是怎么回事？"申斯文下意识地问道。

"明显这大和尚是个高手啊！要么就是知道内幕的。"张山说道。

"说起来，这大和尚其实并不懂炒股，当时买股票也是受到别人的怂恿。当然，他也并没有什么内幕。"凯恩斯看了一眼张山，接着说道，"别人买入的时候，他不买；别人卖出的时候，他不卖；股市上涨的时候，他说钱财乃身外之物，不为所动；股市下跌的时候，他说我不入地狱谁入地狱，大量买入。无论别人怎么做，他正与别人相反，自然别人赔钱的时候，他就赚钱了。"

"其实说这个故事，是想告诉大家，人们都希望规避风险，只求利益，往往到最后无利可图。而像大和尚一样，看清楚风险，正确看待利益与风险，才有可能真正获得利益。"

"约翰的这个故事实在是发人深省啊，"舒尔茨接着说道，"不过，还是先从基本概念入手，这样大家比较容易理解。"

"股票是一种有价证券，是股份公司在筹集资本时，向出资人公开或私下发

利益与风险并存

利益总是与风险并存，若只看到利益而忽略了风险，很有可能会蒙受巨大的损失。在做好风险控制的前提下进行投资是获得利益的最佳方式。

行的，用以证明出资人的股本身份和权利，并根据持有人所持有的股份数，享有权益和承担义务的凭证。股票代表着其持有人（股东）对股份公司的所有权，每一股同类型股票所代表的公司所有权是相等的，即'同股同权'。股票可以公开上市，也可以不上市。"

"股票是投资者从股份公司获得收入的凭证，这部分收入被称为股息，持有股票的投资者都是股份公司的股东。"舒尔茨接着解释道，"当然，股东还分为优先股东和普通股东。优先股东可以定期获得固定金额的股息，普通股东的股息的获得则跟股份公司的利润相关，而且排在优先股东之后。一般的股票投资者都是以普通股股东的身份存在的。"

"舒尔茨老师，我还听说过绩优股、蓝筹股等，这些不同称谓的股票有什么特殊之处吗？"张山问道。

"一般来说，我们将股票分为普通股、优先股、蓝筹股、绩优股、垃圾股等几种，它们各有自己的特征。"舒尔茨老师马上对张山的提问做出了回应，"首先，我们来说一下普通股。普通股是指在公司的经营管理、盈利及财产的分配上享有普通权利的股份，代表满足所有债权偿付要求及优先股东的收益权与求偿权要求后对企业盈利和剩余财产的索取权，它构成公司资本的基础，是股票的一种基本形式，也是发行量最大、最为重要的股票。目前在证券交易所中交易的股票，多数是普通股。"

"在利润分红及剩余财产分配的权利方面，相对于普通股具有优先级的，我们称之为优先股。优先股的股东不能退股，对公司的经营也没有参与权，只能通过优先股的赎回条款被公司赎回。"

"蓝筹的说法源于西方的赌场，蓝筹在蓝、红、白三色筹码中价值最高。因而，蓝筹股也就是指稳定的现金股利政策对公司现金流管理有较高的要求的，通常是那些经营业绩较好的，具有稳定且较高的现金股利支付的公司股票。"

"绩优股指业绩优良公司的股票。在中国，投资者衡量绩优股的主要指标是每股税后利润和净资产收益率。一般而言，每股税后利润在全体上市公司中处于中上地位，公司上市后净资产收益率连续三年显著超过 10% 的股票当属绩优股之列。"

"垃圾股的意思很明显了，说的是那些业绩较差的公司的股票。一些公司由于经营不善或者行业前景不好等问题导致其股票在市场上的表现萎靡不振，股价走低，交投不活跃，年终分红也差。垃圾股一般是指评级为非投资级的股票（BB以下）。垃圾股不仅是指经营出现问题的公司所发行的股票，一些新上市的高科技公司，或是一些财务杠杆太大的公司股票都有可能被评级为BB级以下。"舒尔茨有条不紊地逐个解释了各种称谓的股票的含义。

"遇到垃圾股肯定是有多远跑多远了，还是绩优股和蓝筹股比较好。"张山自以为得到了诀窍。

"这也不一定，虽然垃圾股并不活跃，但所谓风险越大，利益越大。如果投资垃圾股成功的话，那么回报的利益也是其他几种股票所不能比拟的。"列昂惕夫说道，"美国就曾经在20世纪80年代掀起一股投资垃圾股的热潮，当时好多参与的人可都赚得盆满钵满。"

¥ 国债——更稳妥的投资方式

"唉，股市有风险，炒股需谨慎啊！"听了几位老师对股票的讲述，张山心有余悸地说道。

"确实啊，想炒股可得有一颗大心脏才行啊！"申斯文非常认同，"前一段时间看的《窃听风云》里讲的那些炒股的人个顶个像是疯子，最后股市崩盘，跳楼的可不少。"

"好多人用毕生的积蓄去炒股，有的甚至连房子都抵押了去炒股，一旦被套牢，那不跳楼才怪呢！"张山说道，"谁能受得了这么大的打击啊！"

"是啊！还有的人甚至挪用公款去炒股，结果被套牢了，填不上窟窿，就继续挪用，最终导致财政窟窿越来越大，最后也只能一死了之了。话说回来，即使不自杀，最起码这辈子也呼吸不到自由的空气了。"说起这些人来，申斯文的心里就没来由的一阵怒火。

"炒股炒到了这个程度，已经不是理性投资了，这些人已经不再通过经济规律来分析判断了，只是凭着一股赌徒的心理在押宝而已。不过话说回来，能跳楼的这些人估计一开始也不懂得用经济规律来分析股票。"

"难道就没有一种更加稳妥的投资方式吗?"申斯文疑惑地说道。

"这个问题问我等于白问,还是听一听这几位老师是怎么说的吧!"张山朝正走过来的列昂惕夫努了努嘴,示意申斯文问他。

没等申斯文开口,列昂惕夫已经先一步说话了:"虽然只要是投资就有风险,但这当中也存在一种最稳妥的投资方式,那就是国债。"

"国债,又称国家公债,是国家以其信用为基础,按照债的一般原则,通过向社会筹集资金所形成的债权债务关系。国债是由国家发行的债券,是中央政府为筹集财政资金而发行的一种政府债券,是中央政府向投资者出具的、承诺在一定时期支付利息和到期偿还本金的债权债务凭证。由于国债的发行主体是国家,所以它具有最高的信用度,被公认为是最安全的投资工具。"列昂惕夫接着解释道,"由于国债是以国家的信用作为依托的,所以,对于一个稳定的国家来说,国债的风险只是理论上存在。"

"那国家倒闭了,投资国债的资金不就打水漂了吗?"不知哪里传来这么一声,惹得同学们和三位老师都笑了起来。

孙继国老师评注

美国有许多地方政府破产的先例,比较重大的有加州的橘子郡因投资失败而于1994年破产;阿拉巴马的Millport因工厂关闭销售税收入大减而于2005年破产;阿拉巴马的杰弗逊县政府因财政负债高达32亿美元而于2008年破产。

"首先,**国家不会倒闭,倒闭的一般都是政府**。对于政府,我们一般也不称之为倒闭,而是叫作破产或者被颠覆。"凯恩斯一本正经地解释道,"这种几率是非常小的,除去一些战事频发的地区之外——事实上,这些地区也不发行国债。即使发了,也没人会去买。最近,也只是希腊政府曾经出现过破产的危险。好在欧盟成员国齐心协力,又把它从悬崖边上拉了回来。"

"前一段时间美国政府停摆,就是因为国债发行得太多了,还不上导致的吧?"张山的思维跳跃性很强。

"听说美国欠的外债有16万亿多,虱子多了不怕咬啊!"申斯文有点儿幸灾乐祸地说道。

"这也不是好事儿,据说咱们中国持有1.3万亿呢!"张山好像生怕美国不还钱一样说道。

"美国国债和政府停摆的问题,我们今天不做讨论。实际上,世界上各个国家购买美国国债与普通投资者购买国债并不相同。"舒尔茨老师好像不能忍受这二位在他眼皮子底下开小差了,立即予以拨乱反正,"其实自从第二次世界大战以后,美元的地位就已经仅次于黄金了,美元在实际上成为了世界货币,或者说是硬通货。在这种背景下,各国购买美国国债,进行一定数量的美元储备是与各个国家的经济战略息息相关的。"

列昂惕夫顺着舒尔茨讲话的间隙赶紧插了一句:"舒尔茨老师就是实在,都已经跑题了,却还不忍心打住话题,这快刀斩乱麻的活儿看来也只有我来干了。"

对于列昂惕夫这种伟大的牺牲精神,舒尔茨和凯恩斯也只能耸耸肩。

列昂惕夫不以为然,直接说道:"关于个人投资的国债,在中国,主要有三种,我们先讲第一种——凭证式国债。"

"凭证式国债,是指国家采取不印刷实物券,而用填制国库券收款凭证的方式发行的国债。它是以国债收款凭单的形式来作为债权证明,不可上市流通转让,从购买之日起计息。在持有期内,持券人如遇特殊情况需要提取现金,可以到购

通货膨胀与国债

当通货膨胀的速度超过国债的利率时,国债持有者得到的实际收益是负的,也就实际上造成了国债的负利率。

买网点提前兑取。提前兑取时，除偿还本金外，利息按实际持有天数及相应的利率档次计算，经办机构按兑付本金的0.2%收取手续费。"

"第二种是无记名式国债。无记名式国债是一种票面上不记载债权人姓名或单位名称的债券，通常以实物券形式出现，又称实物券或国库券。这种国债是中国发行的历史最悠久的国债。从新中国成立时起，20世纪50年代发行的国债和从1981年起发行的国债主要是无记名式国债。"

"第三种是记账式国债，记账式国债又名无纸化国债，准确定义是由财政部通过无纸化方式发行的，以电脑记账方式记录债权，并可以上市交易的债券。"列昂惕夫好像生怕被人打断，一口气说了一大通。

"国债有保证，收益又比银行的定期存款高，应该是非常好的投资方式吧！"张山这贫嘴的毛病越来越厉害了。

"在中国，国债一直都是非常受追捧的投资方式。以前中国对内发行的国债总是在短时间内就被抢购一空，这种情况一直持续到2009年。"

"从2010年开始，国债好像一夜之间就降温了。2010年首期国债正式发行的当日，工作人员已经做好了迎接新一轮挑战的准备，然而没有出现从前门庭若市的情况。虽然不时有几个人来咨询一下，但购买者寥寥无几，这与以前人们挤破头皮购买国债的情况可是大大地不同。"

"这是什么原因呢？"有同学问道。

"这我知道，还不是因为通货膨胀嘛！"张山得意地说道，"国债的利率虽然比银行的定期存款高一点儿，却完全赶不上CPI的增长速度。购买国债，实际上已经不能增值而是在贬值了，所以人们宁愿将这些钱拿去投资或者消费。"

听了张山的解释，同学们都明白了，台上的三位老师也都微笑着点了点头，表示赞许。

推荐参考书

《投入产出经济学》 列昂惕夫著。该书实际上是一本论文集，讲述了列昂惕夫关于投入产出的研究。这本书主要说明了如何利用投入产出分析方法来探索和解释一国国民经济的结构和运行，是列昂惕夫对投入产出分析方法一个重要发展阶段的总结，是一种将经济事实和理论结合在一起的全新尝试。

第十一堂课

哈耶克、熊彼特、帕累托讨论"就业"

就业是劳动者的权利。

弗里德里希·哈耶克/约瑟夫·熊彼特/维弗雷多·帕累托

弗里德里希·哈耶克（1899—1992），英籍奥地利经济学家，新自由主义代表人物。他与缪尔达尔分享了1974年的诺贝尔经济学奖。

约瑟夫·熊彼特（1883—1950），非奥地利学派的奥地利经济学家，和凯恩斯为一时瑜亮。他于1932年移居美国，并担任美国经济学会会长。

维弗雷多·帕累托（1848—1923），意大利经济学家。他提出的帕累托最优理论对个体经济学产生了巨大的作用。

这一天，申斯文看见张山一个人闷闷地坐着，还一直在唉声叹气，连忙关心地问道："怎么了？"

"还不是因为找工作的问题。"张山回答，"现在的工作很难找啊。"

"想找还是能够找到的吧！"申斯文问道，"怎么，又遇到什么事儿了？搞得这么悲观。"

"我有个表哥，文化程度不高。之前一直在南方的工厂里打工，收入还可以，可最近厂子效益不好，老板裁员，我表哥就被裁了。"张山说道。

"那就再找找呗，失业在家总不是个事儿啊！"申斯文说道。

"是这么个理儿啊，可是效益不好也不是他们一家，确实也不好找工作啊。"张山说道，"再说了，他虽然有点儿技术，可是毕竟不是科班出身，理论知识掌握得不系统，也不全面。"

"现在的就业和失业确实是个大问题，不如一会儿听一听几位老师是怎么说的吧！"申斯文想不出什么更好的办法来安慰，只得转移话题，"今天的议题正好是就业嘛！"

二人聊天的时候，三位嘉宾已经来到了场中，二人适时打住话头。

失业——想工作却不能实现

走在最前面的是一位面相颇具喜感的白发矮个老人；随后是一位看起来很严肃的中年人，为数不多的黑发将他睿智的脑袋衬托得熠熠生辉；最后是一位帅气的大胡子大叔，身材颇为高大。

老人首先开口介绍："我是来自奥地利的弗里德里希·哈耶克，这位是我的同胞，同样来自奥地利的约瑟夫·熊彼特先生。"哈耶克介绍完了身边的这位，又开始介绍"大胡子"，"这位是来自意大利的著名经济学家维弗雷多·帕累托。"

按照惯例，申斯文仍然在下面给张山开小灶："弗里德里希·哈耶克是奥地利出生的英国知名经济学家和政治哲学家。以坚持自由市场资本主义、反对社会主义、凯恩斯主义和集体主义而著称，获得了1974年的诺贝尔经济学奖。"

"约瑟夫·熊彼特，生于奥地利，后移居美国，一直任教于哈佛大学。他与凯恩斯间的一生瑜亮情节是经济学研究者中的一个热门讨论话题。虽然他的经济学说不如凯恩斯在生前就获得很大的反响，但研究者都认为他对于经济学科的思想史有着很大的贡献。"

"维弗雷多·帕累托，意大利经济学家、社会学家，对经济学、社会学和伦理学做出了很多重要的贡献，特别是在收入分配的研究和个人选择的分析中。他提出了帕累托最优的概念，并用无异曲线来帮助发展了个体经济学领域。"

"大家时间宝贵，那我们就闲话少说，直接进入正题吧！"帕累托不愧是精英理论的创始人，果然是一股精英做派，"今天的议题想必大家已经知道了，就是就业。"

"说起就业，我们就不得不提到另一个与之相对的概念——失业。就业与失业这对难兄难弟虽然矛盾，但有就业就有失业，有失业就有就业。"

"大家说说看，一个人在家里不做事算是失业吗？"帕累托问道。

"应该算是吧！失业不就是说失去职业,没有工作嘛！"张山底气不足地说道。

"举个例子，三个人都在家里待着没有工作。其中甲身体不好，不能参加任何工作；乙身体健康，但不愿意从事任何工作；丙身体很健康，但一时之间找不到中意的工作。这三个人都是失业吗？"帕累托继续问道。

"甲、乙不能算是失业，丙应该算是失业。"申斯文回答道。

"很好，这位同学说得不错。"帕累托朝申斯文点了点头说道，"看一个人是否处于失业状态，既要看客观情况，也要考虑到当事人的主观意愿。所谓客观情况，就是这个人有没有工作的能力，能不能够工作。而当事人的主观意愿则是指这个人愿不愿意参加工作，如果愿意，但没有工作，那就是失业；如果不愿意，而且没有工作，那就不能算失业。"

"失业有广义和狭义之分。广义的失业指的是生产资料和劳动者分离的一种状态。在这种状态下，劳动者的生产潜能和主观能动性无法发挥，不仅浪费社会资源，还对社会经济发展造成负面影响。狭义的失业指的是有劳动能力的处于法定劳动年龄阶段的并有就业愿望的劳动者失去或没有得到有报酬的工作岗位的社会现象。"经过循循善诱之后，帕累托说出了"失业"的严格定义。

只有一个人是真正的失业

"伴随失业而来的是失业人口。失业人口是指有劳动能力并愿意工作的人得不到适当的就业机会。没有劳动能力的人不存在失业问题。有劳动能力的人虽然没有职业,但自身也不想就业的人,不能算作失业者。对失业的规定,在不同的国家往往有所不同。在美国,年满16周岁而没有正式工作或正在寻找工作的人都称为失业者。"

"按照国际标准,失业人口可分为以下三类:没有工作,即在调查期间内没有从事有报酬的劳动或自我雇用;当前可以工作,就是当前如果有就业机会,就可以工作;正在寻找工作,就是在最近期间采取了具体的寻找工作的步骤,例如到公共的或私人的就业服务机构登记、到企业求职或刊登求职广告等寻找工作。"

"此外，失业类型根据不同的原因还可以细分，主要分为自愿失业、非自愿失业和隐藏性失业。"

"所谓自愿失业是指工人所要求的实际工资超过其边际生产率，或者说不愿意接受现行的工作条件和收入水平而未被雇用所造成的失业。自愿失业包括**摩擦性失业**和**结构性失业**两类。"帕累托接着说道，"由于这种失业是因劳动者主观不愿意就业而造成的，所以被称为自愿失业。自愿性失业无法通过经济手段和政策来消除，因此不是经济学所研究的范围。"

"那么，我们就来着重讲一下经济学中要研究的两种失业。"帕累托说道，"非自愿失业是指有劳动能力、愿意接受现行薪资水平却仍找不到工作的情况。这种失业是由客观原因造成的，因而可以通过经济手段和政策消除。我们在经济学中的所讲主要是非自愿失业。"

"非自愿失业也包含两部分内容，即技术性失业和周期性失业。"哈耶克补充道，"技术性失业是指在生产过程中引进先进技术代替人力，以及改善生产方法和管理而造成的失业。我们可以通过两个角度来看待这个问题，从长远角度看，劳动力的供求总水平不因技术进步而受到影响；从短期看，先进的技术、生产力和完善的经营管理，以及生产率的提高，必然会取代一部分劳动力，从而使一部分人失业。"

"周期性失业是指经济周期波动所造成的失业，即经济周期中的衰退或萧条时期，因需求下降而导致的失业。当经济中的总需求减少，降低了总产出时，会引起整个经济体系的普遍失业。"哈耶克接着说，"经济周期中的衰退或萧条时期，因社会总需求下降而造成的失业。当经济发展处于一个周期中的衰退期时，社会总需求不足，因而厂商的生产规模也缩小，从而导致较为普遍的失业现象。周期性失业对于不同行业的影响是不同的，一般来说，需求的收入弹性越大的行业，

> **孙继国老师评注**
>
> 摩擦性失业是指人们在转换工作过程中的失业，主要指人们在工作过程中由于难以避免的摩擦而造成的短期、局部的失业。
>
> 结构性失业是指劳动力供给和需求不匹配造成的失业，此时，既有失业，又有空缺职位，失业者或者没有合适的技能，或者居住地不当，因此无法填补现有的职位空缺。

周期性失业的影响越严重。"

"除了哈耶克先生说的这两种主要的失业类型外,经济学中常说的失业类型还包括隐藏性失业,下面我来说一下。"熊彼特补充道,"所谓隐藏性失业是指表面上有工作,但实际上并没有对产出做出贡献的人,即有'职'无'工'的人。"熊彼特停顿了一下说道,"这些人的边际生产力为零。"

"这些有'职'无'工'的人主要隐藏在哪里呢?"申斯文问道。

"如果减少经济生产中的就业人员的结果并没有导致产出水平的下降,这时就存在隐藏性失业。"熊彼特说道,"一般情况下,发展中国家的农业部门会存在严重的隐藏性失业现象。"

"真没想到,失个业也有这么多门道啊!"张山感叹道,"这以后可不敢随便失业啊!"

¥ 充分就业——让愿意工作的都有工作

"话也不能这么说,"哈耶克说道,"失业也并非好处全无嘛!"

"失业还有好处?"张山疑惑。虽然张山只是跟表哥通了个电话,不过,表哥的那种失落、空虚也已经在电话中表露无遗了。"我实在想不到失业除了无聊之外还能带来什么别的东西。"

"别激动,"申斯文安慰道,"听哈耶克老师说完嘛!现在搞得好像你是大师一样。人家经济学大师还能忽悠你不成?"

"失业从另一个方面可分为自愿性和非自愿性的,"哈耶克老师笑眯眯地看着张申二人争论完,说道,"自愿性的失业者大多都是出于自身职业生涯规划的考虑,希望寻求更好的发展机会而主动辞职。对于这一类的失业者来说,暂时的失业只不过是迈向更高层次的台阶而已。"

哈耶克看着张山说道:"不失业就会失去踏入更高层次的机会,这算不算是失业的好处呢?"

面对哈耶克的直视，张山虽然认为直接反驳不太礼貌，不过还是毫不客气地说道："哈耶克老师，您说的确实有一定的道理，但您所说的只是失业大军中的一小部分，其中的绝大部分还是非自愿性的失业者。对于这部分人来说，失业不会也是好事吧？"说到后来，张山的嘴角微微翘起，似乎是在挑衅。

哈耶克老师并没有注意到张山值得玩味的表情，而是平静地说道："失业对于失业者来说坏处大于好处，这是毋庸置疑的。不过有时候，失业也确实能够激励一些人，使他们取得更大的成绩。"

"哈兰·山德士上校不知道大家熟悉不熟悉？"哈耶克话锋一转，突然问了一个让人摸不着头脑的问题。

听到这个问题，好多人都摇头。

"嗨，不就是肯德基上校嘛！"张山这么一说，同学们都露出恍然大悟的表情。

"不错，他就是失业励志的典型，"哈耶克点点头说道，"山德士上校做过各种工作，但从来没有得到过一份长久的、有保障的工作。直到四十岁时，他仍然处在不知道什么时候就会失业的生活当中。当然，也正是从四十岁开始，他开了味道特别的炸鸡店，才正式摆脱了失业的困扰。他虽然没有在军队服役过，但出于他的贡献，肯塔基州的州长还是在他45岁的时候授予他上校的官职。"

"其实，哈耶克老师并不是说失业是件好事，而是想说明'塞翁失马，焉知非福'的道理。"申斯文说道。

"嗯。"哈耶克点了点头说道，"失业的好处就是能够促进失业者更好地摆脱失业并且发挥出自身以前可能并没有发掘出来的潜能。"

"在这个过程中，就涉及一个充分就业的问题。"熊彼特见缝插针地说道。

"就业我倒是知道，充分就业又是什么意思呢？"张山小声问旁边的申斯文。

申斯文还没来得及回答，熊彼特已经给出了答案："充分就业，通俗来说就是让愿意工作的人都有工作。"

见到同学们纷纷点头，熊彼特接着说道："2013年被誉为中国有史以来就业形势最严峻的一年。这一年的毕业生约有700万，加上比往年更差的就业形势，使得本来就是老大难的毕业生就业问题在2013年更加突出。当然，就业问题一直是全球范围内的老大难问题，不过在中国这样一个人口基数大的国家显得尤为严重。高校毕业生就业难成为中国高等教育发展的后顾之忧。如果不能进行有效的处理，那在特定的时间后院失火，也并非危言耸听。"

熊彼特的"盛世危言"说得观众席上的同学们一愣一愣的。大家都在思考或者说在庆幸：我毕业的时候会不会遇上这种情况，幸亏我不是2013年毕业……

"像前面我们说的2013年的毕业生一样，如果他们当中的很多人不能就业，那充分就业在中国的经济社会当中就是不存在的。幸而中国政府处理得不错，并没有造成不良的后果。"熊彼特接着说道，"所谓充分就业是经济学中的一个假设，是说除了像换工作的间隙时间这一类正常的暂时不就业的情况外，所有人都找到合适的职位，没有浪费工作职位的现象。"

"哦，我明白了，充分就业就是没有失业，不就是零失业嘛！"张山说道。

"事实上，零失业是充分就业，但充分就业并非零失业。"熊彼特说道，"对于一个社会来说，失业现象是一种自然的、合理的现象，而且是不可避免的。"

"充分就业在经济学中有什么意义呢？"张山问道，"到现在为止，我们只是知道充分就业是一个经济学名词而已。"

"关于这个问题，我想确实有必要再解释一下。"熊彼特点了点头说道，"约翰·凯恩斯先生想必大家都很熟悉了。"熊彼特突然冒出这么一句看似不相关的话。

> **孙继国老师评注**
>
> 《就业、利息和货币通论》充分论证了如何解决就业，以缓解市场供求力量失衡的问题。该书由于力图挽救"经济学危机"而被称为对传统经济学的"革命"。
>
> 西方许多经济学家将凯恩斯这本书的出版看作与"哥白尼在天文学上，达尔文在生物学上，爱因斯坦在物理学上"一样的，在经济学上的革命。

"您说的是上一期经济学公开课的嘉宾之一约翰·凯恩斯老师吗？"张山问道。

"不错，经济学中恐怕没有第二位凯恩斯先生了。"熊彼特说道，"充分就业是凯恩斯先生1936年在他的著作**《就业、利息和货币通论》**中提出的概念。在凯恩斯最初的论述中，充分就业就是每个愿意工作的人都有工作的意思。因为失业可以分成由于需求不足而造成的周期性失业和由于经济中存在的某些难以克服的原因而造成的自然失业两种。因此，实现了充分就业时的失业率就成为自然失业率，也叫作充分就业的失业率或者长期均衡的失业率。"

"那么，熊彼特老师，这个失业率保持在什么水平时被认为是合理的呢？"申斯文问道。

"一般我们认为自然失业率保持在 5% 以内时,经济的发展状况是正常而且健康的。"

"熊彼特老师,充分就业的概念会经常发生改变吗?"张山也从熊彼特的话中听出了端倪。

"实际上,充分就业是一个具有多重含义的经济术语。"熊彼特老师接着说道,"历史上,充分就业曾经被描述为不存在或仅仅存在最少量的非自愿性失业情况下的就业水平。今天,经济学家用最低可持续失业率的概念来描述可以长期持续的最高的就业水平。"

"在经济学范畴中,消灭了周期性失业时的就业状态被称为充分就业。"熊彼特往前走了几步说道,"凯恩斯认为有效需求决定了充分就业。有效需求不足时,非自愿性失业便产生,此时,社会便不能实现充分就业。此外,充分就业与某些客观存在的失业现象并不矛盾,前面帕累托先生说过的摩擦性失业和自愿性失业就是两种客观存在的非常正常的失业现象,只有非自愿性失业才是真正意义上的失业。因此,要实现充分就业就必须消灭非自愿性失业。"

"充分就业与社会经济的发展有什么联系吗?这些理论与中国当前的就业形势又有哪些联系呢?"申斯文问道。

"充分就业是维持一个国家或地区经济平衡发展的必要条件。"熊彼特说道,"从 2003 年到 2013 年的十年间,中国的高校毕业生从 212 万猛增至 699 万,增幅达到 229.7%,其中每一年新增人数的增幅都在 10% 以上,这是中国提高全民素质,高等教育逐渐普及的体现。"

"但是,"熊彼特话锋一转,"这十年中的高校毕业生的签约率却并不乐观。即使是其中最高的 2009 年,签约率也仅为 64% 而已。这意味着当年有 220 万的高校毕业生一毕业就失业了。在其他年份这个比例就更大了。从这里,我们可以直观地看到中国学子们面临的严峻的就业形势。摆在当前的中国大学生面前的就业形势实在是不容乐观。"

熊彼特的一番话让在座的各位未来的高校毕业生个个愁容满面。

想到虚无缥缈的未来,申斯文忍不住问道:"那么,熊彼特老师,目前中国就业的问题是什么呢?如何才能解决中国就业难的问题呢?"

"中国的就业难一方面与市场人才的饱和有关,市场的规模和企业的需求虽然在增长,但就业人数的增长却将前者远远地甩在了身后,多出来的劳动者找不

孙继国老师评注

我们可以从两个方面对效率工资进行阐述。定性地讲，效率工资指的是企业支付给员工比市场保留工资高得多的工资，是促使员工努力工作的一种激励与薪酬制度。定量地讲，厂商在利润最大化水平上确定雇用工人的工资，当工资对效率的弹性为1时，称它为效率工资。

到工作也就成为必然。"熊彼特说道，"另外一方面，中国就业难的问题与企业的'**效率工资**'联系密切。"

"众所周知，目前全球的经济形势并不好，中国也不例外。在这种情况下，很多企业并不愿意降低员工的工资，但不理想的经济形势却使得它们无力承担所有人的效率工资，因而不得不裁掉部分员工。"熊彼特挽起衣袖好像准备大干一场的样子，"企业这样做的好处有两点。首先，裁掉一部分员工，企业可以减少员工工资的支出，企业的生产成本降低了，这可以使企业更大可能地渡过难关。第二，被留下来的员工会格外地感激公司在困难时期为他们提供工作岗位，提供和原来一样的待遇，从而努力工作，使企业整体的生产效率提高。从另一方面来说，能在裁员中留下的员工多数应该是业务精通的'行业精英'，能赢得这些人的忠心对企业的未来也是大有裨益的。"

"企业不实行效率工资的做法一定会造成不好的后果吗？"张山对效率工资理论表示怀疑。

"裁员是所有企业都不愿意做的事情。说到底，人才是生产活动的根本。但面临困难时，裁员又变得微妙而尴尬，企业此时不得不做出艰难的选择。"熊彼特说道，"当然，如你所说，也可以选择不裁员。那么，当遇到困难时，企业就必须选择降低企业员工的整体工资，这就有很大的可能导致企业员工的整体效率低下。"

"怎么会呢？"张山疑惑地问道，"比起失业来，有一份工作不是更好吗？"

"这么说并没有错，"熊彼特说道，"但这只是针对那一部分会被裁掉的员工来说的。而且裁员如果没有真实地发生，那么在裁员中被裁掉的员工被告知降低工资时能不能保持积极性是很难说的，更不必说那些更加优秀的员工了。他们深知自己不可能被裁掉，但却被降低了工资。这时想让他们保持高效工作实在是天方夜谭。"

"话说回来，又有哪个员工骨子里会认为自己不优秀呢？"熊彼特微笑着说道。

"这么说起来在企业遇到苦难时选择裁员确实是不可避免的。"张山终于服气了。

"虽然大环境靠个人的力量无法改变,在全社会都实现充分就业之前,我们仍然可以通过自身的努力降低自己失业或者说被裁员的可能性。这就需要我们大家与时俱进,努力拼搏,提高自己的能力。说到底,这个社会仍然是一个竞争的社会嘛!"

¥ 自我提升——求职者终极攻略

"说了半天都是一些大道理,没啥实用价值啊!"张山急于为失业的表哥寻找一条出路,所以显得有些急功近利。

"别着急,讲完大形势,后面几位老师肯定会讲一些具体的问题的。"申斯文也知道张山的郁闷,便出言安慰。

见两人嘀咕起来没完没了,帕累托不得不出言打断他们:"具体的办法肯定是有的,要不然,我们这门学问也就不必叫经济学了,干脆叫哲学算了。"

见张山又要开口提问,帕累托赶紧把包袱抛给了站在旁边的哈耶克:"关于这个问题,我想哈耶克先生应该比我更有发言权。我们不妨听一听哈耶克先生的高见。"

张山闻言把那期待而热切的目光投向哈耶克。哈耶克先对帕累托不负责任的推脱深感无奈,但他遇上了张山热切的目光,不自觉地正了正胸前的领结,清了清嗓子。他一本正经地说道:"虽然不敢说在这方面有多大的发言权,不过,确实有一些心得愿意与大家分享。现在人们在教育下一代的时候都讲究让小朋友们打破常规,培养他们的逆向思维和创新意识。其实,不只小朋友们需要创新意识,作为一个成年人,想在竞争如此激烈的环境中混出个模样来,没点儿创新精神也是不行的。既然讲到创新,那就不得不提一提经济学中的一个著名的理论——路径依赖。让我们用一段故事来开始这个话题吧!"

"有一则寓言是这么说的:一头驴背着一袋盐过河,但河上的桥断了,驴踌躇了许久之后,最终决定硬着头皮涉水过河。等驴来到河对岸以后,它发现趟过水之后,背上的盐袋子分量轻了许多。它非常高兴,轻松地回到了家,而且还获得了宝贵的经验。此后几次运盐,驴都采用这个办法。节省了力气的同时,驴也为自己的聪明而沾沾自喜。当冬天快来临的时候,驴被打发过河去运棉花,以备

过冬之需。再次来到河边,驴对着河上早已经修好的桥嗤之以鼻。它弄不懂人类为什么那么傻,趟水过去既轻松又省劲,为什么还要浪费那么多的人力物力修这座没有意义的桥。它迈着矫健的步伐来到了河水中。不过这次并不像之前的几次那么轻松,它越往前走感觉到背上的货物越沉重,而且以往轻柔的水流仿佛完全不顾往日的情谊,冲得它站立不稳。在快到河中央的时候,驴打算放弃往回走了,然而为时已晚,它跌倒了。在这条熟悉的河里,它再也没有站起来。"

"这个故事大家肯定都听说过,"哈耶克说道,"物理学中所说的惯性想必大家也并不陌生。其实我们所讲的**路径依赖**与惯性是非常类似的。在经济活动中,人们一旦进入某一种路径,就可能会对这种路径产生依赖,无论这种路径是好是坏。"

孙继国老师评注

路径依赖的理论是由美国经济学家道格拉斯·诺思提出的,他因此获得了1993年的诺贝尔经济学奖。

"那么,经验就没有用了吗?"张山疑惑地问道。

"当然有用,"哈耶克说道,"否则也不会有那么多公司在招聘的时候要求工作经验了。只是经验有时候并不是万能的。这个世界每天都在发生变化,作为一个竞争者,如果不做出相应的变化的话,恐怕就只有失败了。"

"而且,凡是已走过的路,那在这条路上的人肯定不止你一人。这也是竞争的由来。倘若开拓一条不寻常的路,没有人走过,那么,不只在竞争上你已经高出了普通的竞争者一个层面,有时候,已经开始靠近伟大了。哥伦布不就是走了一条别人没走过的路吗?"

突然,站在哈耶克旁边的熊彼特咳嗽了一声。哈耶克不好意思地笑了笑说道:"哎呀!说着说着就要跑题!我们来说一下如何提升自身的问题吧!"

"中国有个成语是扬长避短,它凝结着中国古人的智慧。但古人的智慧并不是时时事事都灵验,最起码在提升自身这方面,木桶理论更实用一些。"哈耶克突然转向同学们,问道,"木桶理论大家都听说过吧?"

台下的同学们都露出无奈的表情,张山更是毫不客气:"老师,您也太不把村长当干部了,我虽然知道的不多,但也经不起您这么隆重的讽刺啊!"

哈耶克微微一笑,接着说道:"**木桶理论告诉我们,在一个团队当中,业务

孙继国老师评注

木桶理论又称木桶效应。它是指一只木桶想盛满水，木桶上的每块木板必须一样平齐且无破损。如果这只桶的木板中有一块不齐或者某块木板下面有破洞，这只桶就无法盛满水。即一只木桶能盛多少水，并不取决于最长的那块木板，而是取决于最短的那块木板。它也可称为短板效应。

能力最差的一个人是制约整个团队取得更高成绩的关键因素。"

"短板的表现主要是一个企业在某一方面的职能不健全或者弱化，特别是那些对于企业的发展起着关键作用的因素。如果这些因素难以和其他因素一起协调发展，那么就会使企业的整体运作能力降低，盈利能力降低。组织如果不对团队中的这个短板进行处理，它将会对组织未来的发展造成严重的制约。"

哈耶克一转身看到了熊彼特和帕累托二人无奈的眼神，赶紧朝大家笑笑，自嘲地说道："好，言归正传，我们来说一下短板对个体的影响。在一个人一系列的素质组成中，其中短板也会严重制约这个个体所能达到的高度。因此，只有努力拔高自身的短板，才能使自己避免成为团队中的短板。这也就变相地增强了自己的竞争力。"

"最近我正在努力学习中文，"哈耶克说道，"这是我的短板。我可不想刚回来又再次被淘汰掉。"一番话说得全场都忍不住笑了起来。

"在学习中文的过程中，我发现了中文中一个有趣的东西，叫作歇后语。其中一句是'最合算的买卖'。同学们知道下一句是什么吗？"哈耶克笑眯眯地问大家。

"哈耶克老师真不愧是跑题狂人，我看现在应该快跑到月球上去了！"张山夸张地说道。

"哈耶克老师可能只是想为大家营造一种轻松的气氛而已。"申斯文维护道。

其他同学不管他俩的嘀咕，异口同声地说道："一本万利！"

"不错，"哈耶克作恍然大悟状，"一本万利是所有商人或者说所有人都追求的，但在现实中却总是很难实现。不过，虽然一本万利遥不可及，但退而求其次，我们追求事半功倍的话还是能够实现的。"哈耶克狡黠地笑着。

"还有这么好的事儿？那应该怎么做呢？"张山总是沉不住气。

"诀窍就在关键的第一印象上。"哈耶克不再卖关子，接着说道，"其实找工作也好，相亲也好，都可以算作社交的一种——都是跟人打交道嘛，而第一印象在其中起到重要的作用。"

"第一印象在经济学中有一个特定的称谓，叫作首因效应。什么是首因效应？"哈耶克自问自答，"两个素不相识的人，第一次见面时互相留下的印象，这个印象会在以后两个人的接触中产生非常大的影响，甚至主导他们对对方的主观看法。这就是首因效应。"

"比如说咱们俩。"哈耶克来到张山面前，"以前我们没见过面，经过这次接触以后，你会认为我是一个讲话没有重点的人。"

哈耶克说到这里，张山的脸忍不住发烫，他感觉自己的心事被哈耶克看穿了。除此之外，他又有些佩服哈耶克老师，不过他还是觉得哈耶克现在讲的跑题了。

"而我呢，"哈耶克接着说，"我会认为你是一个有一肚子'为什么'的年轻人。我们彼此之间的这些看法会影响我们以后对彼此的评价——如果以后还能再见的话。这就是首因效应。"

"但这有什么关系呢？"张山说道。

"看，我说得没错吧，你仍然认为我现在说的是没有用的。"哈耶克显然没有

首因效应作用流程

在现实生活中，虽然大部分人的理智都在抵抗首因效应，但是情绪、态度、心理等根本无法控制。

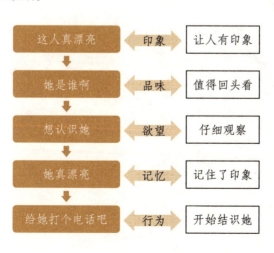

被质疑的觉悟,竟然沾沾自喜地说道,"逝去的时间和我宝贵的口水都不会白费。"哈耶克拿过矿泉水瓶喝了一口,"首因效应是每个正常人都有的,因而我们在经济活动中就可以加以利用。当然,在求职时也可以利用。"

"大量的实验表明,良好的、积极的印象会增进当事人继续交往的意愿,从而导致关系的增进;不良的、消极的印象则只能使关系了结。要说具体原因,却并不容易给出。当然,如果是求职时被拒,对方也没什么耐心告诉你原因。"

"那么,怎么才能通过首因效应加分呢?"申斯文问道。

"问得好!"哈耶克说道,"要给对方留下好印象,首先仪表是不能忽略的。请不要急着批评我肤浅,在你还没有说话的时候,首先是通过外貌被别人感知的。在此我不是要求大家长得多帅或者多漂亮——这似乎也没办法要求——不过,干净整齐将是不可多得的加分利器。"

"其次,你的举止和言语是接下来对方获取你的信息的主要途径。像我这样幽默的言辞你们学起来可能有些困难,但言语得当、举止大方并不困难。如果再健谈一点儿,想不加分都难啊!"

"说来说去,这些都是小细节了,其实最主要的还是我们刚才说的短板。短板不可怕,若全都是短板而没有一块长的,那才是真正可怕的事情呢!"哈耶克说完就朝门口走去。

推荐参考书

《个人主义与经济秩序》 弗里德里希·哈耶克著。哈耶克自己是这么评价这本书的:"初看上去,收集在本书中的这些论文所关注的论题似乎是各不相同的,但是我希望读者很快就能够发现,其中大多数论文所讨论的问题实际上是密切相关的。的确,这些论文涉及的范围相当广泛,从道德哲学的问题到社会科学研究方法的问题,从经济政策的问题到纯经济理论的问题均有涉及。但需要指出的是,在大多数论文中,我是把上述问题当作同一个核心问题的不同方面来看的。"

第十二堂课

马克思、配第、刘易斯讨论"结构"

卡尔·马克思/威廉·配第/威廉·阿瑟·刘易斯

卡尔·马克思（1818—1883），德国犹太人，政治家、哲学家、经济学家、革命理论家，马克思主义的创始人。

威廉·配第（1623—1687），英国古典政治经济学创始人，古典学派财政学说的先驱，被马克思称为"政治经济学之父"。

威廉·阿瑟·刘易斯（1915—1991），经济学家，研究发展中国家经济问题的领导者和先驱。

北方的冬天来得突然，让还没做好过冬准备的莘莘学子猝不及防，张山自然也不例外。

虽然已经是下午，阳光直射的西楼副会议室依然很冷。裹着大衣仍然瑟瑟发抖的张山忍不住向旁边坐着看书的申斯文抱怨："北方人都说春脖子短，我看秋天也够呛。我简直连秋天的影儿都还没看到，冬天就已经来了。"

申斯文听了张山的抱怨只有摇头苦笑的份儿。

"哎？"张山发现了问题，"我说大家都被冻感冒了，你小子怎么擅自脱离组织，没感冒啊？"

申斯文脸上洋溢着幸福说，"降温那几天，我妈特意提醒我了，所以我就提早把厚衣服换上了。还好添衣及时。"

"哎哟，果然还是亲妈好啊！"张山刚说完，马上便意识到说错话了，赶紧转移话题，"你说这学校也真是的，天这么冷了，还不给暖气。就知道说国家有11月15日供暖的规定，一点儿都不懂得随机应变，太不机智了。"

申斯文苦笑道："只是降温突然幅度大了一点儿而已，都还没到零下，也没必要供暖吧？"申斯文看了一眼穿得厚厚的张山，"再说降温前几天学校也提醒大家了，你自己没注意罢了。"

"提醒了吗？"张山还在狡辩，"我反正是不知道。"

申斯文知道这是个不见棺材不落泪的主，便说道："看你的手机上，是不是有团委发的信息。"

张山当然知道有这么一条短信，只是收到时根本没看，倒是感冒以后躺在床上休息时才看到这条"迟来"的短信。每当这时候张山便发挥他的成名绝技——"乾坤大挪移"来转移话题："天这么冷，再不来暖气，我可就要去见马克思了。"

"难得啊！"申斯文揶揄道，"政治课你都不怎么去上，竟然还知道马克思呢？"

"哥知道的多了。"张山作得意状说道，"马克思可不光是政治里面才有，经济学里面马克思也占有一席之地呢！"

张山见申斯文不说话，便接着说："知道吗？'经济结构'的概念最初可就是由马克思首先提出来的。"

"哦？"申斯文来了兴趣，满脸期待地看着张山说道，"你倒是说说看什么是'经济结构'。"

"这个……"张山也只是偶尔看到过这个名词，要让他解释还真不行。

正在张山抓耳挠腮之际,这次公开课的三位主讲人走进了教室,他们的到来为张山解了围。

庆幸之余,张山看向走进来的三位。刚看到第一位,张山就忍不住倒吸了一口冷气:"饭可以乱吃,话还真不能乱说啊!这回是真见到马克思了!"

经济结构

申斯文看到张山的夸张表现也望了过去,只见刚走进来的三个人中为首的一个正是大家无比熟悉的大胡子——卡尔·马克思。

马克思的体型一如既往地富态,一身黑礼服搭配白衬衫。他率先来到台上。看到观众们目瞪口呆的表情,马克思下意识地看了看自己的胸前,又摸了摸那蓬大胡子,便开口说道:"我是卡尔·马克思,德国人。"然后他侧身开始介绍后面的两位,"这位是来自英国的经济学老前辈,也是'政治经济学之父',威廉·配第先生。这位是来自印度的著名经济学家威廉·刘易斯先生。"

开场白一如既往地简短有力。不过,对于张山来说,这点儿信息量显然不够。

申斯文不等张山询问,便开口说道:"威廉·配第被马克思称为'政治经济学之父'。在某种程度上,威廉·配第也可以说是统计学的创始人,政治算术学派的奠基人,英国古典政治经济学创始人,古典学派财政学说的先驱。"

"威廉·刘易斯是研究发展中国家经济问题的领导者和先驱。他提出了著名的二元经济模型理论。这为他赢得了极高的声誉,并引起了广泛的科学辩论,由此形成了对刘易斯原来的前提的一系列发展和补充,该模型亦被运用于实际以验证其应用性。"

"能够来参加这个公开课为大家讲述一些经济学的知识,我们都很开心。"马克思率先说道,"不过时间有限,我们只能讲其中的一个主题。今天的议题就是'结构'。"

"你老兄的名号可是响得很啊!"配第竟然开始调侃马克思,"刚才在门外的时候就听见教室里面有人说起你的名字呢!"配第还保留着典型的类似于法官帽子的英国绅士发型,但这丝毫不影响他开玩笑。

"这个我可不敢当,您才是老前辈呢!"马克思赶紧推辞道,"不过这个经济结构的说法,确实是我提出来的。我也只是起了个名字而已,真正含义配第先生早我几百年就已经开始研究了。我想同学们肯定也是希望配第老师来讲一下经济结构的吧?"

"是的!"同学们在给予肯定回答的同时还鼓起了掌。

"马克思真不愧是发动群众的老油条啊!"张山小声嘀咕,"你看,三言两语就把咱们的英国绅士给绕进去了。"

"那就恭敬不如从命了!"说完这句,配第严肃了起来,"说来惭愧,我当时对经济结构的研究就像你们现在的社会主义一样——处于初级阶段。不过好在我虽然年纪老,却还保留了一点儿与时俱进的想法,经济结构理论后来的发展我也有所了解,否则今天可就要出丑喽!"

孙继国老师评注

中国经济结构的现状:改革开放以后,通过经济结构调整优先发展轻工业,扩大高档消费品进口,加强基础产业、基础设施建设,大力发展第三产业等一系列政策和措施,中国的经济结构趋于协调,并向优化和升级的方向发展。

"所谓**经济结构**,简单来说,是指国民经济的组成和构造。"配第不作停留,接着说道,"它的含义并非只有一种解读。从不同的角度来考察的话,大概有四种吧!首先,从一定社会生产关系的总和来考察,则主要通过不同的生产资料所有制经济成分的比重和构成来表现。"

"从国民经济各部门和社会再生产的各个方面的组成和构造考察,则包括产业结构、分配结构、交换结构、消费结构、技术结构、劳动力结构等。"

"从所包含的范围来考察,则可分为国民经济总体结构、部门结构、地区结构以及企业结构等。"

"从不同角度进行专门研究的需要来考察,又可分为经济组织结构、产品结构、人员结构、就业结构、投资结构、能源结构、材料结构,等等。"

"配第老师,您说了各种经济结构的构成和概念,这个经济结构与经济除了字面上的联系,我看也没什么其他联系啊!"张山说道。

配第听到张山提问，停顿一下，呵呵一笑接着说道："不必着急，接下来要说的就是你关心的内容了。"

"一定的社会经济和技术条件，必然需要与它相适应的一定的经济结构才能有效地发挥作用。而经济结构的各个组成部分之间，都是有机联系在一起的，具有客观制约性，不是随意建立任何一种经济结构都是合理的。一个国家的经济结构是否合理，主要看它是否适合本国实际情况；能否充分利用国内外一切有利因素；能否合理有效地利用人力、物力、财力和自然资源；能否保证国民经济各部门协调发展；能否有力地推动科技进步和劳动生产率提高；是否既有利于促进近期的经济增长，又有利于长远的经济发展。"

"我一直以为这些条条框框的东西也就是说说而已，"张山听完配第一席话有所感触，"原来这么有用啊！"

"是啊！"申斯文附和道，"配第老师一席话真是发人深省啊！"

产业结构

"传说中的结构就只有经济结构吗？"张山见配第老师的讲解告一段落，见缝插针地问道。

"别着急啊！"申斯文解释道，"后面估计要讲产业结构了，最近产业结构提得挺多的。"

"我这可不是着急，"张山笑嘻嘻地说道，"我这可是顾全大局。为了保证公开课不冷场，我不仅牺牲了自己的形象和名誉，还……"

"行了，行了！你的贡献人民群众铭记在心，你永远活在我们的心中！你自己就不用再标榜了，老师们又开始讲了，赶紧听吧！"申斯文赶紧打断张山，不敢再让他继续说下去。

张山还欲争辩，不过听到配第那特有的声音传来，马上闭上了嘴巴。

"经济结构的内容也就这么多。不过，经济结构虽然告一段落了，却还有一个重要的部分没有谈,那就是产业结构,同学们要不要让马克思老师来为大家讲一下产业结构?"配第也学马克思开始"发动群众"。

"要!"同学们异口同声地说道。

"马克思先生,"配第侧身朝马克思做了个"请"的手势,"群众的呼声你也听到了,你看……"

不等配第说完,马克思已经往前走了一步,颇有当仁不让的意思。马克思开口说道:"科学的发展使得技能的专业性越来越强。由于分工越来越细,因而产生了越来越多的生产部门。这些不同的生产部门,受到各种因素的影响和制约,会在增长速度、就业人数、在经济总量中的比重、对经济增长的推动作用等方面表现出很大的差异。"

"因此,在一个经济实体当中,在每个具体的经济发展阶段、发展时点上,组成国民经济的产业部门是大不一样的。各产业部门的构成及相互之间的联系、比例关系不尽相同,对经济增长的贡献大小也不同。"马克思说道。

孙继国老师评注

产业结构是指各产业的构成及各产业之间的联系和比例关系。

"这只是**产业结构**的概念,产业结构有四方面的含义呢,这你可得给大家说清楚喽。"配第说道。

马克思看了配第一眼,说道:"不错,如配第先生所讲,产业结构确实包含四个方面。"

"首先,产业结构是在社会再生产的过程当中形成的。其次,产业结构是以国民经济作为整体,通过某种标准将国民经济划分成多个产业的。第三,产业之间的生产、技术、经济联系主要反映产业之间的相互依赖、相互制约的程度和方式。第四,产业结构能够反映产业间的数量比例的关系。"

"哎呀!这么深奥啊?"张山看旁边的申斯文听得津津有味,而自己却是云里雾里,不由得抱怨道,"第一条就不明白。马克思老师是专门来打击我的吧?"

马克思看到张山夸张的表情,忍不住笑着说道:"要搞清楚第一条,我们先要明白什么是再生产。"

"当我们的祖先还在树上时,那时候他们还不能称为人,与所有的猴子所做的是几乎相同的事情。那时候他们不生产,也无所谓生产分工,每天采集来的食物都用来消费——吃掉或者留着以后吃,这时是没有**再生产**的。"马克思似乎在说一些无关紧要的话,"后来,他们从树上走了下来,离开了森林,他们学会了狩猎,又学会了耕种。这时,他们劳动所得的东西不再全部用来消费,也就是说他们不会吃掉所有的东西,包括猎物和粮食。猎物当中的幼兽,人们把它圈养起来;每年收获的粮食当中的一部分也会被当作种子留待下次种植。这种不将全部的剩余价值用于消费的做法就是再生产。这时,人类社会出现了。"

孙继国老师评注

再生产就是不断反复进行的社会生产过程。首先是物质资料的再生产,在物质资料的再生产中不断再生产出用于生产消费的生产资料和用于生活消费的消费资料。

"哦!我明白了!"张山作恍然大悟状,"社会再生产的过程其实就是社会生产力发展的过程。随着生产力的发展,分工逐渐细化,产业结构也就随之出现了。"

对于张山的突然打断,马克思并不生气,而是点了点头接着说道:"不错!那么我们接着讲第二点。产业结构以国民经济作为整体,也就是说一个国家或者一个地区这一类的经济实体中才存在产业结构,而产业结构的组成又是复杂的,它包含这个国家或者地区当中所有的产业类型。而且,处于同一个产业结构中的不同的产业之间都是相互关联的。它们在生产、技术和经济方面都存在或多或少的联系,每一个产业都不可能是孤立的。我们可以通过对产业结构的研究了解不同产业在国民经济中所占的比重。"

"产业结构包含了所有的产业,那研究起来岂不是很麻烦啊?"张山倒是替经济学家们操起心来了。

"你以为那些经济学家都跟你一样啊?"申斯文终于受不了了,"产业种类虽然多,当然可以通过分类来研究嘛!"

"不错!"马克思肯定了申斯文的话,"在经济学中,经常使用的分类方法主要有四种。接下来,我们就来一一介绍。"

"第一种方法是两大领域、两大部类分类法。这种分类法就是按生产活动的性质及其产品属性对产业进行分类。按生产活动性质,把产业部门分为物质资料生产部门和非物质资料生产部门两大领域。前者指从事物质资料生产并创造物质产品的部门,包括农业、工业、建筑业、运输邮电业、商业等;后者指不从事物质资料生产而只提供非物质性服务的部门，包括科学、文化、教育、卫生、金融、保险、咨询等部门。"

孙继国老师评注

产品直接取自自然界的部门称为第一产业，对初级产品进行再加工的部门称为第二产业，为生产和消费提供各种服务的部门称为第三产业。

"第二种分类方法被称为**三次产业分类法**。说三次产业大家可能不太好理解，不过若是说第一、第二、第三产业，想必大家就都明白了。这种分类法是根据社会生产活动历史发展的顺序对产业结构进行划分的，这也是世界上较为通用的产业结构分类方法。不过，由于不同国家的发展程度不同，对于某些产业的归类可能会有些出入。"

"哦？您能结合中国的实际情况说一说吗？"申斯文问道。

"当然可以！"马克思说道，"中国的三次产业划分是这样的，第一产业是农业，主要包括种植业、林业、牧业和渔业等；第二产业为工业和建筑业，其中工业主要包括采掘业，制造业，电力、煤气、水的生产和供应业等；第三产业是指除第一、第二产业以外的其他各业。"

"这里我要补充一点，"配第不甘寂寞，"中国对第三产业还进行了更加细致的划分，主要分为四个层次。第一层次以流通部门为主，包括交通运输、仓储及邮电通信业，批发和零售贸易、餐饮业；第二层次为生产和生活服务的部门，包括金融、保险业，地质勘查业、水利管理业，房地产业，社会服务业，农、林、牧、渔服务业，交通运输辅助业，综合技术服务业等；第三层次是提高科学文化水平和居民素质服务的部门，包括教育、文化艺术及广播电影电视业，卫生、体育和社会福利业，科学研究业等；第四层次主要是社会公共需要服务的部门，包括国家机关、政党机关和社会团体以及军队、警察等。"

"不错，"听完配第的补充，马克思点了点头说道，"第三种分类方法是资源密集程度分类法，顾名思义，就是根据各产业所投入的、占主要地位的资源的不同为标准来划分的。根据劳动力、资本和技术三种生产要素在各产业中的相对密集度，把产业划分为劳动密集型、资本密集型和技术密集型产业。"

"最后一种分类方法是国际标准产业分类法。这种分类方式就没什么可说的了，主要是为了使不同国家的统计数据具有可比性而由联合国颁布的17个部门

三种产业类型

劳动密集型

资源密集型

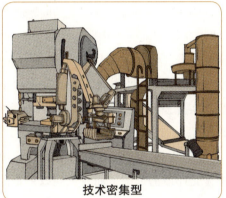
技术密集型

的分类方法。"

A. 农业、狩猎业和林业	B. 渔业	C. 采矿及采石
D. 制造业	E. 电、煤气和水的供应	F. 建筑业
G. 批发和零售、修理业	H. 旅馆和餐馆	I. 运输、仓储和通信
J. 金融中介	K. 房地产、租赁业	L. 公共管理和国防
M. 教育	N. 保健和社会工作	O. 社会和个人的服务
P. 家庭雇工	Q. 境外组织和机构	

"马克思老师,您说了这么多,我们还不知道中国的经济结构和产业结构的情况呢?还是从了解自身开始比较好吧?"张山说道。

听到张山的这句话,一直沉默不语的刘易斯老师知道是该自己出场的时候了。

¥ 中国现状及转变

听了张山的问题,马克思和配第互相看了一眼,又同时看向了刘易斯。他们俩知道,刘易斯是研究发展中国家经济问题的领导者和先驱。他们二人很自觉地往旁边走了两步,把舞台的中央让给了刘易斯。

刘易斯往前迈一步,扶了扶圆边的黑框眼镜,开口说道:"既然两位前辈给我这个机会,那就让我来为大家讲一下中国的经济结构和产业结构的大体状况,以及近年来的一些与转型相关的问题吧!"

"让我们先说一下中国过去几十年的经济和产业状况吧!"刘易斯用他那带有印度口音的中文说道,"这一段要分两个阶段来说,1978年是分水岭。"

"1978年以前的中国经济,农业基础薄弱,轻工业和重工业比例失衡。这一阶段其实并没有什么可说的,我们着重要说的是1978年中国改革开放以后的这一阶段。"

"我一直致力于发展中国家经济状况的研究。当然,我主要研究的是印度。但中国是印度的邻国,而且长期以来是世界第二大经济体,所以,我对中国的情况也有所了解。"刘易斯清了清嗓子接着说道,"通过优先发展轻工业,扩大高档消费品进口,加强基础产业、基础设施建设,大力发展第三产业等一系列政策和措施,使中国的经济结构趋于协调,并向优化和升级的方向发展。中国各产业之间及其内部的比例关系都有了明显的改善,其中第一产业比重下降,第二、第三产业比重上升;国民经济总量增长从主要由第一、第二产业带动,转为主要由第二、第三产业带动,第二产业的增长构成了中国经济高速发展的主要动力。在整体产业结构变化的同时,各产业内部的结构也发生了较大的变化。在农、林、牧、渔业总产值中,纯农业产值比重下降,林、牧、渔业比重上升;在工业内部,轻重工业结构正逐步由偏重'消费补偿'的轻型结构向'投资导向'的重型结构升级;在第三产业内部,交通运输业、商业等传统产业比重下降,房地产业、金融保险业、电信业等迅速发展。"

"关于经济结构和产业结构的转型问题是近几年中国政府经常提及的,这方面您能点评一下吗?"申斯文问道。

"不错，"刘易斯点了点头说道，"中国的工业化起步虽晚，但近几十年来紧跟世界发展的大趋势，其经济发展也殊为迅速。随着经济的发展，几十年前的经济和产业结构已经不再适应，因而，结构的转型也是中国经济发展过程中不可回避的一个重要议题。"

"经济转型提了好多年，怎么到现在还在提这个问题？怎么转起来没个完了？"张山说道。

"关于经济转型，中国政府和社会各界确实关注很久了，即使到现在仍然在提这个问题。其实不光是中国，世界上的其他国家也在持续关注这方面的问题。大家都希望找到一个**经济增长方式**的转变方案，都希望找到一个长久的对策。"

"需求结构包括内外需结构，内需结构包括消费结构与投资结构。既然谈的是中国，我们还是以中国为例。中国的经济增长主要是由投资、消费、出口贸易共同作用驱动的，即所谓的'三驾马车'。其中，最稳定、最长效、最可持续的拉动力是国内居民的消费，消费对促进生产发展、国

孙继国老师评注

经济增长方式是指一国或地区宏观经济的经济增长结构优化和经济质量提高的方法和模式。经济增长方式转变主要是：粗放型—集约型增长；低级经济结构—高级优化经济结构；单纯经济增长—全面协调可持续的经济增长。

民经济增长起着举足轻重的作用。"刘易斯说着，朝旁边的马克思拱了拱手接着说道，"马克思先生在他的经济学原理中提出，发展经济的最终目的是为了人的消费，而消费是生产的先导，没有消费就不需要生产。广大城乡居民数量不断增加和质量不断提升的消费需求，推动着生产不断发展，规定或引导着一国经济向深度和广度进军。长期以来中国需求结构不合理，存在一个明显的缺陷，即主要靠扩大投资需求和对外出口需求驱动经济增长，居民消费率过低，对经济拉动不力。"

"你别说，讲的确实是那么回事儿！"张山调侃道。

听到张山对刘易斯的称呼，申斯文忍不住翻了个白眼，说道："人家好歹是世界闻名的经济学家，起码的尊重还是应该给一点儿的吧！"

刘易斯并不理会他俩开小差，仍在流畅地讲着："21世纪以来，汽车逐渐走进千家万户，丰田公司的汽车凭借这股东风逐渐坐稳了头号汽车生产商的位置。

常在河边走,总有湿鞋的时候,近几年来,丰田公司的汽车问题层出不穷。而丰田公司对此是应对有章,接连进行了几次召回,使负面影响降到了最低。"

"中国作为丰田公司的一个重要市场,在丰田的召回事件中也占有重要的一席之地。然而,虽然中国人购买同样的汽车并不比美国人少花一分钱,但面对相同的问题,得到的处理措施却是截然不同的。在美国,丰田对受害者提供'上门召回'服务;对驾车返厂的召回消费者补贴交通费用;在汽车修理期间,提供同型号车辆使用。而在中国,车主只能自驾车到4S店完成召回,还可能因零件缺货多次往返。丰田甚至明确表示不给中国消费者补偿。丰田汽车引发美国消费者集体诉讼近100起,赔偿金额达100亿美元。为平息消费者义愤,挽回召回事件影响,丰田公司在全球范围实行一系列刺激销售措施,甚至向美国购车者提供最高3000美元的返利优惠和经销商激励措施,还有零息贷款。"

"这不是欺负人嘛!"张山对此非常气愤。

"这种情况的发生的确令人气愤,"刘易斯平静地说道,"不过,对此我们也只能在道德层面对其加以抨击,除此之外,再没有其他有效的解决办法了。其实,这个事件是中国经济结构的落后所造成的众多不良后果之一。这么说可能同学们不太理解,我们拿中国和美国两个国家来对比。"

刘易斯此时已经完全掌握了会场中的同学们的情绪,在同学们期待的目光中,刘易斯接着说道,"你们认为日本人为什么给予中国人和美国人截然不同的解决方案,而且其服务态度差别甚大?日本人惧怕美国人,或者是日本人更加尊敬美国人?"说到这里,刘易斯不屑地笑了笑,"笑话!日本的政客或者是这样,但企业家根本不会这么想,他们首先考虑的是利润。最根本的原因是美国的汽车行业已经非常成熟,他们在这方面的立法非常完善;中国在这方面的相关法规并不健全,这才是根本原因。"

"美国的法律规定,如果事件达到一定程度,当事人有可能被判刑并受到巨额的罚款。在中国则只是一个行业规定,如厂家隐瞒产品缺陷最严重的处罚是罚款3万元人民币。"刘易斯接着说道,"3万元人民币可能连一些汽车的一个轮胎都买不到。因此,精明的企业家们当然知道怎么做能使损失最低。"

"看来结构转型已经到了势在必行的地步了。那么,主要应该从哪些方面着手呢?"申斯文问道。

"这个问题也是长久以来大家讨论的核心内容。"刘易斯说道,"中国经济发展方式的转型主要从八个方面进行。第一是加快推进经济结构调整，第二是加快推进产业结构调整，第三是加快推进自主创新，第四是加快推进农业发展方式转变，第五是加快推进生态文明建设，第六是加快推进经济社会协调发展，第七是加快发展文化产业，第八是加快推进对外经济发展方式转变。"

"关于这些内容，我只是大体简述一下，其实还有很多相关的解释的内容。比如第一条加快推进经济结构调整，它的具体要求是把调整经济结构作为转变经济发展方式的战略重点，按照优化需求结构、供给结构、要素投入结构的方向和基本要求，加快调整国民收入分配结构，加快调整城乡结构，加快推进城镇化，加快调整区域经济结构和国土开发空间结构。这些内容在此就不再逐条解释了，你们应该有很多渠道能够了解到的。"

同学们对这些条条框框的东西不太在意，不过申斯文显然不在此列。他关切地问道："那么，刘易斯老师，在实行这些措施的时候面临的问题主要有哪些呢？"

"这个嘛，主要有两方面的问题，一是理念的转变，二是转型的重点。"

"我们先来说理念的转变。这主要包含以下几个方面，首先是'国富民强'还

结构转型

当外部环境发生较大变化，产业内部资源配置不合理，导致产业发展遇到多重约束时，就必须通过提升产业素质、升级置换和重组产业要素，形成新的产业结构以满足产业长远发展的需要。

是'民富国强';其次是追求增量的增加还是纯量的增加,经济方式转变是为老百姓增加收入还是为国家税收增加收入;第三是以民生经济为主还是以税源经济为主。"

"'国富民强'大家都非常熟悉了,'民富国强'则是最近被提出来的一个说法。很明显,中国的结构转型已经在这两者之间做出了选择。之前中国的经济一直走在国富民强的道路上。走到现在,国是富了,这一点通过历年中国政府公布的 GDP 可以看出来,但人民强不强却并没有得到大家的一致认可。因而下一步经济发展的重点就在于使人民更加富足。"

"其实后面几点与第一点并没有本质的不同,说白了都是人民财富与国家财富的侧重点的问题,通过前面我们提到的中国政府采取的几项措施,我们能够清楚地了解到中国政府已经就解决这些问题确定了方案,经济结构转型势必会使中国经济向着更加侧重于民生的方向发展。"

刘易斯说完,回头看了看沉默已久的两位前辈,二人会意上前。刘易斯微笑着说:"这次有机会与中国当代的大学生探讨有关经济学的问题,我感到非常高兴,希望以后还能有机会与大家见面。那么,今天的公开课就到此为止了。"

刘易斯说罢,三人慢慢向门口走去。

推荐参考书

《经济增长理论》 威廉·阿瑟·刘易斯著。刘易斯在书中对经济发展的相关问题进行了广泛而深入的分析,总结各国经济发展中的经验与教训。该书至今仍被认为是"第一部简明扼要地论述了经济发展问题的巨著"。

第十三堂课

诺斯、兰格、米塞斯讨论"公有"

道格拉斯·诺斯/奥斯卡·兰格/路德维希·冯·米塞斯

  道格拉斯·诺斯（1920—），美国经济学家，由于建立了包括产权理论、国家理论和意识形态理论在内的"制度变迁理论"获得1993年诺贝尔经济学奖。

  奥斯卡·兰格（1904—1965），波兰著名经济学家和政治活动家。

  路德维希·冯·米塞斯（1881—1973），奥地利经济学家，现代自由意志主义运动的主要影响人，也是促进古典自由主义复苏的学者，被誉为"奥地利经济学派的院长"。

"老申，你说真的有天堂和地狱吗？"刚看了一会儿书，张山便开起小差来。

"这我哪儿知道！"申斯文盯着书本头也不抬地说道，"我又没死过。"

"这倒是！"张山对申斯文的诚实给予了肯定，"你要是死了是希望进天堂还是进地狱？"

"嗯？"申斯文好像在解一道复杂的数学题。

"要是真有天堂和地狱的话，我觉得我死了以后能进天堂。"张山大言不惭道。

"在开玩笑吧，你？"申斯文的题目解完了，"就你这德性也能上天堂？"

"怎么不行？"张山挑了挑嘴角，"我这'仁义无双小郎君'的称号可不是凭空得来的。"

"如果真有天堂的话，说不定你还真有可能进去。"申斯文说道。

"怎么样？一听到本人的名号被震住了吧！"张山得意扬扬，"天堂应该是什么样子呢？"

"天堂里的人全都是品德高尚、乐于助人而且耻于被别人帮助的。"申斯文说道。

"抬眼望去，这整个校园里面也就我符合标准啊！看来这天堂里人应该不多。"张山说道。

"你听说过一个问题没有，关于天堂的？"申斯文捅了捅张山说道。

"什么问题？"

"天堂里的人个个都高风亮节，争着抢着去做好事？"

"那当然啊！姿态高嘛！"张山笑道。

"每个人都以帮助别人为荣，以受人帮助为耻，那么他们就会极力避免被别人帮助，而自己也就没有机会帮助别人，这样他们的价值就不能实现了。"申斯文说道。

不等张山插嘴，申斯文接着说道："而且，他们竭力使自己做到最好以达到不需要别人帮助的目的，在客观上影响了他人对自身价值的挖掘和升华，这是不是一种自私的表现？自私的人怎么能够上天堂呢？"

"你这么一说确实让我有些纠结，不过也正因为如此，天堂才更加需要我呢！"张山得意地说道，"就让我去当那人人都不愿意帮助的人吧！就让他们把帮助和劳动成果全都交给我以实现他们精神上的升华吧！为了大家，我牺牲自己是值得的。俗话说'我不入地狱谁入地狱'！"

"我看还是地狱更加适合你！"申斯文不是第一次见到张山的无赖嘴脸，但每一次面对都感觉自己之前对张山的"无耻"了解得不够深刻。

正在两人扯皮的时候，三位演讲嘉宾已经来到了会议室中。

¥ 集体主义的前生今世

为首的一位老人个子不高，略微有点儿胖，络腮胡子和为数不多的头发都白了，笑呵呵的；后面两位老者并排着进来，略靠前一点儿的是一位几乎没有头发的老者，戴着眼镜，看起来非常严肃；稍微落后一点儿的一位老者的头发也全白了，手中捏着一副眼镜，面带微笑，看起来是一位慈祥、和蔼的长者。

来到台子的中央，为首的那位说道："各位同学们，大家好！今天能来此与大家探讨一些经济学的问题，我们几个都很高兴。我们还是按照惯例先简单地介绍一下我们自己吧！"

"我是道格拉斯·诺斯，来自美国的马萨诸塞州。"诺斯侧了侧身介绍旁边的严肃老者，"这位是奥斯卡·兰格，是波兰著名的经济学家，同时也是一位著名的政治活动家。"然后转头朝另一位白发老者点了点头，"这位是路德维希·冯·米塞斯，奥地利著名的经济学家，同时也是一位贵族。"

看着张山望向自己的期待眼神，申斯文赶紧说道："这三个人里面数诺斯在经济学领域的成就最高了，他获得了1993年的诺贝尔经济学奖，还曾经分别担任过东方经济学会会长和西方经济学会会长的职务，他建立了包括产权理论、国家理论和意识形态理论在内的'制度变迁理论'，在经济学界是个大拿级的人物！"

"米塞斯也不差，他虽然没获得诺贝尔经济学奖，不过他的学生哈耶克是1974年诺贝尔经济学奖的得主。米塞斯是现代自由意志主义运动的主要影响人，也是促进古典自由主义复苏的学者，被誉为'奥地利经济学派的院长'。"

"兰格在把经济计量学应用于计划社会主义国民经济，把控制论方法应用于经济研究方面，也做了不少开创性工作。此外，20世纪30年代中期在和米塞斯、哈耶克等人的论战中，兰格还提出了社会主义经济的分散模型，也就是著名的'兰格模型'。"

"哦！"张山作恍然大悟状，"怪不得这两个人从进门开始就一直嘀嘀咕咕的，原来是仇人见面分外眼红啊！说不定正约对方晚上出去决斗呢！"

"他们的争论是学术论战，对事不对人，只是学术观点不同罢了，他们怎么可能是仇人呢？"申斯文说完便盯着台上的三人，不再理会旁边的张山。

"今天的议题是'公有'。"诺斯说道，"说到公有，我估计每个人都有很多话想说。按照马克思的理论，人类社会发展的最终形态将是共产主义社会，而公有制便是共产主义社会的一个重要标志，按需分配成为每个人内心向往的分配制度。说起来，我曾经也对这种'天上有，地下无'的分配制度充满向往。不过既然站在了这里，我就只能把大家从幻想中拉回现实。因为按照马克思的理论，目前的生产力水平距离共产主义社会的要求还遥遥无期。"

"很多国家在20世纪时都有过公有制的经历，采取公有制的措施不是距离共产主义更近了吗？"张山问道。

"这位同学，看你的年龄应该是没有经历过中国的大集体时代的。要说公有，集体是绕不开的一个话题。当然，集体有很多的好处，比如'人多力量大'，这点我是不否认的。"兰格扶了扶眼镜，依然表情严肃地说道，"不过，在经济学中集体主义可不是无往而不利的！"

孙继国老师评注

集体主义是指一切从集体出发，把集体利益放在个人利益之上。在二者发生冲突时，坚持集体利益高于个人利益的价值观念和行为准则。

"'公有'当然离不开'集体'。既然如此，兰格老师能不能进一步讲一下'集体主义'？"申斯文说道。

兰格严肃的面孔没有丝毫的表情变化，他接着说道："集体主义的基本内容包括坚持集体利益与个人利益的辩证统一，强调集体利益高于个人利益；充分尊重和维护个人正当利益的实现，使个人的才能、价值能得到最好的发挥；当集体利益与个人利益发生矛盾时，要以集体利益为重，必要时要放弃或牺牲个人利益。"

"要理解集体主义的本质，我们要先搞清楚它强调的是什么。"兰格说道，"集体主义强调集体利益高于个人利益。当个人利益与集体利益发生不可兼得的矛盾时，个人要服从大局，以集体利益为重，必要时为了集体利益要不同程度地放弃或牺牲个人利益。事实上，若非在极端环境下，我们并不提倡个人利益在任何时候都做无条件的牺牲，许多情况下应尽可能兼顾双方利益。"兰格说完便看向身旁站着的米塞斯。

米塞斯看了兰格一眼，接过兰格的话茬说道："一般情况下，我们不提倡盲目地牺牲个人利益来保全集体利益。但当两者的矛盾经调整仍无法缓和时，我们就不得不牺牲个人利益，这种牺牲体现的是道德精神的崇高性。集体利益高于个人利益，并不意味着忽视个人利益，只是要求把国家、民族和集体的利益放在首位。事实上，如果没有集体利益的实现，个人利益的实现也无从谈起，两者相互依赖、辩证统一。"

米塞斯好像进入状态了，把一直捏在手中的眼睛戴上，接着说道："真正的集体主义并不排斥个人的正当权益，相反，集体主义相当强调重视和保障个人的正当利益。有人认为集体主义就是个人对集体无条件地服从，还有人认为集体主义会妨碍个人的自由发展，这些都是对集体主义的曲解。社会主义的集体主义不是束缚和抑制人的个性发展，也不是漠不关心甚至任意扼杀个人利益，而是要尽量发挥集体中每个成员的积极性和创造性。在强调集体利益高于个人利益的同时，强调重视和保障个人的正当利益，维护个人的尊严、价值和权利。尤其对通过诚实劳动、合法经营获得的个人正当利益，更加以肯定。"

"集体主义强调促进集体和个人的不断完善。集体利益和个人利益是相联系的统一体。一方面，个人利益的不断实现，个性的全面发展，归根到底要靠社会集体事业的巩固和发展，靠社会主义国家的强大。另一方面，社会集体利益也不能离开个人利益而存在。"

兰格见米塞斯停了下来，便接着说道："任何社会利益都是由个人活动创造出来的，同时又是通过个人利益表现出来的。离开个人利益，社会集体利益也就没有了存在的基础。个人利益与集体利益，各以对方为自己存在的前提，而社会集体利益更带有根本性的特点，占首要的地位。在我国社会主义现代化建设的过程中，个人的积极进取、努力奉献，将推动社会集体事业的发展，而社会的发展又为个人的发展提供越来越多的物质文明和精神文明成果，为个人利益的满足提供物质基础。同时，个人利益的实现，个人得到全面发展，又反过来激发人们去巩固发展社会集体利益。二者相辅相成，共同发展。只要我们坚持社会主义集体主义价值导向,既促进集体的不断完善,又促进个人的不断完善,最终一定能实现集体与个人的最大和谐发展。"

"这么看来集体主义的理论还是非常成熟的。那么,集体主义是怎么发展而来的呢?"张山一本正经地提出了问题,这让见惯了张山没正形的状态的申斯文一时间有点儿反应不过来。

"要说这集体主义的由来,用你们中国的话说可就是'说来话长'了。"一直在看着兰格和米塞斯唇枪舌剑的诺斯说道,"这得从原始社会的群体主义说起。"

集体主义与社会经济

在特定历史条件下,集体主义会促进社会经济发展;在某些时候,又会成为社会经济发展的阻力。

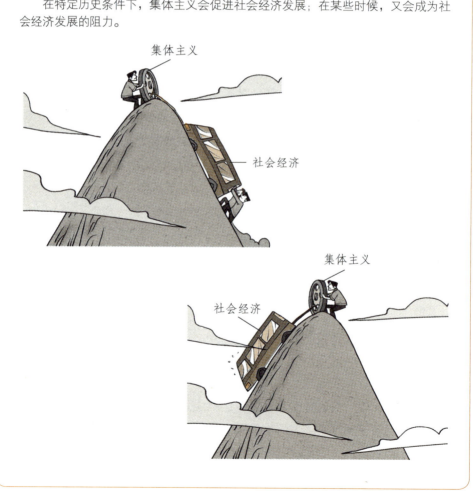

"在原始社会,人们的生活条件十分艰苦,大家共同劳动、互相帮助,个人是绝对不存在特殊利益的。这种基于客观条件限制而形成的群体主义是原始的、朴素的集体主义。原始的人们既没有锐利的爪牙,又没有武器,仅依赖生活于团体中,才能与毒蛇猛兽或异族抗争。所以原始的人们,是没有个人财产这个观念的。"

"后来,随着社会生产力的发展,家庭、私有制、国家相继出现,原始社会的群体主义在发生改变,过渡到以'宗法亲情'为核心的宗法集体主义。家庭之上形成宗族,宗族之上形成家族,家族之上形成社会。中国古代集体主义由此产生。在中国古代宗法社会中,一个家庭是一个集体,一个宗族是一个集体,一个家族是一个集体,一个社会也是一个集体。我们将这种古代集体主义称之为宗法集体主义。宗法集体主义与原始社会的群体主义相比,虽然都不注重个体,但由于阶级、私有制的出现,宗法集体主义为了实现本阶级的利益,必然要牺牲另一阶级和另一集体的利益。这是集体主义发展的第二个阶段。"

"十月革命后,世界范围内掀起了无产阶级革命的浪潮,宗法集体主义逐渐被社会主义集体主义所替代,出现了建立在生产资料公有制基础上的集体主义。这种集体主义同以往的集体主义有本质的区别,它更具科学性,而且更加真实;同时,它也是历史的、发展的,经历了绝对服从的集体主义、双向互动的集体主义和以人为本的集体主义。"

兰格接着说道:"后来进入计划经济时代,各个社会主义国家不约而同地提出了集体主义高于一切,个人利益应当服从于集体利益;当个人利益与集体利益发生冲突时,应当牺牲个人利益,保全集体利益的说法。这种绝对的集体主义强调国家是唯一的利益主体,强调只有国家、集体的利益才是合法的和合乎道德的。同时,坚决认为个人的一切属于国家和集体,任何个人考虑、个人利益诉求和个人发展都被认为是不道德的和罪恶的。"

"走弯路是不可避免的,资本主义出现之初也没少碰壁,好在中国在合适的时期开始了由社会主义计划经济逐渐向社会主义市场经济过渡,社会主义的集体主义开始由绝对服从的集体主义向双向互动的集体主义发展。"米塞斯笑眯眯地说道。

诺斯接着米塞斯的话说道:"可喜的是,随着社会主义市场经济的进一步完善,社会主义的集体主义由双向互动的集体主义向以人为本的集体主义转变,其基本点是以人的全面发展和人的幸福为目标,以促进人与人、人与自然、人与社会的和谐发展为基本要求,以互利进取、公平正义为基础,以爱国奉献为价值取向。通过这一系列的发展,最终形成了现在我们所知道的集体主义的内涵。"

¥ 平均带来的忧和喜

"绝对集体主义是公有制发展过程中出现的一种病态的观点,"兰格依旧严肃地说道,"当然,正如米塞斯先生所说,在前进的过程中谁又能不走点儿弯路呢!我无意于批评或者抨击某种制度,只是中国有句古话叫'前车之覆,后车之鉴',现在回过头来看以前走过的弯路也能防止我们在以后再出现类似的问题。"说到最后兰格竟然微笑着向在场的同学们问道,"你们说是吗?"

见这个从一进门就一直不苟言笑的老者微笑着向大家提问,同学们都热烈地回应道:"是!"

"好,既然如此,那我们就再说一说在'公有'发展的道路上曾经出现过的另一个歧途——平均。"兰格恢复了严肃的表情,"说起'平均'来大家都不陌生,想必大家能说出各种相关的典故和名言来。"

"从孔子的'不患寡而患不均'到清王朝末期太平天国运动的口号'有田同耕,有饭同食,有衣同穿,有钱同使,无处不均匀,无人不饱暖',无不体现着大家对平均的追求。但是,'平均'真的如大家想象的那么好吗?"兰格再次问道。

"'平均'难道不好吗?既然人人平等,大家所享受的生活资源也应该是一样的,这样才公平啊!"张山说道。

"问题就在这里了。每当说起'平均',很多人在潜意识当中都会把它与公平画上等号。"兰格说到这里,脸上浮现出一丝若有若无的微笑。

"唉!"张山拍了拍自己的脑袋,"人家挖个坑等你跳呢,结果你就真的跳了。"说完,张山又拍了一下自己的脑袋。这一幕让旁边的不少同学窃笑不已。

"平均是无原则、无条件的;而公平则是根据客观情况满足不同需要而确定的。

当然，绝对的公平也是不存在的，那只在理想状态下才能实现，我们所说的公平也只是相对的公平。"兰格说到这里停顿了一下，"说起来，平等与平均也是容易被大家混淆的。平等理念是追求开始的一致性。它追求让社会所有成员享受同等的权利义务，受到同等的教育，在发展中得到同等的条件。但最后是不是分配到同样的资源，那就要看你的后天努力了。平等理念并不排斥多劳多得，允许其后天努力而形成分配上的不平均。"

"其实说到底不过是平均主义在作怪罢了。"兰格虽然刚才向米塞斯抛出了橄榄枝，不过米塞斯似乎并不领情，直接笑眯眯地揭开了兰格的老底。不过，兰格仍然是那副严肃的表情，完全看不出他的情绪。

"平均主义这个词儿倒是经常听说，只是在'平均'后面加了个'主义'，突然就感觉很上档次，是不是？"张山捅了捅旁边的申斯文问道。

申斯文对于这种无厘头的问题不知该做何表示，只得点点头，算是敷衍过去。

"前面说到了20世纪中叶世界上很多国家都经历过的大集体时期，那一段时间实际上是计划经济的时期。在特殊的历史背景下，采取计划经济的措施无可厚非。不过，计划经济只能是解决特殊环境下的特殊问题，'万金油'始终是不存在的。"米塞斯扶了扶眼镜说道，"我要说的是在这种背景下衍生出来的平均主义。"

"什么是**平均主义**呢？它跟平均有什么区别？"张山问道。

"平均主义与平均并无区别，只不过平均主义包含社会的方方面面，平均主义的核心思想就是要求平均分享一切社会财富。"米塞斯接着说道，"虽然我们认为平均主义是不合理的，但值得一提的是平均主义是对人类社会产生了重要影响的一种意识形态，它在历史上产生的积极作用是不容忽视的。"

孙继国老师评注

平均主义不承认劳动报酬上的任何差别，否认多劳多得的按劳分配原则，把社会化大生产倒退到自给自足的自然经济，是一种违背社会历史发展趋势的思想。

"既然产生了积极的作用，那就势必有其合理性。其合理性主要表现在六个方面：第一，平均主义是人类面对不确定性的一种本能反应，这种反应有利于人类对自身保护的加强；第二，有利于保护社会竞争的弱者；第三，有利于受害者；第四，有利于穷人；第五，有利于社会结构的均等化；第六，有利于懒人。"密塞斯说道。

"那这个平均主义是从什么时候开始出现的呢?难道也跟集体主义一样是从原始社会一直发展而来的吗?"申斯文问道。

"不错,平均主义最早也是出现于原始社会,它是由原始社会的平均分配的思想发展而来的。在长达百万年的岁月中,平均分配是整个原始社会里的最高准则。当时的生产力水平极其低下,我们的祖先几乎每个人都不能填饱肚子。在这种背景下,只有平均分享劳动成果,才能维系种群的繁衍。因此,平均分配的思想和规则,对于维持社会的存在和发展具有积极意义。"

"原始社会的结束伴随着长达数千年的奴隶社会和封建社会的开始。此时,剩余价值已经出现,但在极端的贫富分化的情况下,绝大多数人仍然不能解决温饱的问题,因而便催生出了平均主义。正如杜甫先生所说'朱门酒肉臭,路有冻死骨',极端贫困的人们企盼平均分享财富,企盼有尊严的生活。奴隶起义,还有前面我们所说的类似太平天国运动的封建农民起义,它们的口号和领导者的指导思想或许不同,但都有不同形式的'均贫富'的社会理想。农民要求平分封建阶级的土地财产,建立一个有饭同吃、有地同耕的理想社会,从摧毁和瓦解封建所有制角度来说,平均主义具有一定程度的进步意义。"

"在从封建社会向资本主义社会转变的历史阶段,平均主义赖于存在的基础是小农经济和个体手工业经济。平均主义者企图用小型的、分散的个体经济的标准来改造世界,幻想把整个社会经济都改造为整齐划一的、平均的手工业和小农经济,容不得资本的积累和集中。"

"在进入社会主义以后,平均主义的积极意义便消失殆尽,平均主义变成了抹杀劳动报酬上的任何差别的一种意识形态,不承认多劳多得的按劳分配原则,把社会化大生产倒退到自给自足的自然经济,这显然是违背社会历史发展要求的。"

"真是可惜啊!"张山感叹道。"辉煌了那么长时间,结果最后晚节不保,实在是令人扼腕啊!"张山装模作样地说道。

张山讲话声音虽然低,但还是被米塞斯听到了,米塞斯微笑着说道:"任何规律都有其适用的范围,也就是我们经常说的局限性。牛顿的力学定律如此伟大,在面对高速运动的物体时也无能为力,更遑论平均主义了。"

"要深刻认识平均主义,就必须弄清楚这种思想认知的根源。平均主义的认知根源是历史唯心主义的平等观念,而平等观念是一定经济关系的产物。没有超越一切经济条件或经济关系的绝对平等。平均主义往往把任何差别都看作像阶级差别一样的'贫富不均',一概加以反对,认为毫无差别的平均分配绝对好。这种平等观归根到底是一种历史唯心主义的观念。"诺斯摸着自己雪白的络腮胡子说道。

"之前总是说平均主义不利于社会发展什么的,我也没看出来它有什么十恶不赦的地方啊!"张山说道。

"在现代社会中,平均主义的危害是有目共睹的,而且也为大家所共识。"诺

斯慢悠悠得说道，"首先，平均主义的意识形态减弱了社会发展的风险创新意识。在平均主义状态下，人们的积极性受到抑制，社会中的每个个体都不愿冒风险创新，因为创新的收益并不能得到有效的保证，而坐享其成却不需要任何付出。这样下去的结果就是人们更愿意偷懒和坐享其成，而不愿努力创造成果让别人白白享受。"

"其次，平均主义的意识形态不利于私有财产的有效保护。平均主义使人们对产权观念变得淡薄，导致人们虽然希望积累，但又不敢暴露自己的财富，最终的结果就是：富人哭穷，穷人也哭穷。更可怕的是，这种淡薄的过程还具有社会性，即每个人对自己的财产都具有一种强烈的产权意识，但对别人的财产权利却非常不尊重，从而导致全体社会成员整体地呈现产权保护意识的普遍缺乏。"

听了诺斯的话，张山皱着眉头想了一会儿，摇头晃脑地说道："正所谓'木秀于林，风必摧之''枪打出头鸟''人怕出名猪怕壮'，还有那个……"

见张山还打算继续，申斯文毫不留情地打断了："不过，这些现象确实与平均主义关系密切。因而在平均主义的情况下，社会中的个体会不自觉地形成一种保持中庸的最佳策略。"

诺斯接着说道："在平均主义泛滥的条件下，一方面富者深受平均主义之苦，所以这种情况很容易形成富者仇视穷者的心理。富者即使有钱，也很难形成同情穷人的心态。另一方面，平均主义又使穷人和懒汉的不良个性得到张扬。所以，平均主义很容易破坏人与人之间的相互信任关系，大家互相提防，不利于社会形成人尊重人的氛围。"

"这么说起来，平均主义在现代社会中真可谓是作恶多端了。"张山说道，"我们应该如何说消除平均主义呢？"

"大力普及科学知识，增加人类的理性扩张力，努力减少人类社会的不确定性，这样可以有效地消除原生平均主义。"诺斯回答道，"在大力普及科学知识的同时，也不应忽视对于社会的信仰体系的构建。通过信仰体系可以消除人类精神中对不确定性的恐惧，可以有效缓解人类意识中平均主义的原生张力。"

"建设一个有序的竞争环境，并努力维护其公平性。只有公平的竞争，才是有效率的竞争，没有公平就没有效率，或者只能是低效率的。建立在公平基础上的竞争会产生长期效益和整体效益，而不仅仅是短期效益和局部效益。如果一个竞争既充满公平又充满效益，则平均主义心态也就无法泛滥和扩张。"兰格接着说道,"努力提高生产力水平也是消除平均主义的一个不错的方法。生产力的发展可不断为满足人们的需要提供物质保证,从而会使更多的人脱离生存困境而走向发展困境,在生存困境人们会更多地倾向于平均主义;而在发展困境,人们会更多地关注机会均等,而不是结果均等的平均主义。"

"贫富差距悬殊是平均主义产生的温床,减小贫富差距也是预防平均主义滋生的有效手段。要减小贫富差距,就要求政府对弱者和贫困阶层尽可能提供最低生活保障。"米塞斯接着说道,"废除等级体制,社会应尽可能实行按贡献分配的原则,而不是按权分配或按级别来分配财富。"

公有的正确解读

"说了很多,也应该言归正传说'公有'的问题了。"米塞斯话锋一转说道,"公有是经济学当中的一个名词,却也不仅仅局限于经济学。要想从经济学的角度来解读公有,我们还得先谈一谈公有制的问题。公有制分为政权公有制和企业公有制。"

"公有制就是生产资料归劳动者共同所有的形式。所有制关系是生产关系的组成部分,生产力决定生产关系,从而生产力决定所有制关系。即公有制是与一定的生产力发展水平相适应的所有制形式。"米塞斯这次倒是很痛快,"在生产资料公有制的条件下,人们建立起了新型的生产关系。人们共同占有生产资料进行共同劳动,共同占有产品,从而为消灭剥削奠定了基础。"

米塞斯说完便往旁边挪了两步,诺斯不失时机地上前一步"补位"。诺斯抬起手腕,看了一眼手表,笑眯眯地说道:"公有制讲到这里也就差不多了,时间也不早了,接下来也该讲讲公有制经济了。"另外两名嘉宾和在场的同学们纷纷点头。

"所谓公有制经济,是指国有经济、集体经济以及混合所有制经济中的国有成分和集体成分。"诺斯接着说道,"公有制经济在中国占据主导地位,主要体现在:公有资产在社会总资产中占优势,国有经济控制国民经济命脉,对经济发展起主

孙继国老师评注

国有经济包括中央和地方各级国家机关、事业单位和社会团体使用国有资产投资举办的企业,也包括实行企业化经营,国家不再核拨经费或核拨部分经费的事业单位和从事经营性活动的社会团体以及上述企业、事业单位和社会团体使用国有资金投资举办的企业。

集体经济的实质是合作经济,包括劳动联合和资本联合。在中国,集体经济是公有制经济的重要组成部分,集体经济体现着共同致富的原则,可以广泛吸收社会分散资金,缓解就业压力,增加公共财富和国家税收。

混合所有制经济是指财产权分属于不同性质所有者的经济形式。从宏观层次来讲,混合所有制经济是指一个国家或地区所有制结构的非单一性,即在所有制结构中,既有国有、集体等公有制经济,也有个体、私营、外资等非公有制经济,还包括拥有国有和集体成分的合资、合作经济。而作为微观层次的混合所有制经济,是指不同所有制性质的投资主体共同出资组建的企业。

导作用。"

"公有制作为中国经济制度的主体,一方面由中国的社会主义性质和中国的国情决定,另一方面想必也是有很多可取之处的!"诺斯说道。

"不错,"兰格说道,"咱们就以中国为例,它采取公有制为主体的经济制度主要凸显出了四方面的优势。"

"首先,使社会主义公有制经济与社会化大生产相适应,并保证与社会发展的方向相一致。"

"其次,公有制经济是社会主义制度的基本特征和经济基础,只有依靠作为主体的公有制经济的力量,社会主义国家才能充分利用经济手段引导个体经济、私营经济和外资经济沿着有利于社会主义的方向发展。"

"第三,国有经济对国民经济命脉的掌控具有决定性的作用,拥有现代化的物质技术力量,控制生产和流通。"

"第四,社会主义公有制经济是满足社会成员日益增长的物质文化需要,实现劳动人民经济上、政治上的主人翁地位和全体社会成员共同富裕的不可缺少的物质保证。"虽然依旧严肃,兰格的逐条分析却使大家都有一种醍醐灌顶的感觉。

"咱们的经济制度的解释不是还有一段吗？"张山没头没脑地问申斯文。

"啊？哦！"申斯文不愧是张山的老搭档，很快便会意，"你说的是'多种所有制经济共同发展'啊？"

"是啊！"张山点了点头，"你说这非公有制和公有制不应该是相互对立的吗，怎么还能'共同发展'呢？"

"从字面上来看，公有制和非公有制确实是对立的，不过即使是真正的对立的东西也是可以共存的啊！"兰格说道，"我们生活的世界中有正有负，空间中有上有下，据我所知，中国的传统文化中很重要的一项便是阴阳平衡。因而，公有制与非公有制有机结合才能构建一个健康、完整的经济环境。"

"那么，非公有制经济与公有制经济现在是一个什么样的关系呢？"申斯文问道。

兰格说道："非公有制经济可以分为个体、私营和外商投资经济，非公有制经济和公有制经济之间的关系主要分三个层次。"

"首先，个体、私营经济和公有制经济之间存在互补共存的关系；其次，二者之间还存在竞争共长的关系；再次，它们之间还存在联合协作的关系。"

"我们先来说一下第一条。"兰格说道，"私营经济和公有制经济特别是国有经济之间在生产条件、活动领域、产业规模、技术水平和就业容量等方面都存在不足。"

"因而，在很多场合两者不是代替关系，也不是竞争关系，而是互补共存的关系。如私营经济首先在公有制经济发展比较薄弱的地区发展。其次，在产品供不应求或公有制企业不愿提高的行业发展，发挥'拾遗补缺'的作用。再次，在技术要求不高，档次较低的产品、领域发展等。这些都补充了公有制经济的不足。"

这时，诺斯说道："反过头来，我们来看公有制企业。这些企业一般资金较多、装备较先进、技术专业化水平较高，存在许多闲置的或利用效率不高的生产要素，可以提供给私营企业，加快私营企业的发展。这样，两者在社会分工体系中发挥各自的优势和特长，建立不同层次，不同形式的分工协作，包括原材料供应，零部件加工，设备更新，新产品、新技术开发，人员培训和产品销售等，真正做到优势互补共同发展。"

兰格仍是那副严肃的表情，不过与之不相符的是他竟然侧身朝诺斯拱了拱手，说道："诺斯先生说的极是。接下来我们再来讲第二条，私营经济说到底是一种商品经济，而当前的中国社会正处在公有制经济迅速改革为市场经济的阶段，这就造成了私营经济和公有制经济之间的竞争关系。"

兰格接着说："它们之间的竞争主要集中表现为四个方面：争夺市场、争夺原材料、争夺技术人才、争夺资金。随着社会主义市场经济的发展，这种竞争又发展为价格的竞争、技术的竞争、产品的竞争、品牌的竞争，等等。除去一些私营企业采取不正当手段进行竞争产生的消极影响外，整体上来说，这种竞争关系对于发展社会主义市场经济还是以积极作用为主的。"

兰格话音未落，米塞斯便上前一步说道："私营经济和公有制经济各有所长，在社会分工中的作用各不相同。"

"非公有制经济的经营方式更加灵活，成本更低，提高生产率相对来说也比较简单，这是它们的优势；不过，非公有制经济的劣势也同样明显，规模小、技术水平低，随着规模的扩大，尤其是开拓更广阔的市场所需要的资金对它们来说更是一大难题。因而客观上要求与公有制经济特别是国有经济建立更为密切的关系。"

"公有制经济的优势在于规模大、技术水平高、产品质量好，有国家银行的大力支持，它们的资金也不成问题；其主要劣势在于经营机制僵化，机构庞大，办事效率低，成本不断上升，与市场经济特别是国际市场很不适应，客观上要求加快改革。这些都决定了它们之间的关系由一般的互补共存、竞争共长发展为联合和协作的关系。"

"总之，在公有制与非公有制经济关系的处理上，和谐与合作是最优的方案，'双赢'和'共赢'这种皆大欢喜的局面不正是大家乐意见到的吗？"

"时候也不早了，今天就到此为止吧！"诺斯说道，"各位，再见！"

推荐参考书

《社会主义经济理论》 奥斯卡·兰格著。兰格把市场机制的作用引入社会主义经济，开创了对社会主义经济中市场机制运行进行分析的先例。

第二次世界大战期间，兰格对资本主义经济中的价格和就业问题进行了研究，他从L.瓦尔拉斯的一般均衡理论出发，通过对货币效应的分析，指出价格弹性只有在特殊条件下才能导致自动维持或恢复生产要素的供求平衡。他认为，自1914年第一次世界大战开始后，在资本主义经济中取得这种特殊条件的可能性已经很小。

第十四堂课

萨缪尔森、米德讨论"贸易"

保罗·萨缪尔森 / 詹姆斯·爱德华·米德

保罗·萨缪尔森（1915—2009），当代凯恩斯主义的集大成者，被称为"经济学的最后一个通才"，美国诺贝尔经济学奖第一人。

詹姆斯·爱德华·米德（1907—1995），对国际贸易理论和国际流动资本有开创性研究，获得1977年诺贝尔经济学奖。

又是一个秋天的下午,前一天的大风带来了许多的沙尘,也吹散了让人郁结已久的雾霾。久违的蓝天、白云看起来是如此清爽。

申斯文早早来到西楼副会议室,找了一个靠窗的位置,正在暖洋洋的阳光中悠闲地看着书。

见张山背着书包来到了跟前,申斯文说道:"今天天气可真不错!"然后把旁边座位上的书包塞到了桌膛里,示意张山坐在旁边。

张山一屁股坐下,边往外拿书边说道:"谢谢。"

"你知道上海自贸区吗?"张山没头没脑地说道。

"知道啊,自贸区可真是多啊!"申斯文说道,"北美自贸区、中国-东盟自贸区,现在又来个上海自贸区。"

"是啊!"张山装模作样地叹了口气说道,"也不知道这自贸区有啥用?"

"这我也说不好,"申斯文皱着眉头道,"这个上海自贸区,你再给我说道说道。"

张山拿出手机,念道:"中国(上海)自由贸易试验区,是中国政府设立在上海的区域性自由贸易园区,属中国自由贸易区范畴。试验区总面积为28.78平方千米,相当于上海市面积的1/226,范围涵盖上海市外高桥保税区、外高桥保税物流园区、洋山保税港区和上海浦东机场综合保税区等4个海关特殊监管区域。"

"应该是中国的第一个自贸区吧?"申斯文问道。

"嗯,好像是的。你说这自贸区有啥用啊?"

"我觉得作为第一个自贸区,它战略意义更大一些。"申斯文说道。

"哦。"张山低头看着手机说道,"中国(上海)自由贸易试验区建设是国家战略,是先行先试、深化改革、扩大开放的重大举措,意义深远。这项重大改革是以制度创新为着力点,重在提升软实力,各项工作影响大、难度高。这就是你所说的战略意义了吧?"

"嗯,这是对国家的战略意义。"申斯文说道,"后面应该还有吧!"

"牛!"张山朝申斯文竖了竖大拇指说道,"对于上海而言,自由贸易试验区获批推行,获得机会的不仅是贸易领域,对于航运、金融等方面均有'牵一发而动全身'的作用。"

过了一会儿,申斯文道:"这个应该就是自贸区对上海的意义了。"

"唉!"张山叹了口气说道,"对好多东西都不懂,真应该多学习一下。"

"不错啊！"申斯文调侃道，"求知若渴啊！"

"那是，那是！"张山说完，两人都笑了。

💴 自贸区——包罗万象的大集市

"今天的议题就是贸易，"申斯文说道，"估计会讲到自贸区，到时候竖起耳朵听就好了。"

"我也简单看了一眼，不过没注意今天的嘉宾都有谁，有没有大师级的人物？"张山问道。

"到目前为止，给咱们讲过经济学的，哪个不是大师级的人物？"申斯文道。

"今天都有谁啊？"张山推了申斯文一下。

"这你可算是问对人了！"申斯文说道，"今天的两位嘉宾分别是保罗·萨缪尔森和詹姆斯·爱德华·米德。'说曹操，曹操就到'，你看，他们来了。"说着，申斯文扬了扬下巴。张山抬头，果然见两位老者走进来。

"为首的是保罗·萨缪尔森。萨缪尔森是当代凯恩斯主义的集大成者，被称为'经济学的最后一个通才'，是美国诺贝尔经济学奖第一人。他获得的是1970年的诺贝尔经济学奖。"

"后面一位是詹姆斯·爱德华·米德。老熟人了，就不用介绍了吧！"

申斯文与张山窃窃私语的时候，两位嘉宾也已经做完了简单的自我介绍，开始进入正题。

"刚才，我在门外好像听到有同学在讨论上海自贸区，"米德首先说道，"咱们今天就来聊一聊贸易。我们就从自由贸易区开始说起吧！"

"**自由贸易区有广义和狭义之分。**广义的是指两个以上的国家或地区，通过签订自由贸易协定，相互取消绝大部分货物的关税和非关税壁垒，取消绝大多数服务部门的市场准入限制，开放投资，从而促进商品、服务和资本、技术、人员等生产要素的自由流动，实现优势互补，促进共同发展。有时它也用来形容一国

孙继国老师评注

狭义的自由贸易区的定义也有多个版本。

1973年国际海关理事会签订的《京都公约》对自由贸易区的定义是：指在一国的部分领土内运入的任何货物就进口关税及其他各税而言，被认为在关境以外，并免于实施惯常的海关监管制度。

美国关税委员会将自由贸易区定义为：自由贸易区对用于再出口的商品在豁免关税方面有别于一般关税地区，是一个只要进口商品不流入国内市场可免课关税的独立封锁地区。

国内，一个或多个消除了关税和贸易配额，并且对经济的行政干预较小的区域。"米德说道，"狭义的是指一个国家或单独关税区内设立的用栅栏隔离、置于海关管辖之外的特殊经济区域，区内允许外国船舶自由进出，外国货物免税进口，取消对进口货物的配额管制，是自由港的进一步延伸。今天我们主要讲的是广义的自由贸易区。"

申斯文提问："目前世界上已经成立的自由贸易区有哪些呢？"

米德轻轻扯了一下领口的领带说道："广义的自由贸易区有中日韩自由贸易区、北美自由贸易区、美洲自由贸易区、中欧自由贸易区、东盟自由贸易区、欧盟与墨西哥自由贸易区、中国与东盟自由贸易区等。狭义的自由贸易区有巴拿马科隆自由贸易区、德国汉堡自由贸易区、美国纽约1号对外贸易区等。"米德接着说道，"上海自贸区是狭义的自由贸易区。"

"自贸区只有这两种吗？"张山问道。

"当然还有不同的分法。"米德说道，"可以根据性质来划分，也可以根据功能来划分。"

"根据性质可分为商业自由区和工业自由区。前者不允许货物的拆包零售和加工制造；后者允许免税进口原料、元件和辅料，并指定加工作业区加工制造。"米德接着说道，"根据功能可分为四种类型。第一类是转口集散型，这一类自由贸易区利用优越的自然地理环境从事货物转口及分拨、货物储存、商业性加工等。最突出的是巴拿马的科隆自由贸易区。"

"第二类是贸工结合、以贸为主型，这类自由贸易区以从事进出口贸易为主，兼做一些简单的转口集散型自由贸易区加工和装配制造。在发展中国家最为普遍。例如阿联酋迪拜港自由港区。"

"第三类是出口加工型，这类自由贸易区主要以从事加工为主，以转口贸易、国际贸易、仓储运输服务为辅,例如尼日利亚自由贸易区。"

"第四类是保税仓储型,这类自由贸易区主要以保税为主,免除外国货物进出口手续,较长时间处于保税状态,例如荷兰阿姆斯特丹港自由贸易区。"

"搞这么多自贸区,真的有用吗?"张山表示怀疑。

"自贸区的作用可以分为两类,我们称之为静态效果和动态效果。"米德说道,"静态效果是指由于区域内成员相互之间取消关税和贸易数量限制措施之后直接对各成员贸易发展所产生的影响。"

"动态效果是指缔结自贸区之后,由于区域内生产效率提高和资本积累增加,导致各成员经济增长加快的间接效果。"

"这自贸区好像不是说建就能建的吧?"张山说道,"听说上海自贸区筹备了好几年呢!"

张山的声音虽然低,不过还是被台上的嘉宾听到了。萨缪尔森说道:"不错,要建立一个自由贸易区,时间短了是不行的。"

"抛开资金、商家入驻和审核的问题不说,单是要达到世贸组织对自由贸易区的要求就不容易。"萨缪尔森说道。

"世贸组织真是个好地方,凡是跟钱有关的,它都能插上一脚。"张山说道,"什么时候我能到里面去混,那可真叫长脸。"

"那里面的可都是经济大师,你啊——"申斯文故意大喘气,"我看还得再修炼个百八十年的。"

张山再次向台上的萨缪尔森提问:"萨老师,世贸组织都有哪些规定啊?"

萨缪尔森笑了笑说道:"世贸组织对自由贸易区的规定可不少,我就长话短说,简单介绍一下吧!"

"首先,世贸组织对成立自由贸易区的目的做出了规定:自由贸易区是以便利组成自由贸易区的各国家和地区之间的贸易为目的的。因此,在自由贸易区内,贸易壁垒原则上就不得高于未建立自由贸易区时各组成国家和地区对未参加自由贸易区的各成员所实施的关税和贸易规章的一般限制水平。"

"这个可以理解,"张山说道,"否则的话也就称不上'自由'了嘛!"

"其次,世贸组织对自由贸易区建立的进程以及其组织成员加入的时间做了规定:任何成员如决定加入自由贸易区或签订成立自由贸易区的临时规定,应有一个在合理期间内成立自由贸易区的计划和进程表。"

"'磨刀不误砍柴工'嘛！"张山附和道。

"第三，世贸组织对加入成员的审核作了规定：任何成员决定加入自由贸易区，或签订成立自由贸易区的临时协定，应及时通知全体成员，并应向其提供有关拟议的自由贸易区的资料，以使全体成员得以斟酌并向各成员提出报告和建议。"

"大家抬头不见低头见的，既然申请了，驳了面子也不太合适啊！"张山自己耍宝不过瘾，还试图拉申斯文下水。说完，张山便捅了捅申斯文问道："你说是吧！"申斯文只能苦笑应对。

"第四，关于自由贸易区的计划的修改，世贸组织也做了相关规定：应及时将自由贸易区的成立计划或进程表的所有重要修改通知全体成员。"

"只不过是通知嘛，也就是意思一下，耽误不了什么事儿的。"张山说道。

萨缪尔森纠正道："实际上并非如此，当某些成员认为某种改变可能危及或不适当地延迟自由贸易区的建立时，全体成员可以要求同有关成员进行协商。而在达成共识之前，这一改变将一直被搁置。"

"第五，这是一条关于自由贸易区过渡性协议的时效性的规定：为建立自由贸易区的过渡性临时协议的合理期限只有在特殊情况下才允许超过10年，当协议的成员认为10年不够时，则须向理事会提供合理的解释，才有可能将合理期限延长。"

萨缪尔森停顿了一会儿接着说道："最后一条规定是有关监管的：自由贸易区要接受世界贸易组织工作组的检查，并定期向世界贸易组织理事会做出协议执行情况的报告。"

¥ WTO——全球市场的大管家

"怎么哪儿都有世贸组织的事儿啊？"张山说道，"虽然人们天天说世贸组织，不过除了知道它的简称是 WTO 之外，大家并不了解更多的东西了。"

"既然如此，那我们就来讲一下世贸组织。"米德说道。

"**世界贸易组织**是负责监督成员经济体之间各种贸易协议得到执行的一个国

际组织，前身是1948年开始实施的关税及贸易总协定的秘书处。"米德说道。

"世贸组织是如何产生的呢？"申斯文问道。

"世贸组织最初只是一个设想，"米德接着说道，"这个设想最初是在1944年7月举行的布雷顿森林会议上提出的。当时参与提议者的想法是建立一个在第二次世界大战后能够左右世界经济的'货币—金融—贸易'三位一体的机构。随着世界银行和国际货币基金组织的成立，建立一个国际性贸易组织成为他们的下一个目标。"

孙继国老师评注

世贸总部位于瑞士日内瓦，现任总干事是巴西人罗伯托·阿泽维多。他于2013年9月接替前任总干事帕斯卡尔·拉米。世贸组织的官方语言为英语、法语和西班牙语。截至2013年12月，世贸组织正式成员国为160个。

"1947年联合国贸易及就业会议签署的《哈瓦那宪章》，同意成立世贸组织。后来由于美国的反对，世贸组织未能立即成立。"米德说到这里情绪稍微有一点儿低落，不过他很快恢复了状态，接着说道，"最终在1994年4月摩洛哥马拉喀什举行的关贸总协定部长级会议上，各国通过协商，正式决定成立世贸组织，定于1995年1月正式开始运作。"

张山一激动蹦出了天津腔："老美也真是的，一耽误就耽误了50年。"

对于张山的吐槽，米德选择无视，他说道："1995年7月11日，世贸组织总理事会会议决定接纳中国为该组织的观察员，并于2001年11月加入该组织。2012年8月26日，俄罗斯成为世贸组织第156个正式成员。2013年12月，在印尼巴厘岛举行的世界贸易组织第九次部长级会议上，也门正式加入世界贸易组织，成为该组织的第160个成员国。"

"那世贸组织的组织机构是怎样的呢？"申斯文问道。

"世贸组织成员分四类：发达成员、发展中成员、转轨经济体成员和最不发达成员。"米德指着大屏幕上的图片说道，"具体的机构，我想这张机构图能够带给大家更直观的了解。"

"值得一提的是，"米德说道，"世贸组织的核心是它的各项规定，而世贸组织也被认为是**多边贸易体制**的代表。"

米德接着说道："这些协定包含了国际贸易通行的法律规则，主要有两个目的。

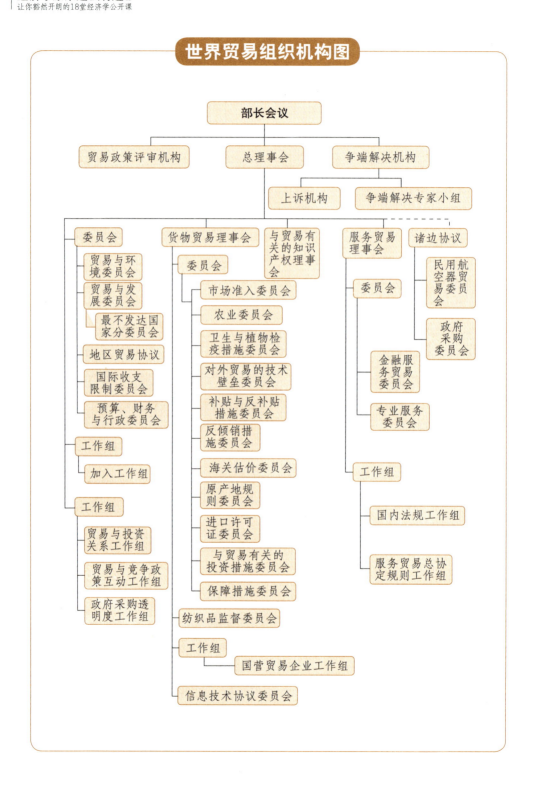

其一是保证各成员国的重要贸易权利；其二是对各成员国政府起到约束作用，使它们的贸易政策保持在各方议定且符合各方利益的限度之内。这样更利于帮助产品制造者和服务提供者，同时对开展进出口业务也大有裨益。"

"世贸组织的目标和宗旨是什么呢？"申斯文问道。

"世贸组织的目标是：建立一个完整的、更具有活力的和永久性的多边贸易体制。与关贸总协定相比，世界贸易组织管辖的范围除传统的和乌拉圭回合确定的货物贸易外，还包括长期游离于关贸总协定外的知识产权、投资措施和非货物贸易（服务贸易）等领域。世界贸易组织具有法人地位，它在调解成员争端方面具有更高的权威性和有效性。"

孙继国老师评注

在WTO事务中，"多边"是相对于区域或其他数量较少的国家集团所进行的活动而言的。大多数国家，包括世界上几乎所有主要贸易国，都是该体制的成员，但仍有一些国家不是，因此使用"多边"一词。

多边贸易体制的最大目的是使贸易尽可能自由流动。

米德接着说道："其宗旨是：在提高生活水平和保证充分就业的前提下，扩大货物和服务的生产与贸易，按照可持续发展的原则实现全球资源的最佳配置；努力确保发展中国家，尤其是最不发达国家在国际贸易增长中的份额与其经济需要相称；保护和维护环境。"

"世贸组织的基本情况差不多也就这些了，"米德说道，"接下来请萨缪尔森先生为大家介绍一下世贸组织的职能。"

"首先，我们来讲一下世贸组织的基本职能。"萨缪尔森开门见山，"管理和执行共同构成世贸组织的多边及诸边贸易协定；作为多边贸易谈判的讲坛，寻求解决贸易争端；监督各成员贸易政策，并与其他制定全球经济政策有关的国际机构进行合作。"

"接下来，我们再来谈一下世贸组织的五大职能。"萨缪尔森接着说道，"第一是管理职能。世界贸易组织负责对各成员国的贸易政策和法规进行监督和管理，定期评审，以保证其合法性。"

"第二是组织职能。为实现各项协定和协议的既定目标，世界贸易组织有权组织实施其管辖的各项贸易协定和协议，并积极采取各种有效措施。"

"第三是协调职能。世界贸易组织协调其与国际货币基金组织和世界银行等国际组织和机构的关系，以保障全球经济决策的一致性和凝聚力。"

"第四是调节职能。当成员国之间发生争执和冲突时，世界贸易组织负责解决。"

"最后是提供职能。世界贸易组织为其成员国提供处理各项协定和与协议有关事务的谈判场所，并向发展中国家提供必要的技术援助以帮助其发展。"

萨缪尔森说完便往一侧走去，让出中间的位置。米德无奈一笑，来到中间开口道："看来只能由我来为大家介绍一下世贸组织的基本原则了。"

"世贸组织最重要的一条原则是互惠原则，就是说两个成员国在进行贸易时要给予对方优惠的待遇。"

"其次是透明度原则。这一条是指成员方应公布所制定和实施的贸易措施及其变化情况，没有公布的措施不得实施，同时还应将这些贸易措施及其变化情况通知世贸组织。"

"然后是市场准入原则。这一条的最终目的是实现贸易自由化，它要求成员国开放市场。当然，这个过程是循序渐进的。"

"还有促进公平竞争原则。世界贸易组织不允许缔约国以不公正的贸易手段进行不公平竞争，特别禁止采取倾销和补贴的形式出口商品，对倾销和补贴都做了明确的规定，制定了具体而详细的实施办法，世界贸易组织主张采取公正的贸易手段进行公平的竞争。"

"还有经济发展原则，总之就是鼓励经济发展与经济改革嘛！就不多说了。"

"还有一条非常重要，就是非歧视性原则。成员国贸易伙伴之间的歧视一般情况下是不被允许的。这条原则包含两个部分，一个是最惠国待遇，另一个是国民待遇。"

"最惠国待遇原则是指一成员方将在货物贸易、服务贸易和知识产权领域给予任何其他国家的优惠待遇，立即和无条件地给予其他各成员方。"米德说道，"归纳起来就是自动性、同一性、相互性、普遍性。"

"说起来好抽象啊，米老师。"张山抱怨道。

"那我们来举个例子。"米德说道，"甲、乙、丙三国都是世贸组织的成员国。甲在与乙的贸易中提供了优惠，那么，甲在与丙进行相同类型的贸易时需要自动提供给丙优惠，这就是自动性。甲给乙提供的优惠是8折，但在与丙进行相同贸易时提供9折优惠。这时，丙就可以要求甲提供与乙相同的折扣。这就是同一性。

在贸易中，甲给乙提供了优惠，乙也必须给予甲合适的优惠，这是相互性。甲出口给乙和丙的所有适合出口的商品都必须提供合理的优惠，不能有的提供优惠，有的不提供优惠，这是普遍性。"

"这么一说就明白了，还有一个国民待遇是怎么回事啊？"张山问道。

米德说道："国民待遇又称平等待遇，是指所在国应给予外国人与本国公民享有的同等的民事权利地位。"

孙继国老师评注

国民待遇的适用范围通常包括：国内税，运输、转口过境，船舶在港口的待遇，船舶遇难施救，商标注册，申请发明权、专利权、著作权、民事诉讼权等；不包括领海捕鱼、购买土地、零售贸易等。

¥ 国际贸易

"世贸组织就是为了规范国际贸易而出现的，现在既然说完了世贸组织的基本情况，我们也该说一说国际贸易了。"讲话的是头发梳得很整齐的米德。

"是啊！早就该进入正题了。"张山附和道，"对知识的渴望已经使我饥渴难耐了！"随着张山话音落下，同学们的一阵笑声也传了过来。

米德丝毫不以为意，表情严肃，说道："国际贸易是指不同国家（或地区）之间的商品、服务和生产要素交换的活动。国际贸易是商品、服务和生产要素的国际转移。"

"国际贸易就是国与国之间的贸易。"张山嘟囔着，"那没有国家的时候岂不就没有国际贸易？这么说国际贸易不是从来就有的，它应该比贸易出现得晚。那国际贸

孙继国老师评注

国际贸易也称世界贸易，是各国之间分工的表现，反映了世界各国在经济上的相互共存。

国际贸易由进口贸易和出口贸易两部分组成，因此也称为进出口贸易。

易具体是什么时候出现的呢？"张山说完期待地看着米德。

米德听到张山的问题，回答道："不错，国际贸易是在一定的历史条件下产生和发展起来的，也就是说，国际贸易的出现是有先决条件的。"

"首先便是社会生产力要发展到一定的程度，因为贸易最初是剩余价值的交换。倘若社会生产力的发展水平都不足以产生剩余价值，那贸易也就不会出现了。没有贸易，国际贸易也就无从谈起了。"

"第二个条件便是需要有国家，没有国家也就无所谓国际。"米德罕见地笑了笑说道，"深究起来，这两个条件其实可以合并为一个。因为国家的产生也是生产力发展到一定程度的结果。不过合成一条并不比分开来讲更容易让人理解。"

"老师，我还有个问题。"张山在得到示意后，接着说道，"国际贸易是对外贸易，那么我们中国的国际贸易指的就是中国的所有对外贸易吗？"

"在此，我们需要先明确一下对外贸易的概念。"米德说道，"对外贸易是指一个国家或地区与其他国家或地区所进行的商品、技术和服务的交换活动。通过对比二者的概念，我们可以清楚地看出，提到对外贸易时要指明特定的国家。从某一个国家的角度，国际贸易可称对外贸易；从国际角度，就只能称为国际贸易了。此外，很多岛国，比如英国、日本、新西兰等，也称对外贸易为海外贸易。"

"我知道对外贸易分为好几种，那么，国际贸易分几个类型呢？"申斯文问道。

"根据不同的标准，国际贸易的类型可以有不同的分法，"这次回答的是米德，"一般我们经常采用的分类方法有三种。"

"第一种是按照商品的移动方向来分，可以分为进口贸易、出口贸易和过境贸易。"

"进口贸易是将外国的商品或服务输入本国市场销售。出口贸易是将本国的商品或服务输出到外国市场销售。""可这过境贸易是什么意思啊？"张山疑惑地说。

"过境贸易，"米德说道，"我们举个例子来说吧。甲国的商品经过乙国境内运至丙国市场销售，对乙国而言这次贸易就是过境贸易。不过，过境贸易对国际贸易有一定的阻碍作用，因此，目前世贸组织的成员国之间互不从事过境贸易。"

"哦！"张山似乎明白了，"原来是个可有可无的东西，那就无所谓了。"

申斯文继而对台上的米德问道："那其他的分类方法呢？"

"还可以分为有形贸易和无形贸易。"米德说道，"这是按商品的形态来划

进口贸易、出口贸易与过境贸易

分的。"

"有形贸易是指有实物形态的商品的进出口的贸易,而没有实物形态的技术和服务的进出口的贸易就是无形贸易。"

"比如,机器、设备、家具等都是有实物形态的商品,这些商品的进出口称为有形贸易。而专利使用权的转让、旅游、金融保险企业跨国提供服务等都是没有实物形态的商品,其进出口称为无形贸易。"

米德接着说道:"此外还有一种根据生产国和消费国在贸易中的关系划分种类的方法,通过这种方法,我们将国际贸易分为直接贸易和间接、转口贸易两种。"

"直接贸易是指商品生产国与商品消费国不通过第三国进行买卖商品的行为。贸易的出口国方面称为直接出口,进口国方面称为直接进口。"

"间接贸易和转口贸易是指商品生产国与商品消费国通过第三国进行买卖商品的行为,间接贸易中的生产国称为间接出口国,消费国称为间接进口国,而第三国则是转口贸易国。第三国所从事的就是转口贸易。"米德说道。

"怎么会有这种多此一举的贸易嘛！"张山说道，"多一道程序费时费力，何必呢？"

"在正常情况下，间接贸易确实是多此一举。"米德解释道，"不过在面临特殊情况时，间接贸易却是不得不采取的最优方案。"

"什么特殊情况？"提问的是张山。

"比如战争。"米德说道，"中东地区近年来战事频发，考虑到安全问题，很多国家不愿意直接与他们进行贸易。但他们处于战争当中，对物资的需求又比较迫切，放弃这场买卖就很不划算。这时候，许多国家就会选择先把商品卖给贸易国的周边相对稳定的国家，再由它们转口到贸易国境内。"

张山说道，"这个办法确实不错，虽然麻烦一点儿，少赚一点儿，不过安全第一嘛！"

"那么，国际贸易有哪些特点呢？"申斯文问道。

"这个问题就让我来为大家解答一下吧。"讲话的是萨缪尔森，"国际贸易的特点主要有以下几点：第一，贸易主体分属不同国籍，资信调查较困难；第二，因涉及进出口，易受双边关系、国家政策的影响；第三，交易金额往往较大，运输距离较远，履行时间较长，因此贸易风险较大；第四，除交易双方外，还涉及运输、保险、银行、商检、海关等部门；第五，参与方众多，各方之间的法律关系较为复杂。"

"此外，国际贸易与国内贸易还有一些区别，当然也有一些共同点。"萨缪尔森接着说道，"它们的共同点在于，在社会再生产中的地位相同；有共同的商品运动方式；基本职能相同，且都受商品经济规律的影响和制约。"

"它们的区别在于，各国的经济政策不同；语言、法律及风俗习惯不同；各国间货币、度量衡、海关制度等不同；国际贸易的商业风险大于国内贸易。另外，国际贸易也比国内贸易更加复杂。"

"专门用于规范国际贸易的世贸组织都已经成立许多年了，对促进国际贸易的作用是非常大的，您能为我们讲一下国际贸易的作用吗？"申斯文问道。

"当然可以！"萨缪尔森说道，"国际贸易对参与贸易的国家乃至世界经济的发展确实具有不可估量的作用，其作用主要体现在六个方面。"

"国际贸易可以调节各国市场的供求关系，起到互通有无的作用。"萨缪尔森接着解释道,"由于世界各国生产力、科技水平不同,而生产要素的分布也不均衡,因此,一个国家或地区不可能生产所有种类的商品,但有些商品又是需要的。这时,缺少某些商品的国家或地区就可以通过国际贸易进口一些国内短缺的产品,来满足国内消费者的需求。同时,这些国家或地区也可以通过国际贸易将国内市场上过剩的产品销往他国。这样既缓解了市场供求的矛盾,又调节了各国的市场供求关系。"

"国际贸易的第二个作用是可以促进生产要素的充分利用。"

"由于各种要素分布的不均衡,比如有的国家劳动力富余而资本短缺,有的国家资本丰裕而土地不足,就会导致一部分生产要素被闲置或者浪费,生产力不能得到充分发挥。这时候,这些国家或地区就可以通过国际劳务贸易、资本转移、土地租赁、技术贸易等方式,将国内富余的生产要素与其他国家交换国内短缺的生产要素,从而使短缺生产要素的制约得以缓解或消除,富余生产要素得以充分利用,扩大生产规模,加速经济发展。"

萨缪尔森接着说道:"比较利益和比较优势是各国参与国际贸易的重要基础,这也是国际贸易的第三个作用——发挥比较优势,提高生产效率。"

"利用比较利益和比较优势进行国际分工和国际贸易,可以扩大优势商品生产,缩小劣势商品生产,并出口优势产品从国外换回本国居于劣势的商品,从而可在社会生产力不变的前提下提高生产要素的效能,提高生产效率,获得更大的经济效益。"

"国际贸易还可以提高生产技术水平,优化国内产业结构。"萨缪尔森接着解释道,"当今科技飞速发展,只靠闭门造车是永远赶不上发展的节奏的,因此,各国普遍通过国际贸易引进先进的科学技术和设备,以提高国内的生产力水平,加快经济发展。当然,通过国际贸易,一些先进的生产、管理理念也被引进来,产业结构也逐步地得到了优化。"

"国际贸易还可以增加国家财政收入,提高国民福利水平。政府可从对过往关境的货物征收关税、对进出口货物征收国内税、为过境货物提供各种服务等方面获得大量财政收入。在美国联邦政府成立初期,关税收入就曾达到联邦财政收入的 90%。可见,这确实是一笔丰厚的财政收入。"

"此外,国际贸易还可以加强各国经济联系,促进经济发展。"萨缪尔森扶了扶眼镜说道,"当前,世界各国广泛开展国际贸易活动,将发达国家互相联系起来的同时，也将广大发展中国家卷入国际经济生活之中。两国之间的贸易来往多了，自然使两国的关系得到深化，最终，促进世界总体的生产力发展进一步加快。"萨缪尔森接着说道，"今天要讲的内容到这里也就结束了，希望还有机会继续探讨经济学的知识。各位，再见！"

萨缪尔森说完，米德也朝大家点了点头。在掌声中，两人慢慢走了出去。

推荐参考书

《经济学》 保罗·萨缪尔森著。该书对经济学中的三大部分——政治经济学、部门经济学、技术经济学都有专门的论述。读过这本书的人都会看到他从宏观经济学到微观经济学，从生产到消费，从经济思想史到经济制度比前人有新的创见。这部著作在内容、形式的安排上也可谓匠心独具，他在每一章的开头加上历代名人的警句，言简意赅地概括全章的主题，使读者不像是在啃枯燥的理论书，而是在读一部有文学色彩的史书。这一巨著的出版，为普及、推广其理论创立了良好的条件。

第十五堂课

西肖尔、斯隆、亨德森讨论"风险"

风险是由风险构成要素相互作用的结果。

斯坦利·西肖尔/阿尔弗雷德·斯隆/布鲁斯·亨德森

斯坦利·西肖尔（1915—1999），美国当代的经济学家和社会心理学家，也是现代管理学的大师之一，组织有效性评价标准的提出者。

阿尔弗雷德·斯隆（1875—1966），美国第一位成功的职业经理人，20世纪最伟大的CEO，通用汽车公司的第八任总裁，事业部制组织结构的首创者。

布鲁斯·亨德森（1915—1992），波士顿咨询公司创始人，波士顿矩阵、经验曲线、三四规则理论的提出者。

"最近忙啥呢，约你一起打球都没空？"见张山来到教室中，申斯文说道。

"没忙啥。没事儿看看书，复习复习课堂上学的内容。"张山一本正经地说道。

"得了吧！"申斯文一副不屑一顾的样子，"我还不知道你？你要说睡觉我还信，看书就算了吧。"

张山终于不再装深沉，咧嘴笑道："天儿开始凉了，实在不想出去。"

"现在就嫌冷，等到冬天还不得成天在被窝里啊！"申斯文说道。

"我确实是这么打算的啊！"

"别扯了，难不成你还真窝在寝室里看书了？"申斯文一脸好奇。

"你这么问，说明你还不够了解我。"张山板着脸说道，"我怎么会干这种事儿呢？"说完张山就笑了出来，"闲得无聊，下载了几部电影看看。"

"是吗？"申斯文看张山意犹未尽的样子，便出声问道。

"这不，重温了一遍《阿甘正传》，深受感动啊！"张山说道，"阿甘那么努力，直接激发起了我的斗志。"

"《阿甘正传》我也挺喜欢的，尤其是开头他吃巧克力时的那段独白。"申斯文被张山勾起了聊天的欲望。

"人生就像一盒巧克力，你永远不知道会尝到哪种滋味。"张山摇头晃脑地说道。

"是啊！"申斯文说道，"人生中处处都充满了不确定性。这些不确定性让人们迷茫，也让生活充满乐趣。"

"哟！思考人生呢？"张山调侃道。

"我也不知道为什么突然有这种感触，"申斯文恢复了微笑的神态，"这就是不确定性的表现吧！之前我还不想说话，更不会想到会这么说。"申斯文抬头看了张山一眼，"不过说完以后要面对的是你的调侃和嘲笑，这我已经做好准备了。哈哈！"

"话说回来，生活当中确实是充满不确定性啊！"张山说道。

"生活当中的不确定性我们就不说了，经济学中的不确定性，我们今天是有机会好好研究一番的！"申斯文说道。

"哦！明白了。"张山拍了拍脑门说道，"今天的议题就是不确定性,对不对？"

申斯文摇了摇头说道："不是。"

"那你怎么说……"

张山还没说完便被申斯文打断了:"今天的议题是风险。要讲风险的话,不确定性肯定是无法回避的一部分。"

¥ 不确定性

二人正在看书,一阵轻微的喧哗声传来。二人抬头,原来是三位嘉宾已经到了,同学们正在低声谈论呢。

"三位高人都来了,你还不赶紧开始介绍介绍。"张山对申斯文说道。

申斯文挠了挠头皮说道:"瘦瘦的这一位是阿尔弗雷德·斯隆,美国企业家,通用汽车公司的第八任总裁,是在管理与商业模式上创新的代表人物。"

"头发全白了的那一位是斯坦利·西肖尔,他是美国当代的经济学家和社会心理学家,密歇根大学教授,是一位学术研究跨越了许多领域的学者。"

"戴着黑框眼镜的这一位是布鲁斯·亨德森,他是美国著名的经济学家,是波士顿咨询公司创始人,还提出了著名的波士顿矩阵、经验学习曲线和三四规则理论。"

申斯文说完,台上的三位也准备开始进入正题了。

斯隆率先说道:"今天的议题是风险。风险这个东西似乎是无处不在的,小到挤公交的上班族去上班,大到航天飞机发射,都有风险存在。"

"不错!"西肖尔接着说道,"乘坐公交车的上班族每天上班都要面临堵车、迟到、处分的风险。航天飞机就更不用说了,每次发射可以说都要承担极大的风险。"

"说到风险,在日常生活中人们总是会与不确定性画上等号。当然,在平时它们是可以通用的。"亨德森说道,"不过,在经济学中,此二者的含义却有着根本性的

孙继国老师评注

风险是在某一个特定时间段里,人们所期望达到的目标与实际出现的结果之间产生的距离。

差别。既然咱们今天要讲风险，那么不确定性就是绕不过去的一个坎儿。我看咱们就从不确定性说起吧！"亨德森说着便转头征询另外两人的意见。

见二人微微点头，亨德森接着说道："风险是指在某一特定环境下，在某一特定时间段内，某种损失发生的可能性。风险由风险因素、风险事故和风险损失等要素组成。"

"风险的一种定义强调了风险表现为不确定性；而另一种定义则强调风险表现为损失的不确定性。若风险表现为不确定性，说明风险产生的结果可能带来损失、获利或是无损失也无获利。这属于广义风险，金融风险属于此类。而风险表现为损失的不确定性，说明风险只能表现出损失，没有从风险中获利的可能性。这属于狭义风险。"

西肖尔接着说道："接下来我们说一下不确定性。今天我们只讲一下经济学中的不确定性，它是指对于未来的收益和损失等经济状况的分布范围和状态不能确知。"

"那么，**不确定性**对企业来讲有什么影响吗？"张山问道。

"我最近在学习中国的麻将，我们就举个麻将的例子吧。甲、乙、丙、丁经常一起打麻将，彼此之间都非常熟悉。这一次甲起的手牌非常好，很快便有两副暗杠，于是甲准备做'豪七'。显然这是有风险的。因为，即使不做'豪七'，甲若是能赢的话，凭借两副暗杠也能赢不少，而且比作'豪七'的难度要低好多。所谓'高风险，高收益'，如果做成'豪七'，那一次性赢得就更多了。一般来说，甲这样做，便具有了不确定性。

孙继国老师评注

不确定性就是指事先不能准确知道某个事件或某种决策的结果。或者说，只要事件或决策的可能结果不止一种，就会产生不确定性。

不确定性是一个宽泛的概念，在哲学、统计学、经济学、金融学、保险学、心理学、社会学中都有出现。

但他们四人经常一起玩牌，甲对于另外三人的策略非常了解。因此，不确定性就降低了。这就是风险。"

西肖尔笑了笑，接着说道："还是上述情况，只不过丁有事不能来，另一位没和他们一起玩过麻将的朋友戊便来凑手。这时候甲如果仍然像之前说过的那样做牌，便具有了一些纯粹的不确定性，因为甲对戊的出牌策略和习惯一无所知。

麻将中的风险和不确定性

我对他们三个人的打法非常熟悉，所以做"豪七"的话只有风险，没有不确定性。

我对戊不熟悉，不了解她的套路，做"豪七"的话，有不确定性，也有风险。

这个新加入的成员对于甲来说便成为了牌局中的不确定性。而对于戊来说，他所处的整个策略环境都是充满不确定性的。"

"说了半天打麻将，跟企业也没什么关系啊！"张山嘀咕道。

西肖尔微微一笑，说道："接着，我们再来说企业，不确定性对企业有两个方面的影响。"西肖尔说道，"从小的方面来说，可能影响企业一次营销活动的成败；从大的方面讲，可能使企业遭受灭顶之灾，破产倒闭。由于不确定性，一些企业或者不敢放手去做比较长期的规划和投入，或者毫无理性、不顾后果地孤注一掷。"

"人们为什么惧怕黑暗？"斯隆没头没脑地问道。

"这主要是由于人潜意识当中对未知事物的恐惧造成的吧！"申斯文回答道。

"不确定性归根到底就是未知，因而畏惧不确定性是人的普遍心态。即使是金融大鳄索罗斯，面对不确定性时都不能淡定。他曾经说：'我什么都不怕，只怕不确定性。'当然，凡事有弊就有利，不确定性的影响并不总是负面的，它本身是一柄'双刃剑'。正是由于不确定性、模糊性和混沌性，才使得后来居上、脱颖而出成为可能；才使一些企业，特别是中小型企业，有望实现超常规、跨越

孙继国老师评注

不确定分析是分析不确定性因素对经济评价指标的影响程度，来估计项目可能承担不确定性的风险及其承受能力，确定项目在经济上的可靠性。

式的发展。"

"经济学研究讲究量化，对于不确定性，我们能够实现量化吗？"申斯文问道。

"对不确定性的研究，我们很难实现严格的量化，不过，经济学家们仍然在通过分析的方式努力。"斯隆说道，"**不确定性分析**的方法有盈亏平衡分析、敏感性分析和概率分析三种。"

"盈亏平衡分析的目的是通过分析产品产量、成本与方案盈利能力之间的关系，找出投资方案盈利与亏损在产量、产品价格、单位产品成本等方面的界限，以断定各方案风险情况。"斯隆接着补充道，"这种分析一般只用于财务方面的不确定性的评估。"

孙继国老师评注

敏感性分析还分为单因素和多因素分析两种。

单因素敏感性分析是对单一不确定性因素变化的影响进行分析，即假设各不确定性因素之间相互独立，每次只考察一个因素。

多因素敏感性分析是对两个或两个以上互相独立的不确定因素同时进行分析。

"**敏感性分析**是通过研究项目主要不确定性因素发生变化时，项目经济效果指标发生的相应变化，找出项目的敏感因素，确定其敏感程度，并分析该因素达到临界值时项目的承受能力。"

"敏感性分析虽然可以知道某因素变化对项目经济指标的影响有多大，但却有一个缺陷，就是它无法了解这些因素发生变化的可能性有多大。"斯隆说道。

"不必说，概率分析肯定能够弥补这一缺陷了。"张山得意地说道。

"不错！"斯隆说道，"概率分析是通过研究各种不确定因素发生不同幅度变动的概率分布及其对方案经济效果的影响，对方案的净现金流量及经济效果指标做出某种概率描述，从而对方案的风险做出准确的判断。它恰到好处地弥补了敏感性分析的缺陷。因而，这几种分析方法一般是综合运用的。"

"对不确定性进行分析之后，接下来我们考虑的就是如何规避不确定性了。"亨德森说道。

"任何企业和组织都存在不确定性,而且都希望消灭不确定性。"亨德森说道,"其实组织当中的不确定性的产生归根到底还是人的因素占大多数。我们就以质量管理和员工流动性为例加以说明。"

"日本在不确定性规避方面做得非常好,尤其是在这两个方面。"亨德森说道,"由于员工存在情绪波动,身体状况和精神状态也有高峰和低谷,因此,员工生产出来的产品的质量不可能完全一致。针对这种不确定性,日本的企业组织提出了'**全面质量管理**'的管理方法,成功将这种不确定性降到最低。"

"现在员工和企业都是双向选择,员工流动成为企业很难避免的一个问题。日本的企业组织针对这种情况提出了'终身雇佣制'的理念,成功规避了这方面的不确定性。"亨德森说道。

"当然,每个国家和地区的文化背景不同,相同的套路不可能到哪儿都管用。上述两种方法在中国和美国就收效甚微。"亨德森说道。

孙继国老师评注

全面质量管理是一个组织以质量为中心,以全员参与为基础,目的在于通过让顾客满意和本组织所有成员及社会受益而达到长期成功的管理途径。

终身雇佣制由松下幸之助提出:"松下员工在达到预定的退休年龄之前,不用担心失业。企业也绝对不会解雇任何一个'松下人'。"

"那我们要如何规避不确定性呢?"张山说道。

"还得'透过现象看本质'!"亨德森说道,"不确定性的产生归根到底还是以人的因素为主,我们根据组织成员不同的文化背景需要做不同的调整。"

"有些文化中的组织成员推崇明确,偏好于回避工作中的模棱两可。不确定性的规避程度较高,管理者就应该尽可能地避免发出模糊的指令。有些组织成员因为模棱两可不会威胁到他们对稳定和安全的较低需要,更自由的环境会使这些组织成员在工作的不确定性中如鱼得水。"亨德森说道。

¥ 风险

孙继国老师评注

风险因素可分为有形风险因素和无形风险因素。

有形风险因素是指导致损失发生的物质方面的因素，比如财产所在的地域、建筑结构和用途等。

文化、习俗和生活态度等非物质形态的因素也会影响损失发生的可能性和受损的程度。

亨德森讲完，西肖尔上前接着说道："讲完了不确定性，该说一下风险了。"

西肖尔说道，"**风险因素**是指引起或增加风险事故发生的机会或扩大损失幅度的原因和条件。构成风险因素的条件越多，发生损失的可能性就越大，损失就会越严重。风险因素是风险事故发生的潜在原因，是造成损失的内在的或间接的原因。"

"然后我们来说一下风险事故和风险损失。"西肖尔说道，"风险事故是指造成生命、财产损害的偶发事件，是造成损害的直接原因。风险损失是指由于一个或多个意外事件的发生，在某一特定条件和特定企业内外产生的多种损失的综合。"

"风险具有哪些特质呢？"申斯文问道。

"风险具有三方面的基本属性，即自然属性、社会属性和经济属性。"斯隆双手理了理西装的翻领说道，"这也是人们重视风险的原因。"

"先说自然属性。不可否认，人类的生存、生活、繁衍生息都是以大自然为基础的，因此，一些自然现象对人类来说是可能引起风险的。地震、洪水、雷电、暴风雨、滑坡、泥石流、海啸等会直接影响人类的生命和经济发展，对人类构成风险。自然界的运动是有其规律的，人们可以发现、认识和利用这些规律，降低风险事故发生的概率，降低损失的程度。"

斯隆接着说道："再说社会属性。这是指风险是在一定社会环境下产生的，因此，处在不同的社会环境中的人们所面临的可能的风险也不同。**风险事故**的发生与一定的社会制度、技术条件、经济条件和生产力等都有一定的关系。战争、冲突、瘟疫、经济危机、恐怖袭击、车祸等是受社会发展规律影响和支配的。"

"最后是经济属性，这一点主要是指风险发生后所产生的经济后果，也就是说风险与经济的相关联性。当灾害事故对人身安全和经济利益造成损失时，风险的经济属性便体现出来，也只有如此才称为风险。股市风险、信用风险、企业的生产经营风险等，都可能造成相关的经济损失。"

"接下来，我们再说一下风险的特征。"斯隆不作停留接着说道，"风险的特征是多方面的，目前，我们普遍认为风险存在七个基本的特征。"

孙继国老师评注

风险事故从起因上分主要有三种：自然现象，如地震、台风、洪水等；社会政治、经济的变动，如社会动乱、汇率的变动等；人或物本身内在属性、缺陷，如疾病、设备故障等。

风险损失通常分为两种：直接损失是指风险事故直接造成的有形损失，即实质损失；间接损失是由直接损失进一步引发或带来的无形损失，包括额外费用损失、收入损失和责任损失。

"地震对人类来说是一种风险，我们可以在一定程度上预测地震，却不能消灭或者减少地震的发生，这就表示地震这种风险是客观存在的，是不以人的意志为转移的。这也是风险的第一个特征——客观性。"

"无论是地震还是瘟疫，又或者经济危机，它们一旦发生都会给人们带来极大的损失。一般的损失表现在经济方面，也有一些会造成人身安全方面的损失。这便是风险的第二个特征——损失性。"

"风险还具有普遍性的特征。风险在人们生产生活中无处不在、无时不有，并威胁着人类的生命和财产的安全。"斯隆接着说道，"2012年秋季登陆美国的飓风'桑迪'一周之内就夺走了一百多人的生命。对于人类，这不得不说是一种巨大的威胁。当然，飓风并非世界各地都有，但没有飓风的地方却并不能保证就不会发生地震，即使没有地震还有可能出现泥石流。因而，从宏观上讲，风险是具有普遍性的。"

"我们现在讲风险，都是站在'人'的立场上来讲的。即使是讲保护濒危动物，也是站在人类的立场上，从生物多样性和保护生态环境的角度去讲的。"斯隆讲道，"因而，若是没有任何人类社会，便没有所谓的风险。风险与人类社会的利益密切相关，时刻关系着人类的生存与发展，这就是风险的社会性。"

"通过了解现代物理学，我们知道，在宇宙中'静止是相对的，运动是绝对的'。世间万物莫不如此，形而下的物质如此，形而上的理论也是如此。当然

风险也不能例外。"斯隆说道。

"运动就意味着变化，风险的另一个特征便是可变性。风险的变化包含有量的增减、质的改变，还有旧风险的消失与新风险的产生。"

"最后一种特征非常重要，就是风险的可测性。"斯隆说道，"总体来说，风险事故的发生是可预测的，即运用概率论和大数法则对总体风险事故的发生是可以进行统计分析的。我们可研究风险的规律性。利用风险的这一特征，我们可以对风险进行预测，及时采取有效措施，最大程度地降低风险造成的损失。"

"不对啊！"张山说道。

"哪里不对？"申斯文应道。

张山拿起笔记说道："客观性、损失性、普遍性、社会性、可变性、可测性，这一共才六种啊！"

"还有一种早就讲过了，就是前面一直讲的不确定性嘛！"申斯文接着调侃道，"不过你要是觉得没用，忽略了也没什么关系。"

"古人云：'打人不打脸，骂人不揭短！'"张山低声说道，"大庭广众之下，好歹给哥们儿留点儿面子嘛！否则以后还怎么做朋友啊？"

见张山耍宝，旁边的几个同学都笑出了声。

亨德森闻声看过来，两人赶紧噤声。接着，申斯文又问道："那么，风险形成的过程是怎样的呢？"

"首先，风险因素不断组合，进行有机结合，这是酝酿风险的过程。"亨德森说道，"随后，风险因素不断组合、增加、成长导致风险的产生。这个结果对于个体来说具有其偶然性，是不确定的，但是对于大量同质个体组成的总体而言，又有发生的总体趋势。"

"风险产生之后，随之而来的就是损失，这是风险损害的过程。损害的内涵广泛，既包括物质上的损失，也包括精神上的创伤等。"

"说起来还有一点内容需要补充一下。"西肖尔边说着便走上前来，"就是风险机制的问题。"

"风险机制是市场机制的基础机制。在市场经营中，任何企业在从事生产经营中都会面临着盈利、亏损和破产的风险。价格机制能影响风险机制，价格涨落能推动企业冒风险去追逐利润。"

"价格机制是如何影响**风险机制**的呢？"申斯文问道。

各种机制之间的作用关系图

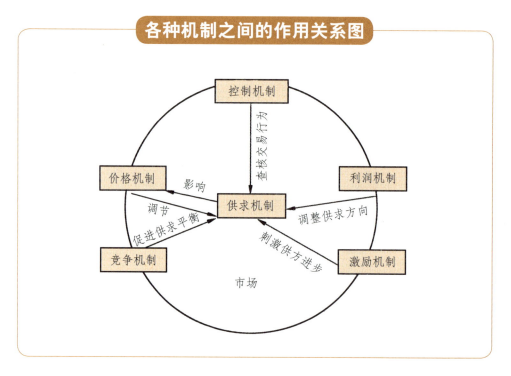

 孙继国老师评注

风险机制是指风险与竞争及供求共同作用的原理。在利益的诱惑下,风险作为一种外在压力同时作用于市场主体,与竞争机制同时调节市场的供求。

"产品价格的高低会对生产者承担的风险造成影响,风险又反过来对产品价格产生制约。"

亨德森说道:"中秋刚过,我们不妨以月饼为例作说明。如果月饼的定价很高,在中秋结束之前,月饼卖不出去,就不得不在中秋之后低价处理,或者进行回收,这样,生产者和经营者都将遭受一定的损失。所以定价越高,生产者、经营者所承担的风险越大。所以我们说,价格影响风险。"

"对消费者来讲,如果高价月饼被消费者买到,由于价格较高,则效益与成本的比率较小,所以风险也比较大。对于供方来说,风险越大的月饼,期望价格就越高;而对于需方来说,风险越大的月饼,期望价格就越低。所以风险制约着产品的价格。"

¥ 风险评估

"最后,我们来说一下风险评估。"亨德森接着说道。

"风险评估主要包含哪些内容呢?"申斯文问道。

亨德森接着申斯文的问题说道:"风险评估主要包括三方面的内容:对风险本身的界定,对风险作用方式的界定,对风险后果的界定。"

孙继国老师评注

风险评估是指在风险事件发生之后,对于风险事件给人们的生活、生命、财产等各个方面造成的影响和损失进行量化评估的工作。

亨德森接着说道:"对风险本身的界定主要包括对风险发生的可能性、风险强度、风险持续时间、风险发生的区域及关键风险点的评估。"

"对风险作用方式的界定主要包括界定风险对企业的影响是直接的还是间接的,评估该风险是否会引发其他的相关风险,还有风险对企业的作用范围等。"

"对风险后果的界定主要包含两个方面。损失方面:可能发生的风险会对企业造成多大的损失?企业规避风险所需要付出的代价。冒风险的利益方面:企业冒风险所能获得的收益,企业避免或减少风险所能得到的利益。"

"接下来我们来说一下风险评估的任务和注意事项。"亨德森说道,"风险评估的主要任务包括:识别组织面临的各种风险,评估风险概率和可能带来的负面影响,确定组织承受风险的能力,确定风险消减和控制的优先等级,推荐风险消减对策。"

亨德森接着说:"当然,在风险评估过程中出现问题是不可避免的,但我们仍然可以采取一些措施避免一些常见问题的发生。下面我就为大家来简单介绍一下风险评估过程中的一些注意事项。"

"首先,要确定保护的对象(或者资产)是什么,它的直接和间接价值如何;其次,资产面临哪些潜在威胁,导致威胁的问题所在,威胁发生的可能性有多大;第三,资产中存在哪些弱点可能会被威胁所利用,利用的容易程度又如何;第四,一旦威胁事件发生，组织会遭受怎样的损失或者面临怎样的负面影响；最后，组织应该采取怎样的安全措施才能将风险带来的损失降到最低程度。解决以上问题的过程，就是风险评估的过程。"

亨德森接着说道："搞清楚了这几个问题，还要捋清下面的三个对应关系：每项资产可能面临多种威胁，威胁源（威胁代理）可能不止一个，每种威胁可能利用一个或多个弱点。如此，风险评估才能有条不紊地进行。"

"那么，风险评估是如何进行的呢？"申斯文问道。

"风险评估的可行途径主要有三种，分别是基线评估、详细评估和组合评估。"西肖尔说道。

"风险评估的对象既可以是整个组织，也可以是组织中的某一个部门，或者是独立的信息系统、特定系统组件和服务。影响风险评估进展的因素，比如评估时间、力度、展开幅度和深度，都应与组织的环境和安全要求相符。组织应该针对不同的情况来选择恰当的风险评估途径。"

西肖尔接着说道："基线评估是指以某种国际或国家规定作为组织的基线，来对组织的风险进行评估。这种评估方式主要适用于商业运作比较简单，并且对信息处理和网络的依赖程度不是很高的组织。"

"那他们一般以哪些标准作为基线呢？"张山问道。

"经常被用来作为基线的标准有以下几种：第一类，国际标准和国家标准，例如 BS 7799-1、ISO 13335-4；第二类，行业标准或推荐，例如德国联邦安全局 IT 基线保护手册；第三类，来自其他有类似商务目标和规模的组织的惯例。"

西肖尔接着说道："当然，对于一些环境和商务目标比较典型的组织，也可以自行建立基线。"

"这种评估途径有哪些优势呢？"申斯文问道。

"基线评估的优点是投资少、周期短、易于操作，对于一些结构简单的、环境和安全需求相似的组织，基线评估是最经济也是最有效的风险评估途径。"

西肖尔话锋一转："当然，有利就有弊，其缺点也同样明显。基线水平的设定就是一个难题。过高，可能出现资源浪费和限制过度的情况；过低的话，则可能不能充分地规避风险。此外，在管理安全相关的变化方面，基线评估比较困难。"西肖尔叹了口气说道，"这也是基线评估只能适用于简单组织的原因。"

"详细风险评估要求对资产进行详细识别和评价，对可能引起风险的威胁和弱点水平进行评估，根据风险评估的结果来识别和选择安全措施。这种评估途径集中体现了风险管理的思想，即识别资产的风险并将风险降到可接受的水平，以此证明管理者所采用的安全控制措施是恰当的。"

"那详细评估相对来说有哪些优点，又有哪些不足之处呢？"申斯文问道。

"这种评估途径的优势主要体现在两个方面。"西肖尔说道，"首先，通过详细的风险评估组织可以更加精确地认识信息安全风险，并能够精准地确定组织目前的安全水平和安全需求；其次，组织在管理安全变化时也是以详细评估的结果作为依据的。"

西肖尔接着说道："详细评估的过程需要的时间较长，技术要求也高，对于参与人员投入的精力也有较高的要求。因此，组织在设定待评估的信息系统范围时一定要谨慎，明确商务环境、操作和信息资产的边界，以免造成资源的浪费。

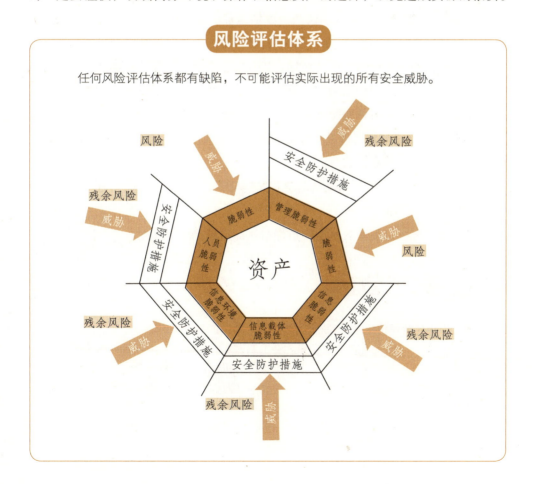

风险评估体系

任何风险评估体系都有缺陷，不可能评估实际出现的所有安全威胁。

这应该算是这种评估途径的不足吧。"

"这两种评估途径的优缺点正好可以互补啊！"张山发现了问题。

"不错，"西肖尔欣慰地点了点头说道，"由于这两种评估途径的互补，很多组织在进行风险评估时都是采用将以上二者相结合的评估途径。我们称之为组合评估。"

西肖尔接着说道："在进行组合评估之前，组织会对所有的系统进行一次初步的高级风险评估。着眼于信息系统的商务价值和可能面临的风险，识别出组织内具有高风险的或者对其商务运作极为关键的信息资产，以确定以哪一种评估途径为主更加适合。说白了就是通过初步的风险评估将组织面临的风险划分——哪一部分适用于基线评估，哪一部分适用于详细评估，根据划分的结果制定组合评估方案。"

"说起来，组合评估具备了前两种评估途径的所有优点，又将二者的缺点都弥补了，理应没有缺陷了，"西肖尔说道，"但事实上，又有新的缺点产生了。组合评估非常依赖初步的高级风险评估。如果初步高级风险评估不够准确，就可能导致一些本来需要详细评估的系统被忽略，最终的评估结果也就谈不上准确了。"西肖尔说完，便走向另外两位嘉宾，与他们握手。

"唉！"张山好像是因为没有完美的评估途径而沮丧，"正所谓'十事九不全'啊！完美总是躲在所有人的背后啊！"

"别多愁善感了！"申斯文提醒道，"老师们都走了。再不抓紧点儿，抢不上夜宵了！我先走了啊！"

张山没吱声，以最快的速度收拾好东西，追赶上了申斯文。

《组织效能评价标准》 斯坦利·西肖尔著。该书使原先处于完全混乱状态的集合体具备了一定的逻辑性和秩序。在组织诸多的目标体系中，组织的管理者必须权衡众多目标的价值，寻找一个能够实现自己综合目标最大化的组合。而将各种衡量标准以什么样的方式综合起来才能形成对经营状况的全面评价，需要一种特定的、可操作的模式。

第十六堂课

库兹涅茨、丁伯根、库克讨论"预算"

西蒙·库兹涅茨/简·丁伯根/莫里斯·库克

西蒙·库兹涅茨(1901—1985),俄裔美国著名经济学家,"美国的GNP之父"。1901年4月30日生于乌克兰哈尔科夫,1985年7月8日卒于美国马萨诸塞州坎布里奇(又译作剑桥,哈佛大学所在地),1971年诺贝尔经济学奖获得者。

莫里斯·库克(1872—1960),科学管理的早期研究工作者之一,泰罗的亲密合作者。

"你知道'汽车之城'底特律破产的事吗？"一见到端坐在最前排的张山，申斯文便说道。

"大哥，"张山一副鄙夷的神情说道，"底特律是个城市，从来只听说企业、公司破产，哪有城市破产一说？"

"就说让你平时多看点儿书吧！"申斯文反唇相讥道，"现在倒好，正常交流都没法进行了不说，连别人是不是在耍你，你都分辨不出来。"说着，申斯文叹了口气，"唉！我都替你发愁。"

"去你的！"张山听出点儿门道，捶了申斯文一拳，"说说看，到底怎么回事儿？"

"好，"申斯文不再犹豫，"美国的汽车之城底特律在2013年因负债过多向法院申请破产保护了。"

"那看来是通过了。"张山说道。

申斯文点了点头。

"政府怎么能够申请破产呢？"张山仍然不解。

"在我们看来只有企业才能破产，在西方可不一样，不光是企业，就是银行、政府，当它们的负债多到难以继续维持正常运作时也是可以申请破产的。"申斯文解释道。

"哦！这样啊。"张山好像明白了一些，"底特律好歹也是个世界闻名的大城市啊！它不是美国的工业重镇吗？底特律政府到底欠了多少钱啊，怎么说破产就破产了？"

"底特律市曾经辉煌过，只不过近年来由于经济形势不好，税收不稳定，治安状况不佳，政府总是入不敷出，破产也是无奈之举啊。"申斯文感慨道，"说起来它欠的钱可真不少，据说负债有180亿美元呢！"

"那确实不少。政府破产倒是轻松了，可把那些债权人给坑了啊！政府怎么会欠那么多债呢？"张山担忧道。

"这个嘛，我就解释不了了，咱们还是等一下听听专家们是怎么说的吧！"

"哦？今天的公开课会讲这个吗？"

"今天要讲预算，肯定会提到这个问题的。"申斯文肯定地说道。

💴 政府为什么普遍欠钱

三位专家大步流星地来到了会议室内。张山盯着为首的一位惊叹道:"哇!这不是凯奇吗?"

申斯文听了张山的惊叹有些无奈:"这位可不是演电影的尼古拉斯·凯奇,这位是美国著名的俄裔经济学家西蒙·史密斯·库兹涅茨。"

他们俩说话的工夫,三位专家已经就位了。库兹涅茨当先开口道:"我是来自美国的库兹涅茨,这位是来自荷兰海牙的著名经济学家简·丁伯根,之前给你们讲过'垄断'那一堂课。"然后侧了侧身说道,"这位呢,是我的老乡,同样来自美国的著名经济学家莫里斯·库克。"

"西蒙·史密斯·库兹涅茨被称为'美国的 GNP 之父'。他对经济增长的分析,

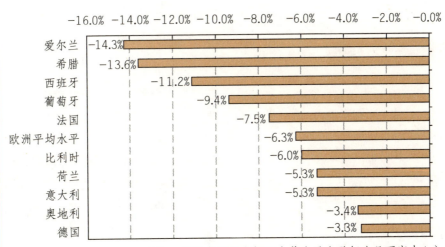

2010年欧洲各国公开财政赤字和GDP增长速度比较

2010年,受金融风波影响,欧洲各国经济出现大幅衰退,为使经济快速复苏,欧洲各国普遍采用扩大财政投资的方法,结果导致财政赤字扩大。

(注:资料来源于金辉亚太黄金及金融衍生品研究中心)

被西方经济学界认为揭示了各发达国家一个多世纪的经济增长过程。同时库兹涅茨也是1971年诺贝尔经济学奖的获得者。"申斯文不失时机地开始对台上的专家们做简单的介绍,"简·丁伯根主要从事于把统计应用于动态经济理论,1969年与拉格纳·弗里希共同获得诺贝尔经济学奖。莫里斯·库克是被称为'科学管理之父'的泰勒的亲密战友,也是科学管理理论的重要支持者和研究者,同时他还是一位颇有建树的实践者,他在富兰克林·罗斯福总统当政期间曾担任过农村电气化管理局局长、纽约州电力局长等职务。他不光理论在行,在处理具体问题时也经验丰富,这一点从他曾被杜鲁门总统派去处理困难问题中可以得到佐证。"

在张山和申斯文低语时,库兹涅茨往前一步说道:"刚才听大家都在讨论政府负债的问题。看来底特律破产的影响并不止局限在美国啊,还引起大洋彼岸的中国人的广泛关注。"

"底特律作为美国曾经的第五大城市,美国汽车工业的中心和新兴城市的代表,曾经是无数淘金者梦寐以求的圣地。它现在落到了这般田地,不能不引人唏嘘啊!"丁伯根感叹道。

"现在看来,底特律的悲剧是在它崛起之时就已经注定了的。它的发展模式导致了它的快速崛起,而这种以建设公共设施、买卖土地和楼盘作为经济支柱的模式也注定了它的迅速崩溃,最终导致了美国历史上最大的城市破产的发生。"库克说道。

孙继国老师评注

破产,是指当债务人的全部资产无法清偿到期债务时,债权人通过一定法律程序将债务人的全部资产供其平均受偿,从而使债务人免除不能清偿的其他债务。破产多数情况下都指一种公司行为和经济行为,但人们有时也习惯把个人或者公司停止继续经营叫作破产。

"底特律的经济崩溃和底特律政府的负债以及**破产**有哪些关联呢?"张山还是不太明白。

"说到这里,我们就不能只局限于讲底特律了。其实全世界所有的地方政府都存在大同小异的情况,它们都存在负债,只是一个多少的问题。"库克率先为大家解释道,"从古到今,世界上的战争一直都没有停止过。现代的战争我们知道,它的目的多种多样。相比来说,古代的战争的目的就要单纯很多了。你知道是什么吗?"

"我想,"面对库克的突然袭击,张山

稍微有点儿慌,"我想应该是土地吧。"

"不错,"库克点头说道,"土地是很重要的一方面。不过更重要的是人,人是生产力的根本。没有人,一切都是空谈。古代是这样,当然,现代仍然如此。只不过现代人不会像古代人那样野蛮和直接,他们更倾向于通过吸引力赢得人民的双脚。"

"我们还是以底特律为例。"库克接着说道,"底特律是随着汽车行业的兴起而崛起的,而底特律的政府作为地主也确实是风光了一把。当然,在风光的同时,他们并没有忘记吸引外地人才。"

"别人在一个地方生活得好好的,怎么会那么轻易被他们吸引过去呢?"张山问道。

"很多中国人都愿意往北京、上海这些地方聚集,这是为什么呢?"库克反问道。

"这些大城市基础设施好啊,福利好啊,各种高保障制度健全啊,大家才会挤破头皮都想去的。"

"兴建基础设施、提高社会福利是罗斯福总统提出来的方案,底特律的政府忠实地予以了实施。也因此,底特律很快就成为了美国第五大城市,人口达到了180万。"库克说道,"在汽车行业蓬勃发展的当时,政府通过税收和卖地积累了不少的资金,然后将这些资金用于基础设施建设、提高社会福利以及扩大公务员队伍以维持城市更好的运作。这些措施都为底特律带来更多的人口,随之而来的则是更多的企业。说起来,这倒是一种良性循环。"

"那为什么底特律还破产了呢?"张山问道。

"汽车制造业发展的热潮过去以后,汽车行业进入平稳发展的阶段,不可能再出现初期那种跨越式的发展,这导致政府的收入大打折扣。此外,每一届政府的选举都会许诺给市民更多的福利。如今政府的收入逐年减少,政府承诺的福利却越来越多,底特律政府只能借钱以解燃眉之急。"

"光靠借钱也不是个长久的办法啊!"张山感叹道。

"是啊!"库克也叹了口气,"这也是没有办法的办法啊,只能靠这个办法勉

孙继国老师评注

所谓"用脚投票",是指资本、人才、技术流向能够提供更加优越的公共服务的行政区域。

强维持了。引资、卖地确实是最方便的增加财政收入的办法,却并非长久之计。其实很多地方政府都是这么干的,这其中的危险他们也清楚得很。只是借钱搞基础建设已成定局,他们已经对此条路径产生了依赖,新一届的政府官员在能够勉强维持现状的情况下不愿意作改制的出头鸟。"

"政府的负债越来越多,能借到的钱越来越少,别说基础设施的建设,到后期连基本的政府职能恐怕履行起来都有困难了。这简直就是恶性循环啊!"申斯文说道。

"照你这么说政府的债务会越滚越多,这种情况什么时候是个头啊?"张山听了申斯文的话吓了一跳,他希望能有一个办法解决这种危机。

"后果我们已经看到了,"库克耸了耸肩办说道,"最终的结果就是像底特律的政府一样——破产。"

听到库克这么无情的论断,申斯文一个激灵,仿佛又看到了新闻中展示的十室九空的一片荒凉景象。

¥ 预算赤字

"针对这种情况,政府就没有采取什么措施吗?"张山问道。

"他们当然不会坐以待毙,也想出了一些办法,其中比较有用的便是预算赤字了。"库兹涅茨回答道。

"赤字我倒是知道,入不敷出就是赤字,预算我也知道,说白了就是财政计划而已。不过这预算赤字是什么意思?难道赤字也能计划吗?"张山有点儿不理解。

"这预算赤字也只是对未来财政状况的一种预测而已,并不代表结果一定会有赤

孙继国老师评注

预算赤字是指在编制预算时,就存在收不抵支的情况。预算列有赤字,不代表预算执行的结果也一定有赤字。因为在预算执行过程中可以通过采取增收节支的措施,实现收支的平衡。

字出现。"库兹涅茨解释道。

"那这预算赤字能解决政府负债的问题吗？"申斯文对这个问题比较关心。

"要回答这个问题，我们得先来剖析一下这个所谓的预算赤字。"库兹涅茨摸了摸头发不多的脑门，引来同学们的一阵窃笑，"首先，什么是预算？"

"这我知道，"张山抢着回答道，"就政府机构而言，预算是经法定程序审核批准的政府年度集中性财政收支计划。它规定政府财政收入的来源和数量、财政支出的各项用途和数量，反映着整个国家政策、政府活动的范围和方向。"

"嗯！"听了张山的回答，台上的几位老师都点了点头，显然张山的回答非常准确。只是张山还没来得及高兴，库兹涅茨就开始挑毛病了："只有这些吗？"

张山不知该如何回答，旁边的申斯文见状赶紧打圆场："预算的功能当然并不仅仅是预测，它还涉及有计划地巧妙处理所有变量，这些变量决定着组织机构未来努力达到某一有利地位的绩效。每一个责任中心都有一个预算，它是为执行本中心的任务和完成财务目标所需各种资财的财务计划。"

"不错，"库兹涅茨点了点头接着说道，"预算的内容大体上就是这样。那么赤字呢？"

听了库兹涅茨的第二个问题，张山不再抢着回答了。通过刚才的情景，他自认为已经领略到了"后发制人"的精髓。"这回让他们去抢着回答，完了我再补充，最好是让我补充关键的部分，这样才能显示出我的博学嘛！"张山面带微笑地想着。

见没人作声，申斯文为了避免冷场便说道："赤字也就是红字的意思。当财政收入与财政支出的差额为负时，在会计上用红色的数字表示该差额，也就是我们说的赤字，实际上就是亏本的意思。财政收入代表可供政府集中掌握支配的一部分社会产品，若财政支出大于收入，就会发生赤字。"

张山见申斯文没有停下来的意思，生怕他一口气说完而没有自己表现的机会，便赶紧说道："还有，赤字的这一部分表示由这部分支出所形成的社会购买力并没有相应的社会产品作为物资保证。"

"嗯，不错！"库兹涅茨点了点头说道："两位同学说得很严谨。那么，接下来我们便来说一说预算赤字的问题。"库兹涅茨说着，转头望向旁边的丁伯根。

丁伯根会意，往前挪了一步说道："预算赤字种类繁多，我看还是先弄清楚它的种类才好。"

"哦？"张山道，"这预算赤字看起来门道还不少。"

"第一种分类方法将预算赤字分为原始赤字和总赤字。"丁伯根虽然一头短发都白透了，依然精神矍铄，语速也很快，"原始赤字，又称非利息赤字，它是政府的全部开支（扣除利息支付）减去政府总收入后的超支额。**总赤字等于原始赤字再加上利息支付**。"

"为什么要这样进行分类呢？"张山迫不及待地问道。

"区分原始赤字和总赤字主要有两方面的意义：第一，能够更加方便地说明公债在预算中的地位。当政府面临巨额未清偿的公债时，利息支付额就会相当大，整个预算必定呈赤字状态。第二，可以帮助分析通货膨胀对财政的影响。当通货膨胀率很高时，而债券利率不变，则政府实际支出的利息就会下降，从而减少总赤字的数额。原始赤字和总赤字之间存在着相互影响、相互推动的关系。如果政府预算存在着原始赤字，政府为弥补赤字而发行公债，公债数额会上升，公债额的上升会引起政府利息支付额的上升，使总赤字额上升。总赤字额的上升则会引起下一轮公债额的上升，从而使下一轮财政预算还债压力上升。这又会增加下一轮预算的原始赤字压力。如此反复，政府有可能陷入赤字的恶性循环之中。"

"讲完了这个，我们再来说说结构性赤字和周期性赤字。"丁伯根不作停留接着说道，"结构性赤字也叫充分就业时的赤字，说白了就是高就业率情况下的赤字，是对经济周期性因素加以调整后的赤字。实际赤字却不相同，它是未对周期性因素加以调整的赤字。"

"结构性赤字说到底是一种假设的赤字，即假定经济在处于充分就业状态下时，预算还会出现的赤字。周期性赤字则不同，它是指政府财政赤字中因经济周期性波动而产生的部分。例如，随着经济增长放缓，税收下降及福利支出上升，财政赤字会趋于恶化。经周期性调整后的财政赤字剔除了经济周期性波动对预算的影响。"

"哦，我明白了。"张山一副恍然大悟的样子，"美国在20世纪80年代时，充分就业经济即是指存在6%的失业率的经济。所以，在这种情况下的结构性赤

孙继国老师评注

简单来说，原始赤字＝非利息开支－总收入

总赤字＝原始赤字＋利息支付

字就是指当失业率为6%时出现的财政赤字。可是研究结构性赤字和周期性赤字有什么用呢？"

丁伯根先是微笑着朝张山点了点头，接着说道，"不同的赤字，其产生的背景也各不相同。结构性赤字体现一个国家的政策导向，其大小也由国家的财政政策主观决定。周期性赤字体现的是经济运行对财政平衡的影响作用，随着经济周期的波动而增减。当经济处于萧条期时，人民收入减少，失业增多，国民收入下降，导致国家财政收入减少而支出增加，由此引发周期性赤字。"

"周期性赤字和结构性赤字联系紧密。当一国面临经济衰退而引发了周期性赤字时，政府会采用扩张性政策，增加政府购买和投资，减少税收收入以刺激民间投资和消费，抑制经济的衰退。此时，整个国家的赤字总规模会因结构性赤字的加入而增大。但在长期看来，扩张性政策会促进经济的恢复而进一步发展，以减少甚至是消除周期性赤字。当经济运行步入正轨，实现稳定增长，最终将消除结构性赤字，实现赤字对宏观经济的有效调控。"

丁伯根一口气说了很多，下面的同学们只能慢慢消化。张山叫苦不迭："哎呀！信息量太大，老衲感觉有些力不从心……"他还没说完便被申斯文拍了一下打断

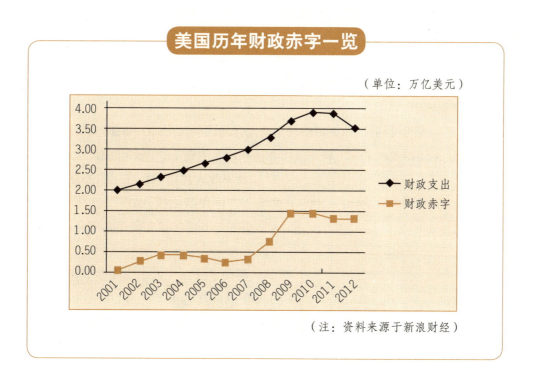

了,"别再耍宝了,大家都知道你脑筋转得慢。你就回去慢慢琢磨吧,你这东西又不是摆设!"说着,申斯文拿起张山的录音笔在他面前晃了晃。

丁伯根见大家都在思考,便稍微停顿了一下。但不久又接着说道:"结构性预算和周期性预算的内容大体也就这么多,接下来是第三种预算赤字的分类——硬赤字和软赤字。"

"这东西也有软硬之分?"张山嘀咕道。

"这硬赤字和软赤字是根据计算财政赤字的口径的不同来划分的。"库克接过话茬说道,"在讨论这两种预算赤字之前,我们需要先明确几个概念。首先是经常收入和经常支出。"

张山说道:"经常收入是指政府通过征税活动所获得的收入,即税收收入和非税收收入。经常支出是发挥政府职能作用所必不可少的支出,如行政管理费、社会文教费、国防费、经济建设费以及债务利息的支付。"

"很好!"库克点了点头,"不过不同的国家和地区对于经常收入和经常支出的定义有一定的出入,哪位同学能帮我讲解一下呢?"

"西方国家把与资本形成有关的支出称为资本性支出,与行政、国防、文教等经常支出相区别,中国并未做此划分。"申斯文回答道。

"你小子为什么知道的总比我多?"张山用手捅了捅申斯文愤愤不平道,"哪里偷学的?从实招来!"

申斯文笑了笑没说话,而是两只手指了指两只耳朵和两只眼睛,然后又用一只手指了指嘴巴。

"好吧!当我没问过。"面对申斯文"无言的讽刺",张山一时间无话可说。

"接下来还需要明确一下债务支出和债务收入的概念。"库克说道。

"债务收入包括国家在国内外发行债券的收入、国外借款收入以及向银行借款收入,债务支出则指债务的还本支出。"申斯文说道。

"明确了这四个概念,**硬赤字和软赤字**的概念说来就简单了。"库克说道,"硬赤字无非就是上述两种收入与两种支出的差额。也就是说,硬赤字产生以后需要向银

孙继国老师评注

硬赤字=(经常收入+债务收入)-(经常支出+债务支出)

软赤字=经常收入-经常支出

行透支来弥补。当然还有另外一种方法，就是发行国债。软赤字则是经常收入与经常支出的差额，软赤字是用债务收入弥补的。"

"那么，这两种赤字哪一种更加准确一些呢？"申斯文问道。

"就接近真实情况而言，软赤字更加准确一些。"库克顿了一下说道，"这也是为什么多数国家采用软赤字的口径的原因了。"

"硬赤字有哪些缺点呢？"张山问道。

"硬赤字确实存在一些问题。首先，它掩盖了财政赤字的真实情况。因为按硬赤字的计算口径，只有在发生财政向中央银行透支时，才有赤字。第二，硬赤字大大缩小了赤字的数额，会使人们对财政困难缺乏足够的认识，对赤字失去应有的警惕，并导致政府支出的过度扩张。第三，由于赤字的数额不能得到真正的反映，政府就难以把握财政收支对经济运行所产生的影响，很难发挥财政收支在调节总需求方面的作用。"库克解释道。

"那么，软赤字和硬赤字还有别的区别吗？"申斯文问道。

库克微微一笑接着说道："硬赤字和软赤字的区别在于对债务收支如何处理。在硬赤字下，债务收支均包含在财政收支中；在软赤字下，债务收入与支出并不在财政收入与支出中反映，只是将公债利息支付列入财政支出。"

"第四种分类方式是中央预算赤字和地方预算赤字。"库兹涅茨接着说道，"顾名思义，中央财政出现的赤字叫中央预算赤字，地方各级财政出现的赤字叫地方预算赤字。"

"由于中央政府是宏观经济政策的主体，因而中央预算赤字的大小可以直接反映中央政府扩张性财政政策的力度。同时，由于中央政府容易获得中央银行的信贷支持，因而中央预算赤字又可能对货币供应量产生直接的影响。"库兹涅茨接着说道，"地方预算原则上不允许出现赤字，一般要求在最终结算时达到收支平衡。"

张山闻言想发言，但库兹涅茨并不停顿，他接着说道："当然，例外也是有的，底特律就是这种例外产生的恶果。"

"除此之外，赤字还有分为**公共部门赤字、业务赤字、基本赤字**的分类方法。"库

孙继国老师评注

统一公共部门赤字＝预算支出－预算收入

业务赤字＝统一公共部门赤字－通货膨胀校正部分

基本赤字＝业务赤字－实际利息支付

兹涅茨说道。

"公共部门赤字是净支出与税收之间的差额,总支出大于由公产出售收入、规费和收费组成的净支出。业务赤字指从公共部门借款要求中减去利息支付后,根据通货膨胀校正过的赤字。基本赤字又称原始赤字,是指不包括利息支付的政府支出与政府总收入之差。"

"最后一种是主动赤字和被动赤字。"库兹涅茨说道,"这两种赤字产生的原因我们可以通过这个图表得到一个直观的概念。"库兹涅茨说着拿出一块白板,上面有一幅名为主动赤字和被动赤字产生的原因的图。

"若是主动赤字为主,这就说明政府打算主动扩张经济,若出现被动赤字,则说明政府因为客观原因出现了财政收入不能抵补支出的情况。总之,预算赤字通常是主动财政赤字和被动财政赤字的共同结果。"

"您们说了这么多赤字的分类,每种分类都各有千秋。说到底,预算赤字仍是预算的一部分。关于预算几位老师能够深入地讲一下吗?"申斯文问道。

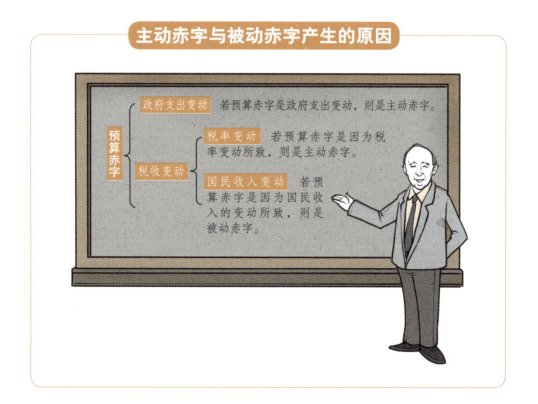

¥ 财政预算的学问

"讲到了这里，预算就是绕不开的一个话题了。"听到申斯文的提问，丁伯根抬起手腕看了一眼手表说道，"预算种类繁多，而时间有限，只能有侧重地讲一下财政预算了。"

"前面不是讲过预算了吗？"张山不确定地问旁边的申斯文。

"嗯。"申斯文点头表示肯定。

"不错，前面我们确实已经讲了预算的概念了。"丁伯根说道，"现在，我们需要简单讲讲预算的作用和性质。"

"首先，预算是一种计划，因此编制预算的工作是一种计划工作。其次，预算是一种预测，是对未来一段时期内的收支情况的预计。确定预算数字的方法一般有统计方法、经验方法或工程方法三种。第三，预算主要是一种控制手段。"

孙继国老师评注

预算内容可以简单地概括为三个方面：

1. "多少"——为实现计划目标的各种管理工作的收入（产出）与支出（投入）各是多少。

2. "为什么"——为什么必须收入（产出）这么多数量以及为什么需要支出（投入）这么多数量。

3. "何时"——什么时候实现收入（产出）以及什么时候支出（投入），必须使得收入与支出取得平衡。

"哦？预算还能控制，这是怎么实现的？"张山疑惑道。

"预算的控制过程是贯彻始终的，因此，编制预算实际上就是控制过程的第一步——拟定标准。"库克解释道，"由于预算是以数量化的方式来表明管理工作的标准，本身具有可考核性，因而有利于根据标准来评定工作成效，找出偏差。这其实是控制过程的第二步。接着进行的便是控制过程的第三步——采取纠正措施，消除偏差。"

"编制预算能使确定目标和拟定标准的计划工作得到改进，这并非预算最核心的价值，预算的最大价值在于它对改进协调和控制的贡献。当为组织的各个职能部门都制定了预算时，就为协调组织的活动提供了基础。同时，由于对预期结果的偏离将更容易被查明和评定，预算也为控制工作中的纠正措施奠定了基础。"

所以，预算可以实现更好的计划和协调，并为控制提供基础，这正是编制预算的基本目的。"

"预算能够把各种计划缩略为一些确切的数字，以便使主管人员清楚地看到哪些资金由谁来使用，将在哪些单位使用，并涉及哪些费用用于开支计划、收入计划和实物表示的投入量和产出量计划。主管人员明确了这些情况，就授权给下属，以便使之在预算的限度内去实施计划。"库克一口气讲了不少。

"预算的内容、性质和作用都理清了，那么接下来的财政预算讲起来就容易明白了。"库兹涅茨说道，"财政预算是由政府编制，经立法机关审批，反映政府一个财政年度内的收支状况的计划。说起来，财政预算产生的时间并不算长，从它在英国首次被提出来到现在不过六百多年。预算是典型的现代社会的产物。"

"六百多年，英国。"张山若有所思地说道，"那就是 14 世纪产生的喽。哦，我明白了，14 世纪的英国刚刚开始出现资本主义的萌芽，财政预算是伴随着资本主义产生的，怪不得说是现代社会的产物。"

"最早的时候并没有财政预算这一说法。1888 年，慈禧太后重建在战火中毁坏的颐和园，当时就没有进行系统的预算。造价没有一个明确的计划，只能随着工程的进行逐步增加，最终共花费了 3000 万两白银（一说是 8000 万两）。1888 年清政府的财政收入总数为 8800 万两。不仅在经济上没有计划，在时间上也没有计划，这一修复工程历时 10 年之久。"

库兹涅茨接着说道："当然，这与中国进入资本主义社会的时间较晚有关。在 15 世纪以前，西方基本上也是这种情况。不过，在此之后，英国的新兴资产阶级力量逐步壮大，他们充分利用议会同封建统治者争夺财政支配权。他们要求政府的各项收支必须事先做计划，经议会审查通过后才能执行，财政资金的使用要受议会监督，以此限制封建君主的财政权。随后，其他西方国家也开始效仿英国，逐步确立了国家财政预算制度。"库兹涅茨说道，"相对于中国来说，其他国家的财政预算制度实行也不算太早。即使是美国，在早期的宪法中也没有关于预算制度的规定。直到 1800 年才规定财政部要向国会报告财政收支，但这时的财政收支报告只是一个汇总的情况而已。美国南北战争后的 1865 年，国会成立了一个拨款委员会，主管财政收支问题。1908 年至 1909 年，美国联邦财政收支连续出现赤字，才促使美国政府考虑建立联邦预算制度。第一次世界大战后，美国国会在 1921 年通过了《预算审计法案》，正式规定总统每年要

向国会提出预算报告。"

"财政预算有什么特点吗?"申斯文对这一点还不太明白。

"财政预算制度发展到现在已经相当成熟,当然有其固有的一些特征。"库克说道,"财政预算既是履行政府职责,反映社会经济发展目标的计划,同时又是限制政府收支的手段。基于此,财政预算有以下五点特征,即法定性、精细性、完整性、时效性和公开性。"

库克清了清嗓子接着说道:"先说法定性,它不仅指财政预算的产生过程必须严格通过法定程序,而且指财政预算的收支范围和方向均应以相应的法规作依据。"

"精细性是指财政预算的安排是详细的,有精确说明的,而且有相应的表式。也就是说,政府各项收支的来龙去脉都是清楚的,有根据的。这样可以最大可能

孙继国老师评注

与中国一样,财政预算年度采用历年制的国家还有朝鲜、匈牙利、波兰、德国、奥地利、法国等。

财政预算年度采取跨历年制的国家所选用的时间也各不相同:

英国、加拿大、日本、印度等,从当年4月1日至下年3月31日止。

瑞典、孟加拉国、巴基斯坦、苏丹等,从当年7月1日起至下年6月30日止。

尼日尔、泰国与美国相同,即从当年10月1日起至下年9月30日止。

地避免公共财产的流失。"

"完整性是指政府收支都应在财政预算中得到反映,也就是说法规规定的预算收支都应列入财政预算。"

"财政预算的时效通常为一年,这一时期称为**财政预算年度**。不同的国家对财政预算年度的划定不尽相同。有些国家的预算年度和公历纪年的自然年度保持一致,即从每年的1月1日起至当年的12月1日止,中国就是采取这种预算年度。有的国家的预算年度采取跨年度制,如美国的预算年度从10月1日始至次年的9月30日止。财政预算在年度终了时应做出决算。"

"公开性是指财政预算在本质上是反映公共需求和公共商品供给的计划。既然政府代表公众利益,财政预算就必须向公众公开,便于公众监督。这既能监督政府以保证其清正廉洁,又能在一定程度上有效地预算效率,可谓一举两得。"

"看起来财政预算制度确实是好处多多,那么应该如何编制财政预算呢?"申斯文问道。

听到申斯文提问,库克双手理了理西服的翻领,微笑着说道:"财政预算有两种编制形式,分别为单式预算和复式预算。"

"单式预算制是将全部的财政收支汇编在一个统一的预算表之中。复式预算是把预算年度内的全部财政收支,按收入来源和支出性质不同,分别编成两个或两个以上的预算。通常包括**经常预算、资本预算和专项基金预算**三部分。"

"单式预算能够体现国库统一和会计统一的原则要求;完整性强,能从整体上反映年度内的财政收支情况,便于了解财政收支的全貌;便于立法机关的审议批准和社会公众对财政预算的了解。鉴于单式预算的这些特点,20世纪30年代以前,世界各国均采取单式预算制,大家都认为单式预算制符合'健全财政'的原则,而在客观上,这种预算制度在当时的历史条件下也确实起到了监督与控制财政收支的作用。"

"这么说来现在大家都用复式预算了,复式预算有什么好处吗?"张山听了库克的话后"敏锐"地发现了其中的问题。

"复式预算与单式预算比较,对于加强预算资金管理和提高资金使用效益有重要作用。首先,它可以清楚地区分经常性预算与建设预算的收支情况,增强预算的透明度。其次,用特定的收入保证特定的支出的需要,在预算收支之间建立比较稳定的对应关系,便于分析各种预算资金来源及使用情况,有利于加强管理和监督。第三,可以清楚反映国家预算平衡状况,坚持经常性预算的收支平衡,建设性预算的量力而行。第四,有利于国际间的信息交流,借鉴国际经验,提高本国的财政管理水平。"

孙继国老师评注

经常预算主要反映税收收入和政府一般活动的经常费用支出,采用政府会计账户收支对照方式。

资本预算主要反映债务收入和政府公共投资支出,采用资产负债表和损益计算书方式。

专项基金预算主要反映各项专项资金的筹集和使用情况。

库克接着说道:"在20世纪30年代之后,各国政府逐渐发现了复式预算的这些优势,于是很多国家便转而采用复式预算制了。当然凡事皆有例外,丹麦曾经在1927年一度采用复式预算制后弃用,不过在第二次世界大战之后又重新采用复式预算制。此外,多数国家虽然都是使用复式预算制,但根据国情的不同,不同国家的复式预算制的内容有着很大的差异。"

"说完了预算编制的形式,下面我接着来为大家讲一下预算编制的方法。"库克接着说道,"第一种是绩效预算,就是政府首先制定有关的事业计划和工程计划,再依据政府职能和施政计划制订计划实施方案,并在成本效益分析的基础上确定实施方案所需费用来编制预算的一种方法。"

"第二种是计划项目预算制。在这种预算制中,支出按方案分类,并把各类方案尽可能和确认的政策目标相靠拢,因此可以冲破部门边界进行统一设计,同时把方案的结果和投入相联系,有利于提高预算支出的效率。"

"第三种是零基预算。这种预算制要求对每个项目每年年初都要进行重新评估,以达到节省开支,有效使用资源的目的。"库克说完后向大家微微颔首。

丁伯根接着说道："当然，把预算编制出来还不行，关键还在于执行。预算执行有三个基本环节：组织收入、拨付支出、预算调整与平衡。"

"预算收入的执行是预算收入的实现过程。各预算收入征收机关是执行主体，包括税务机关、财政机关、海关等。在收入征收的过程中，征收机关必须依据国家相关法律法规及时、足额地完成财政收入计划，不得随意增收或减收；征收的收入要直接上缴国库，不得截留、挪用；国库部门对组织的财政收入要及时收纳、划分和报解，按规定办理收入退库；征收机关、国库和预算管理机关之间要实时传递会计信息。"

"预算支出的执行是支出目标的实现过程。预算管理部门和政府所属的相关公共部门是支出执行的主体。财政部门要按预算计划、规定用途、工作进度和交易合同发出支付命令，国库要根据财政部门支付命令及时、足额拨款，以保证政府部门履行其职能。"

"财政预算毕竟是一个收支计划，在实际执行的过程中，由于各种情况的变化，财政部门要不断地按规定进行预算调整，组织新的预算平衡。所谓预算调整，是指在预算执行过程中因实际情况发生重大变化需要改变原预算安排的行为。预算管理部门在进行预算调整时，所要遵循的法律程序与预算编制程序基本相同。"

丁伯根说完，和另外两位大师一起向大家点了点头便转身离开了。

推荐参考书

《各国的经济增长》 西蒙·库兹涅茨著。全书内容涉及十多篇专论，其总标题是《各国经济增长的数量》。内容囊括了作者于1956年10月和1967年1月之间发表于《经济发展与文化动态》季刊的文章以及1969年5月在剑桥大学的两次讲演的内容。全书资料翔实，数据分析到位，深入浅出地对经济理论进行了剖析。

第十七堂课

亚当斯、古诺、杰文斯讨论"成本"

约翰·斯塔西·亚当斯 / 安东尼·奥古斯丁·古诺 / 威廉姆·斯坦利·杰文斯

　　约翰·斯塔西·亚当斯,美国经济学家、管理心理学家、行为科学家,美国北卡罗来纳大学教授。

　　安东尼·奥古斯丁·古诺(1801—1877),法国经济学家、数学家和哲学家,数理统计学的奠基人。

　　威廉姆·斯坦利·杰文斯(1835—1882),英国著名的经济学家和逻辑学家,边际效用学派的创始人之一,数理经济学派早期代表人物。

"哟！你已经来了啊！"申斯文见到已经到了的张山说道。

"是啊。"张山有点儿心不在焉地回答。

申斯文看了看张山面前展开的书："看什么呢？不像是咱们的课本啊。"

"《管理经济学》。"张山兴致不是很高，"我有些跟不上老师们讲的节奏，想自己平时多看点儿书会不会好一些。"

"哦，这是好事儿！"申斯文表示赞同。

"谁知道自己看书更费劲啊，"张山抱怨道，"不明白的东西实在是太多了。"

"你现在看的是哪一部分？"申斯文问道。

"我看通知说今天的议题是成本，就先看了成本这一块。"张山说道，"看起来实在是有些吃力啊！"

"新东西接受起来肯定是需要一个过程的。"申斯文说道，"能看多少是多少，不明白的地方一会儿由几位老师来给你解答！"

"说的也是。"张山心中松了一口气，"快放假了，打算什么时候回家啊？"

"现在就琢磨着回家了？"申斯文说道，"不是还有一个多月吗？"

"这时间过起来还不快吗？"张山说道，"过几天就该订火车票了。我打算一放假就回家。今年的冬天实在是太冷了，还是家里面暖和。"

"说得好像就只有今年冬天冷似的。"申斯文说道，"我得晚点儿回家，我参加的科研梯队的那个项目快完事儿了，带队的老师说尽量今年完成。"

"要是12月底放假就好了！"张山期待地说道。

"人心不足啊！"申斯文说道，"一个月的时间还不够你玩的？"

"不是。"张山辩解道，"那天我看机票，12月的机票特便宜，全价1000多元的，12月只卖100元至200元。要是早半个月放假，我就不用坐那么长时间的火车了。"

"别异想天开了！"申斯文说道，"要是学校都12月放假，那12月的机票就是全价了。再说了，这放假时间是教育部定的，学校自主的权限有限。"

"我也就是这么一说罢了。"张山叹了口气，拿起面前的书晃了一下，说道，"我刚看了这本书里的成本一章，供给内容里面也有提到，需求多了，价格上涨是不可避免的。"

"可以啊！"申斯文打趣道，"活学活用了！"

"但看着1折的飞机票从面前溜走，我只能挤火车回家，心里总是不爽啊！"

张山作痛苦状。

"行了吧!你这是典型的'出门没捡到钱就算丢'的心态啊!"申斯文说道,"我回家比你的时间还长呢!而且到时候肯定更挤!"

"噢!"张山笑逐颜开,"你这么一说我的心里就平衡了,真不愧是我的好兄弟!"

面对贱贱的张山,申斯文只能换个话题:"今天来的是哪几位嘉宾,你知道吗?"

"想考我?我这回可是有备而来。"说着,张山从包里拿出了一个笔记本。

¥ 商品的数量

张山边翻开笔记本边说道:"这些国际友人的名字太长了,只能记本上了。今天的三位嘉宾是约翰·亚当斯、安东尼·古诺和威廉姆·杰文斯。你瞧,他们来了。"

申斯文望过去,果然有三个人走了进来。

亚当斯说道:"很荣幸能与中国当代的大学生探讨一些经济学方面的问题。刚才在门口与二位先生聊天的时候,"说着,亚当斯侧身朝古诺和杰文斯点了点头,接着又冲张山微微一笑,说道,"听到有同学谈论机票价格的问题。我们就从这个问题开始吧!"

古诺接着说道:"今天要讲的主要内容是成本。说起成本,便离不开供给和生产。我们就先来谈一谈机票的供给和价格吧!"

杰文斯接过话题说道:"我给大家举个例子吧!"

"以前,欧洲对航空业的管制非常严格,严格限制新的航空公司进入已有的市场。

孙继国老师评注

产品供给是指在一定的价格水平上,生产者愿意提供的产品的数量。

欧洲各国政府的这种做法对旧有的航空公司起到了很好的保护作用，使其可以维持较高的票价和供不应求的局面。"杰文斯说道。

"这么做不会影响市场和经济的健康发展吗？"张山问道。

"当然有影响！"杰文斯说道，"因此，严格管制的情况在1992年得到了改变，它们降低了对新的航空公司进入市场的限制。一时间，很多新的航空公司进入了欧洲的航空市场。今天我们要讲的就是其中的一家——easyJet航空公司。"

"新进入者想从旧有的航空公司手中分一杯羹并不容易，必须有独到之处。"杰文斯接着说道，"easyJet航空公司显然是有备而来的。一开始，该公司就在公众面前塑造了一个自己是廉价航运服务提供者的形象。他们对航线运营的各个方面都做了认真而详细的调研，其中重点研究的内容是飞行服务的提供方式和飞行成本的控制。通过一系列的措施，easyJet航空公司成功保持住了较低的成本和价格，最终成功在欧洲航空市场中分了一杯羹。"

听到这里，张山又有点儿不明白了："你们说要讲供给和价格，可是你们光讲了价格，没讲供给啊？"

古诺听了张山的问题便上前半步回答道："产品的价格与供给之间是存在联系的，我们称之为'供给原则'。供给原则是这么解释的：产品的市场价格越高，企业愿意提供的产品就越多；相对地，产品的市场价格越低，企业就越不愿意提供产品。"

"听着这么耳熟呢？"张山说道。

申斯文解释道："与我们之前说过的需求原则正好相反啊！"

"哦。"张山点头。

古诺接着说道："为了获得更多的利润，商品生产者自然是希望产品的市场价格越高越好。高价格会使企业愿意生产和销售更多的产品以增加利润。当产品的市场价格较低时，企业生产的积极性就会降低，这时候，它们更愿意把资源转移到其他能够带来更多利润的产品上。这些产品的价格我们称之为'替代品价格'，它也是影响供给的一个重要因素。"

"事实上，影响供给的因素有许多，"亚当斯不再沉默，"产品自身价格和替代品价格是其中的两种。此外，互补品价格、产品生产成本、生产者预期、企业目标、技术水平以及其他的一些因素也会对供给产生影响。"

"替代品的价格是如何影响供给的呢？"张山问道。

"这个问题需要从企业和市场两方面来说明。"亚当斯朝张山点了点头说道,"有甲、乙两种产品价格相同,在某一段时间内,二者的生产量也差不多,突然之间,甲的生产成本因为某种原因降低了,因而也就导致生产甲产品比生产乙产品的利润更高。这时,以往生产乙产品的企业就会有一部分放弃生产乙产品转而生产甲产品,这就导致了甲产品的生产量逐渐超过乙产品,企业的供给产生了变化。甲、乙两种产品则被称为'供应替代品'。"

亚当斯接着说道:"丙、丁两种产品互为替代品,本来价格相当,市场上的需求也差不多,突然,丙产品的价格降低了,消费者就会转向价格相对低廉的产品,丙产品在市场上的需求也就增加了,丁产品的需求相应降低。如此,生产丁产品的企业所获得的利润就会逐渐减少。这时,它们只有两条路可走:要么转而生产丙产品;要么降低丁产品的价格,而且必须将价格降低到比现在丙产品的价格更低的水平才能提高销量。但这么做的话单件产品的利润可能就非常少,甚至没有利润了。所以,面对这种情况,多数企业更倾向于转向选择生产丙产品,这样,市场上丁产品的供给量就降低了。"

"接下来,我来为大家讲一下互补品的价格对供给的影响。"杰文斯说道。

"补品我倒是知道,这互补品还真不太了解。"张山又开始搞怪。

杰文斯并不理会,接着说道:"产品戊和产品己是互补品,产品戊的价格突然上升了,产品己作为其互补品供给量就会下降。这么说可能有点儿绕,我们就以汽油和汽车为例吧!"

"汽油现在差不多是 6.3 元每升。假设在座的都有首付的资金和按揭汽车的能力,不考虑牌照和驾驶证等问题,会买汽车的请举手。"

会议室中差不多有三分之二的同学举起了手。

杰文斯接着说道:"现在汽油的价格是 20 元每升,其他条件不变,有多少人会买车?"

孙继国老师评注

互补品是指两种商品之间存在着某种消费依存关系,即一种商品的消费必须与另一种商品的消费相配套。

互补品分为两种:

普通互补品是指两种商品之间没有固定的同时使用的比例。例如,牛奶和咖啡。

完全互补品是指两种商品之间必须按照固定不变的比例同时被使用。例如,眼镜框和两个眼镜片。

举手的人数差不多是刚才的一半。

"刚才想买，现在不想买车的同学能说一下原因吗？"

"按揭本来就是一笔不小的开支了，油价又涨了那么多，即使负担得起也会很吃力。而且如果买来汽车不开的话还买它干什么呢？"申斯文回答道。

"看来互补品的价格也是能够对产品的供给量造成影响的。"杰文斯说道。

"接下来，我们再来说一说成本对于供给的影响。"古诺说道，"前面我们说过，一个企业是否愿意生产某种产品取决于这种产品是否能够为企业带来足够的利润。那么，利润是如何产生的？"

"产品的市场价格减掉产品的成本就是企业获得的利润。"申斯文说道。

古诺点了点头说道："因此，企业提供某种产品的数量也受到生产这种产品的成本的影响。产品成本相对于产品的市场价格越低，产品的利润空间就越大，企业提供这种产品的积极性就越高。在此基础上，成本下降时，产品的供给量就会增加；反之，产品的供给量则相应减少。这就是企业的成本水平及其变化对产品供给量的影响。"

"企业对产品的价格和成本的预期也会对产品的供给量造成影响。"亚当斯接着说道，"企业对此二者变化情况的预期对产品供给量的影响正好相反。"

"有点儿绕啊！"张山低声对申斯文说道，"什么意思？"

申斯文朝台上扬了扬下巴，表示听亚当斯接下来的解释。

亚当斯接着说："企业如果预期产品价格会上升，为了获取更多的利润，就会提高产量；反之，则降低产量。企业如果预期产品成本会上升，就会减少产品的供给量；反之，则会增加。"

"成本上升并不一定就没有利润了，当利润变低时，企业为什么不增加产量来维持原来的利润呢？"张山有些疑惑。

"在回答这个问题之前，我先提一个问题。"亚当斯说道，"我们都知道，企业的最终目的就是追求利润的最大化，那么，为什么在之前利润更高的时候企业没有增加产量来获得更多的利润呢？"

不等别人回答，亚当斯便自己说道："有可能是企业的生产已经达到了该企业的规模所能达到的最大值，也就是已经实现了利润最大化；还有一种可能是市场已经饱和，再扩大生产也只能增加库存，而不能获得更多的利润。无论是这两种情况中的哪一种，都表明企业对于该产品的生产在产品成本提高的情况下并不具备增加产量的条件,因此……"说到这里,亚当斯朝大家笑了笑不再继续说下去。

杰文斯脸上挂着与亚当斯同样温和的微笑接着说道:"企业目标也会对供给产生一定的影响。"

"我们经常见到某一企业在进入新的市场、地区或者推广某种新产品时,往往会以非常低的价格进行销售。这一部分的销售是没有利润甚至是亏本的,但企业仍然乐此不疲,这是为了培养消费者对于该企业或该产品的忠诚度,这样做有利于企业长期目标的实现。企业目标就是这样影响供给量的。同学们还有其他这方面的例子吗?"杰文斯说道。

"这个我倒是知道一点儿。"张山说道,"听说并不是超市里面所有的东西都赚钱,有的甚至是赔钱卖的,而且还会定期搞促销,这样做可以多笼络一些熟客。而超市只要保证在整体上是盈利的就可以了。"

几位嘉宾听了张山的回答纷纷点头。过了一会儿,古诺说道:"供给水平同样也受到企业可利用技术性质的影响。"

"技术水平是如何影响供给的呢?"张山随口问道。

"举一个比较普遍的例子——计算机。"古诺说道,"在计算机技术参与到生产过程中以前,有些工作是由许多员工共同完成的。计算机技术应用到生产过程中以后,使企业取消了很多原有的工作岗位,缩减了成本,同时还使得生产效率得到了很大程度上的提高,从而促使企业提高了产品的供给量。"

古诺说完,亚当斯接着上前一步说道:"以上所说的都是一些对供给影响比较显著的因素。此外,其他的一些因素也可能对供给产生影响。但由于这些因素的出现和其对供给的影响具有不确定性,因而我们把多种因素统称为'其他因素'。"

"比如说,有些年份会有不利的天气情况出现导致某些农作物减产;温热地区有时会遇到真正的'寒冬',这会导致电和煤炭的供给量增加。"

相同的投入，不同的产出

孙继国老师评注

三种生产要素分别是：土地、劳动力和资本。

"讲完了供给，接下来我们再来说一下生产。"亚当斯接着说道，"为了生产产品，企业必须将**三种生产要素**进行有机结合，这样才能达到一定的产出水平。我们就从生产要素开始讲起。"

"先说土地，生产要素中的土地是指企业实际所使用的土地量，比如企业的办公室以及厂房用地。如果企业打算更换经营场所，就要花费一定的时间和金钱。所以在短期内，土地被看做固定生产要素。一般来说，企业重新选址是一种长期现象。"

亚当斯接着说道："劳动力是指企业所雇用的工人的数量。企业可以根据产量水平的变化和工人的表现选择解雇或雇用工人。因此，劳动力是相对容易改变的。实际上，劳动力是三个生产要素中伸缩性最大的一个。"

孙继国老师评注

短期生产是指在生产周期内，至少有一种生产要素是固定不变的。

长期生产是指生产期足够长，所有的生产要素都是可变的。

"资本是指企业为了生产某种产品所必需的厂房、机器设备的数量。在**短期生产**中，资本被认为是固定的生产要素。但也许要根据具体的情况区别对待。"亚当斯接着说道，"比如，企业对内部的所用机器设备做一次维护需要的时间很长，却可以将一件单独的机器在短期内出租。这件单独的机器就被看作可变的输入量。这种形式的资本在短期内就是可变的。在**长期生产**中，三种生产要素都是可变的。"

"接下来我们讲一下生产函数。先说一下比较著名的柯布—道格拉斯生产函数吧！"

杰文斯旁边有一块小白板，白板上写着下面的两个公式。杰文斯拿着笔指着公式面向同学们说："看这两个等式！"

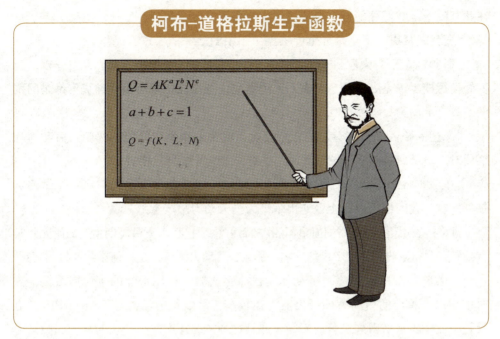

柯布-道格拉斯生产函数

"第一个等式就是柯布-道格拉斯生产函数了,下面一个是该函数的条件。"杰文斯用手指着白板上的等式说道,"其中,Q 表示产量,K 表示资本,L 表示劳动力,N 代表土地,A 是常数,参数 a、b、c 的和为 1。当然,这是生产函数的一种比较复杂的表述方式,还有一种更加简单的表述方法。"

杰文斯在白板上写上了另外一个等式:$Q = f(K, L, N)$

杰文斯接着说道:"我们通过这个函数将企业的三种要素的组合方式表述出来,其中 f 表示函数,其他参数的含义不变。这个式子的意思是说产量是土地、劳动力、资本三种投入要素的函数,或者换种说法,土地、劳动力和资本三者共同决定了产量。"

"利用这个函数就可以确定出某一个企业有关某种产品所投入生产要素的最优组合了吗?"申斯文问道。

"企业确定生产要素投入的最优组合确实是以生产函数作为依据的。但对我们来说,目前还难以做到。"杰文斯说道,"我并非指知识方面的欠缺,而是还有另外一个未知量并不明确。"

"三要素、产量都有了,还有什么不明确呢?"张山问道。

"要确定生产要素的最优组合,我们还需要明确长期生产和短期生产。只有在此基础上，我们才能确定企业投入生产要素的最优组合。"

"那就赶紧讲一下这两种生产吧！"张山倡议。

"那我就先来为大家讲一下短期生产。"说话的是古诺，"为了方便分析，我们假设短期生产是处于理想状态的，也就是说企业在短期内土地和资本都是固定的，只有劳动力是可变的。"

"产量的函数中只有劳动力一个变量，这个短期生产研究的不就是劳动力的变化对产量的影响嘛！"张山点出了本质，让申斯文刮目相看。

"在理想状态下，我们可以估算出每增加一个单位的劳动力对产量所做的贡献。此时，我们也可以称企业产出水平为'劳动力总产量'。"

古诺接着说道："刚才这位同学说得非常好，理想状态下对短期生产的研究其实就是研究劳动力的变化对产量的影响。那么，劳动力的变化是如何影响产量的呢？"

古诺自问自答："在生产的初始阶段，企业的产量比企业的生产能力低，这时增加一个单位的劳动力的产出能力比较高，可以使劳动力总产量（TPP），也就是企业产出水平得到显著的提高，并且这种情况还会维持一段时间。当劳动力总产量达到某一水平时，劳动力的增加带来的产量的增加会逐渐变少，不过仍然在增加。当劳动力总产量随着劳动力数量的增加达到某一临界点时，劳动力的增加就不会使劳动力总产量继续增加了。此时，再增加劳动力所带来的劳动力总产量的贡献率为零。如果企业仍然增加劳动力，达到一定程度之后，劳动力总产量反而会降低。此时，企业付出薪金雇用了一名员工，却不能从他身上得到任何回报，反而还可能带来损失。"古诺说道，"这就是所谓的'边际收益递减规律'。"

孙继国老师评注

边际收益递减规律：与一定量固定要素结合的某种可变生产要素，随着其投入量的不断增加，将会达到某一点并从这一点开始，每增加一个单位可变生产要素，所带来的产出量将会比前一单位少。

"从这个表中我们可以看到，当投入1个单位的劳动力时，劳动力总产量为2个单位，增长相对较低；当投入第2个和第3个单位的劳动力时，劳动力总产量的增量分别为4个单位和5个单位，增长非常迅速；当投入第4个单位的劳动力时，劳动力总产量只增加了1个单位，增速便缓慢了；第5个单位的劳动力的投入并没有引起任何变化；而第6个单位的劳动力的投入反而导致了劳动力生产总量的负增长。"亚当斯说道，

"这就是理想状态下劳动力的变化对劳动力生产总量的影响。"

"这么算明显不是太合适啊！"张山的质疑声不只吸引了同学们的注意，连台上的几位嘉宾也把目光投了过来。张山没想到这么多人关注自己，声音低了不少："我觉得，研究每一单位的劳动力所带来的劳动产量会不会有用一点儿？"

"当然可以，事实上，我们也是这么做的。"亚当斯说道，"通过劳动力变化与劳动力总产量的关系，我们可以轻易地了解到**劳动力平均产量与企业所投入的不同工人数量的劳动力边际产量**。"

亚当斯接着说道："明确了这一点之后，我们再来看柯布—道格拉斯生产函数。为了与以劳动力为自变量的生产函数加以区分，劳动力边际产量可以用下面的方法来计算。"

孙继国老师评注

劳动力平均产量（APP）是指单位劳动力的产出，也就是企业劳动力总产量与企业所雇用的劳动力数量的商，即

$$APP = \frac{TPP}{L}$$

劳动力边际产量是指每增加一个单位劳动力带来的总产量的变化，劳动力边际产量也就是劳动力平均产量的微分，即

$$MPP = \frac{dTPP}{dL}$$

劳动边际产量计算公式

$$MPP = \frac{dQ}{dL} = \frac{d(AK^a L^b N^c)}{dL} = bAK^a L^{b-1} N^c$$

$$\frac{dMPP}{dL} = (b-1)bAK^a L^{b-2} N^c$$

具体的公式是这样的。

"通过下面的公式，我们可以对 MPP 函数求微分，所得的结果即是 MPP 曲线的斜率。由于时间关系，这个我们在此就不做探讨了，有兴趣的同学可以深入了解一下。"

亚当斯话音刚落，杰文斯便接着说道："那就让我们来说一下长期生产吧！"

"为了方便讨论，我们还是假设长期生产处于理想状态，也就是企业只生产一种产品，且已经确定了最佳产地。我们要研究的就是生产产品的数量以及对应的资本和劳动力的组合。"

"从供给来讲，企业生产某产品的成本是决定企业供应产品数量的一个决定性因素。"杰文斯说道。

"在长期生产中，成本是如何影响供给量的呢？"张山问道。

"生产成本在一定程度上影响产品利润，而利润又是企业进行生产活动的原动力，因此，生产成本也会影响产品的企业生产某种产品的积极性，进而影响供给量。"

"我们来举一个例子，假设一个企业决定将其生产要素投入量扩大为原来的两倍，生产要素的投入即增加了 100%。这样，企业所面临的前景就出现了三种情况。"

"第一种，**规模收益**不变。生产要素的投入量增加一倍，产出量也增加一倍。第二种，规模收益递增。生产要素的投入量增加一倍，产出量增加多于一倍，比如说变为原来的 300%。第三种，规模收益递减。生产要素的投入量增加一倍，产出量增加少于一倍，比如说总收益变为原来的 150%。很明显，规模收益递增是所有企业都愿意看到的情况。"

孙继国老师评注

规模收益是指当所有投入要素的使用量都按同样的比例增加时，这种增加对总产量的影响。

"同样的投入为什么会导致三种不同的结果呢？"申斯文问道。

"规模收益不变是由于增加的投入并没有给企业的生产带来任何变化而造成的。"杰文斯说道，"随着企业规模的扩大，生产一个单位的产品所需的生产要素逐渐减少，也就是单位成本降低，就会为企业带来更多的收益，因而会出现规模收益递增的情况。但有时生产规模的扩大不仅能降低产品的单位成本，也会导致各部分之间难以得到协调，比如内部分工的破坏，生产有效运行的障碍，获取生产所需决策信息的不易等，从而降低了生产效率，导致了规模收益递减的发生。"杰文斯说道。

¥ 估计成本的方法

杰文斯话音刚落，张山便说道："不是说讲成本嘛！怎么讲了半天还没见成本的影子！"

"不要着急，接下来，我们就该讲一下如何估计成本了。"古诺说道。

"我们还是以 easyJet（易捷）航空公司为例。"古诺说道，"在土地方面，该公司通过调研，决定在伦敦北部距离市中心和机场密集区较远的 Luton（卢顿）建立机场，以降低固定成本。在资本方面，他们拒绝了购买飞机的提议而采取租赁飞机的措施，同时将各种设施的维修和养护外包出去，降低固定成本。同时，他们还投入网络预订系统，这样既精简了员工又提高了效率，还减少了旅客的投诉。总体来说在劳动力方面也降低了成本。此外，该公司还提出了提供'无装饰'产品，比如在旅程中不提供免费的餐饮服务等。通过这些措施，easyJet 公司成功使其成本降到了整个行业的平均水平以下，自然价格就更加具有竞争力。通过该公司十多年的发展来看，这种战略还是相当成功的。"

孙继国老师评注

成本可分为固定成本和可变成本。

固定成本是指成本总额在一定时期和一定业务量范围内，不受业务量增减变动影响而能保持不变的成本。

可变成本是指在总成本中随产量的变化而变动的成本项目。

"在这一系列的措施中，easyJet 公司既对短期成本做了削减，比如取消'装饰性'产品，也对长期成本进行了规划和控制，比如机场地址的选择。通过这两方面的措施，该公司逐步取得了现在的成功。"

"又扯到短期生产和长期生产了！"张山说道。

"生产就会产生成本，因此，对于成本估计我们还是分为短期和长期两个部分来讲述。短期成本估计衡量的是企业每一天的生产所需要的成本，并非企业的总成本。"古诺说道，"土地和资本仍然不计入短期成本估计的范围内。"

"这个短期成本估计的到底是什么呢？"张山问道。

"短期成本估计的对象是企业的所有可变成本。此外，其他任何可能引起成本变化的因素，比如原料的质量和价格的变化，不同产品组合所带来的成本变化等，也是我们研究的内容。"

古诺环顾了一圈，见没人再提问，便开口说道："那我们再来讲一下长期成本估计。在长期成本估计中，所有的投入要素都是可变的，这就表示企业的成本结构在长期生产中会发生更显著的变化，而且企业此时所做出的决策会对其未来的活动产生限制。"

"长期成本估计有什么作用呢？"申斯文问道。

"企业主要利用长期成本估计来规划未来较长一段时间内——比如5年或者10年——的生产运行。"

"在长期成本估计的过程中主要有哪些问题需要重点关注呢？"申斯文问道。

"其中一个重要的问题是技术随着时间的变化的问题。"古诺说道，"在短期成本估计的过程中，我们可以认为技术是不变的，但在长期成本估计的过程中这个问题就不能忽略了。在对这一方面进行估计时，就要注意在特定的时间跨度内，尽量多地与技术水平相同的其他企业进行比较。但这样的话又有新的问题产生，那就是没有企业愿意把自己的新技术透露给其他企业，这为评估的准确性带来了一些困难。"

"此外，地理因素也比较重要。企业在进行长期成本评估时肯定希望获得充足的数据，但这就必须要求数据涵盖不同地域的企业，而这些企业间投入要素的价格则可能会有比较大的差异。"古诺接着说道，"还有一点很重要，就是只有当企业在以最高效率经营时，观察、收集到的关于这些企业的数据才是准确有效的。但事实上，企业不可能时刻都保持最高的经营效率，所以上面的假设就是不成立的。以此为依据估算的未来成本就可能过高。"

"关于长期生产中的成本估算有更加具体的方法吗？"张山对这些抽象的东西总是提不起兴趣。

"当然，我们有两种方法，分别是**工程法和生存法**。"亚当斯说道。

"工程法主要用于企业估计某向特定的

孙继国老师评注

工程法主要用来决定企业的长期成本结构；生存法主要用来决定企业的有效规模。

新技术的可能成本。"亚当斯说道,"运用工程法可以评估企业引进某一项新技术的成本能为企业带来的规模收益,在一定程度上降低企业的风险水平。"

"亚当斯老师,您看能不能举个简单一点儿的例子说明一下……"张山笑着说道。

"当然!"不等张山说完,亚当斯便说道,"我们假设某企业希望一年内生产100万单位产品,每年每台新机器可以生产2万单位产品,很明显,该企业需要50台新机器才能达成目标。要保持机器的高效运转,总共需要50名工人。要素的投入水平就是1单位土地,50单位资本,50单位劳动力。"

"我们假设单位土地的成本是人民币200万元,单位资本的成本是10万元,平均工资是5万元,那么总成本就是(1×200)+(50×10)+(50×5)=950(万元)。"亚当斯接着说道,"我们用这个数字除以总产量,即950÷100=9.5(元),这个结果就是单位产量的平均成本。我们可以在不同的投入和产出水平下重复上述的计算过程,选择最有效的方案。"

"这种方法有什么好处呢?"申斯文问道。

"工程法的优势主要有两个方面。"亚当斯说道,"首先,可以避免由于技术水平变化而导致的错误。第二,使用当前要素投入价格,因而不必考虑要素的历史价格的影响,更加方便、快捷。"亚当斯皱了一下眉头接着说道,"不足之处也是存在的,当工程法面对的是崭新的没有实践过的技术时,由于没有足够的可用信息,其准确性就会大打折扣。"

"那面对这种情况时应该怎么做呢?"张山问道。

"这就需要用到我们刚才说的生存法了。"杰文斯说道,"生存法强调的是竞争,而且是在最有效的企业间展开的竞争。它的本质用一句话概括就是:只有平均成本最低的企业才有生存下去的可能。"

"生存法估计长期成本的过程是怎样的呢?"申斯文问道。

"它的过程是这样的:先把一产业的厂商按规模分类,然后计算各时期各规模等级的厂商在产业产出中所占比重。如果某一等级的厂商所占的生产份额下降了,说明该规模效率较低。一般地说,效率越低,则份额下降越快。"

杰文斯接着说道:"简言之,如果公司的市场份额下降,则它相对没有效率;反之,如果市场份额上升,表明公司现有规模的效率较高,可以认为达到了适度规模的水平。"

"生存法有哪些优势呢?"张山问道。

"生存法的优势主要有两个方面。"杰文斯道,"一是生存法考虑了各种难以计量的费用和效率,符合市场竞争出效益的商品经济规律;二是这种方法较简便,需要的数据只是每个规模等级的工厂数目和市场占有率。"

"当然,生存法也并非尽善尽美,它也存在缺陷。"杰文斯说道,"第一,生存法在垄断行业不适用;第二,周期较长,短时间的观察不能得出有效结论;第三,混淆规模的外部经济性和内部经济性,无法得到规模成本曲线,因而有许多重要的经济分析无法进行。"

"说了许多方法,却终究没有一种方法是完美无缺或者适应所有情况的。"亚当斯说道,"事实上,这种方法并不存在,这也是我们介绍多种方法的原因。只有综合运用多种方法,才能得出更加准确的结论。那么,今天就到此为止吧!"

说完,三人便转身离去。

推荐参考书

《财富理论的数学原理的研究》 安东尼·奥古斯丁·古诺著。该书在数学经济学的发展史上占有重要地位。《财富理论的数学原理的研究》中提出的一些正确的公式和内涵丰富的演绎方法对在经济建设中如何使用数学工具和数学方法也有较高的借鉴价值。

第十八堂课

马尔萨斯、霍布森、哈贝马斯讨论"危机"

> 托马斯·罗伯特·马尔萨斯/约翰·阿特金森·霍布森/尤尔根·哈贝马斯
>
> 托马斯·罗伯特·马尔萨斯(1766—1834),英国人口学家和政治经济学家。
>
> 约翰·阿特金森·霍布森(1858—1940),英国政治思想家、经济学家,毕生从事教学和研究工作,积极投身于英国社会改良运动。
>
> 尤尔根·哈贝马斯(1929—),德国当代最重要的哲学家、社会理论家之一,提出了著名的哈贝马斯沟通理性理论,对后现代主义思潮进行了深刻的对话及有力的批判。

申斯文已经在教室里了，看到张山过来，申斯文点了点头，算是打招呼。

等张山走近，申斯文说道："你怎么没戴口罩啊？"

张山苦笑着回答道："这不是忘了吗！上午睡了个懒觉，起来就去吃午饭了，也没注意雾霾这么严重啊！"

"可不是吗！"申斯文说道，"新闻里都提醒大家出门戴口罩了。"

"这空气看着我都不想呼吸，每次吸一口气我都闭上眼睛，还好教室离得近。"张山夸张地说道。

"虽然雾霾严重，不过还没有你说的那么夸张吧？"

"不说这个了，说起来我都感觉肺隐隐作痛。"张山说道，"我看网上有人说未来又有全球性的大规模经济危机，不知道是真的还是假的。"

"网上那些人是唯恐天下不乱！"申斯文说道，"再说了，这几年不是一直存在经济危机吗？"

"说的也是，我也就是随便说说，反正这东西跟咱们也没什么关系！"张山没心没肺地说道。

申斯文摇了摇头说道："不能说跟咱们没关系，而且关系还不浅呢！"

"我又不搞投资什么的，跟我有什么关系？"

申斯文用手指轻轻敲着桌子说道："再过个两年多就毕业了，你不会也打算继续深造读研吧？"

张山摇头笑道："开玩笑！你看我像是能读研的人吗？"

"如果经济形势一直保持现在这个状态，到时候找工作是一大难题啊！"申斯文说道，"2013年的就业形势咱们聊过，如果大环境继续恶化，谁也不能保证就业形势是个什么样子呢！"

"哎哟！"张山一拍脑门儿，"这可真是要命啊！这经济危机怎么来了就不走了？你看，大家说经济危机说了好几年了，我看再过个一年半载的，经济危机应该就走了。到时候我毕业，那正是复兴中华民族的大好机会啊！"

跟张山的相处中，申斯文已经摸清了张山不靠谱的说话习惯，他只听其中靠谱的部分，其他的部分一概忽略。申斯文说道："这经济危机我倒是经常听说，但你让我解释，我却解释不出个所以然啊！不会今天的议题就是这个吧？"申斯文发现自己被张山绕进去了。

张山笑嘻嘻地说道："正是！今天的议题就是'危机'。"

¥ 债多更压身

"今天来主讲的嘉宾是哪几位,你了解了吗?"申斯文问道。

"我起床就中午了,又赶着去吃饭,就没去了解。"张山说着朝门口看了一眼,三位嘉宾已经来到了门口。张山说道:"不知不觉又到了公开课开始的时间了。"

申斯文笑了笑说道:"身着长袍的这位是托马斯·罗伯特·马尔萨斯,英国人口学家和政治经济学家,还是皇家学会会员。"

"有两撇大胡子的,是约翰·阿特金森·霍布森,英国政治思想家、经济学家。霍布森主张国家制定干涉计划,通过实施强有力的干预缓和社会矛盾,维护个人自由。"

"身着西装的老人是尤尔根·哈贝马斯,德国著名经济学家、哲学家、社会理论家,著名的'哈贝马斯的经济危机理论'就是他提出来的。"

虽然被申斯文要了,感到非常不爽,不过张山还是一直在认真听着。听到申斯文讲完,几位嘉宾也差不多做完了自我介绍。

一身中世纪打扮的马尔萨斯率先开讲:"经济危机是大家都关心的问题,我们今天也打算来讲一讲这个问题。不过这个话题应该从哪里说起呢?"

"我看就从臭名昭著的**次贷**危机开始说起吧!"马尔萨斯说道。

"反正债多不压身了,就从次贷危机开始吧!"哈贝马斯说道,"次贷危机又称次级房贷危机,2006 年,首先发生于美国,是一场因次级抵押贷款机构破产、投资基金被迫关闭、股市剧烈震荡引起的金融风暴。它致使全球主要金融市场出现流动性不足危机。"

"随后,次贷危机一发不可收拾,很快便席卷美国、欧盟和日本等世界主要金融市场。2007 年,次贷危机在一夜之间成为了世界范围内人们议论的热点。"

"次贷危机为什么会出现呢?"张山问道。

"一般认为,这场危机主要是由金融监管制度的缺失造成的,华尔街投机者钻制

> **孙继国老师评注**
>
> 次贷全称为次级抵押贷款,是指一些贷款机构向信用程度较差和收入不高的借款人提供的贷款。

度的空子，弄虚作假，欺骗大众。"马尔萨斯说道，"华尔街趁火打劫这一因素当然不能忽略，但这场危机的一个根本原因在于美国近三十年来加速推行的新自由主义经济政策。20世纪80年代，美国的新自由主义经济政策风靡一时，它主张减少政府对金融、劳动力等市场的干预，打击工会，推行促进消费、以高消费带动高增长的经济政策等。"

"新自由主义经济政策具体表现在三个方面。"霍布森接着说道，"首先，它们为推动经济增长，鼓励透支消费、疯狂消费。"

"鼓吹新自由主义经济政策的学者推崇自由主义经济学理论，因为该理论历来重视通过消费促进生产和经济发展。他们非常推崇亚当·斯密称'消费是所有生产的唯一归宿和目的'以及熊彼特所提出的资本主义生产方式和消费方式'导源于一种以城市享乐生活为特征的高度世俗化'。他们认为奢侈消费在客观上促进了生产。"

"其次，新自由主义经济政策导致社会分配关系严重失衡，广大中产阶级收入不升反降。"

霍布森说道："近三十年来，美国社会存在着一种很奇怪的现象，一方面是美国老百姓超前消费，另一方面，老百姓的收入却一直呈下降态势。据统计，在扣除通货膨胀因素以后，美国的平均小时工资仅仅与35年前持平，一名30多岁男人的收入则比30年前同样年纪的人的收入低了12%。经济发展的成果更多地流入到富人的腰包。统计表明，这几十年来美国贫富收入差距不断扩大。"

"美国经济在快速发展，但收入却不见增长，与80年代初里根政府执政以来的新自由主义政策密切相关。"

"第三，金融业严重缺乏监管，引诱普通百姓通过借贷超前消费、入市投机。"霍布森接着说道，"这就是我们之前说的华尔街的趁火打劫的行为。"

"新自由主义经济政策既然有这么多弊端，为什么不及早纠正呢？"张山问道。

"通过这一政策，中产阶级和资本家在次贷危机爆发之前都生活得比较富足，而且人们不断透支消费还造成了市场欣欣向荣的假象。在这种状态下，即使有经济学家提出疑问，也不可能被重视。"哈贝马斯说道。

"这种状态是可以一直维持下去的吧？为什么会爆发危机呢？"张山问道。

"让我们举个例子来说明一下吧！"哈贝马斯说道。

"疯狂消费和透支消费所花的钱并不是已经付出过劳动的钱，因此，这些钱就没有相应的劳动作为依托，可以说实际上就是一堆数字。在这种背景下，房价的上涨是不可避免的，实际上所有的物品价格都在上涨。房价涨到一定的程度就涨不上去了，因为后面没人接盘了。房子卖不出去，高额利息不会停，炒房者走投无路时，就违约了，把房子丢给了银行。这样，越来越多的房地产投机者支撑不下去，选择违约，把房子丢给银行。银行贷出去的钱收不回来的越多，则银行手中可支配的资金就越少。而且房地产越多地被银行收回，房价也就越低，所以说银行贷出去的钱就完全收不回来了。当银行的负债达到一定程度而难以维持正常的运转时，银行选择了破产保护。投资者和储户存在银行中的钱都打了水漂，剩下的只是一文不值的房子。"

哈贝马斯接着说道："一两家银行或者风投机构破产还没什么，但若是全球范围内都有大型的风投机构破产，那就势必造成经济危机了。"

"其实所谓的次贷危机也正是2007年美国两家大型次级抵押贷款公司——新世纪金融公司和美国住房抵押贷款投资公司的破产引起的。"马尔萨斯说道，"这两家公司破产使投资它们的世界范围内的各大银行都受到了损失。受这次损失和随之而来的次贷危机的影响，美国花旗银行在2007年一年时间内资产缩水接近90%。"

¥ 资本主义的原罪

"次贷危机只是经济危机中的一种吧？"张山说道，"我还是比较关心经济危机。"

"那我们接下来就来说一说经济危机。"马尔萨斯说道，"经济危机指的是一个或多个国民经济或整个世界经济在一段比较长的时间内不断收缩。自1825年英国第一次爆发普遍的经济危机以来，资本主义经济从未摆脱过经济危机的冲击。"

"经济危机是资本主义社会特有的现象，是资本主义经济周期中的决定性阶段。经济危机的本质是资本主义经济发展过程中周期爆发的生产过剩的危机。"

"经济危机为什么会发生呢？"张山问道。

马尔萨斯稍一沉吟，便说道："经济危机产生的原因是多方面的，经济政策错误可能导致经济危机的发生；自然灾害、全球化的后果、金融政策错误也会引发经济危机；此外，原材料紧张，尤其是原油危机也是引发经济危机的重要原因。"马尔萨斯接着说道，"经济危机的产生是资本主义的经济制度决定的，它的根本原因是生产社会化和生产资料私人占有之间的矛盾。因此，只要资本主义存在一天，经济危机就不可能彻底被消灭。"

"经济危机是资本主义的原罪啊！"张山感叹道。

"那我们就来说一说这资本主义的原罪——经济危机产生的根源。"马尔萨斯说道，"经济危机是资本主义的基本矛盾产生的必然结果，这基本矛盾主要表现在两个方面。"

"第一，个别企业内部生产的有组织性和整个社会生产无政府状态之间的矛盾。如果放任这一矛盾发展，社会再生产比例关系的破坏的发生就是必然的。"

"资本主义单个企业的生产，在资本家或其代理人的统一指挥下，是有组织、有计划的，而整个社会生产却基本上陷于无政府状态。社会再生产过程中比例关系的失调，特别是生产与需要之间的比例关系的失调，是资本主义私有制所造成的必然结果。私有制把社会生产割裂开来，资本家们各行其是。各生产部门比例的不协调，是资本主义生产运动中的经常现象，而按比例的发展，则是资本主义生产运动中的个别情况。严重比例失调是引起经济危机的重要原因之一。"

"第二，资本主义生产无限扩大的趋势同劳动人民有支付能力的需求相对缩小之间的矛盾。"

"怎么这么多矛盾，这个矛盾又是怎么一回事啊？"张山问道。

"第二个矛盾主要是由于在追逐高额利润的驱使下，所有资本家都拼命发展生产，加强对工人的剥削造成的。资本家这样做的结果就是劳动者有支付能力的需求落后于整个社会生产的增长，商品卖不出去，造成生产的相对过剩。这是引起经济危机的最根本的原因。"马尔萨斯回答道。

"马克思先生在理论上分析了资本主义经济危机的必然性。随着社会分工的发展，商品生产占统治地位，每个资本主义企业都成为社会化大生产这个复杂体系中的一个环节。它在客观上是服务于整个社会，满足社会需要，应受社会调节的。但是，由于生产资料私有制的统治，生产完全从属于资本家的利益，生产成果都被他们所占有。"

马尔萨斯接着说道："马克思已经指出，资本家生产的唯一目的，就是生产并占有剩余价值，他们'生产的扩大或缩小，不是取决于生产和社会需要，即社会的发展和人的需要之间的关系,而是取决于无酬劳动的占有以及这个无酬劳动和物化劳动之比。或者按照资本主义的说法,取决于利润以及这个利润和所使用的资本之比,即一定水平的利润率。因此,当生产的扩大程度在另一个前提下不足的时候,对资本主义生产的限制已经出现了。资本主义生产不是在需要的满足要求停顿时停顿,而是在利润的生产和实现要求停顿时停顿'。"

"那经济危机主要造成了哪些影响呢?"申斯文问道。

"资本主义经济危机的表现在第二次世界大战前后有一些区别,当然,也有一些共同点。"这次回答的是霍布森,"无论是第二次世界大战战前还是战后,资本主义经济危机都具有商品滞销,利润减少,导致生产(主要是工业生产)急剧下降,失业大量增加,企业开工不足并大批倒闭,生产力和产品遭到严重的破坏和损失,社会经济陷入瘫痪、混乱和倒退状态的这些特点。总体来说,战前与战后经济危机的共同标志是失业激增和生产下降。"

"经济危机在第二次世界大战前后又有哪些区别呢?"申斯文接着问道。

"资本主义经济危机在第二次世界大战战前与战后的区别,主要是在货币和金融危机方面。第二次世界大战之前,经济危机通常会导致通货紧缩,物价下跌,银根吃紧,利率上升,银行挤兑并大批倒闭;在第二次世界大战之后的经济危机中,由于国家垄断资本主义采取膨胀政策以及其他原因,从1957年至1958年的世界性经济危机开始,各主要资本主义国家在危机期间都出现了通货膨胀、物价上涨的反常现象。"

霍布森接着说道:"因此,当前资本主义经济危机的主要表现是:商品大量过剩,销售停滞;生产大幅度下降,企业开工不足甚至倒闭,失业工人剧增;企业资金周转不灵,银根紧缺,利率上升,信用制度受到严重破坏,银行纷纷宣布破产等。"

"同样是资本主义的基本矛盾而引起的经济危机,为什么在第二次世界大战前后会有这些区别呢?"申斯文有些难以理解。

霍布森听完申斯文的问题接着回答道:"这是因为第二次世界大战以后,**国家垄断**

孙继国老师评注

  国家政权同垄断资本相结合被称为垄断资本主义。

  在现代资本主义条件下,国家机器从属于垄断资本。垄断资本集团利用国家权力,全面地干预国民经济以保证垄断组织获取最大限度的利润,并巩固金融寡头的统治。

资本主义采取了通货膨胀政策及其他措施,从而导致各主要资本主义国家在经济危机中出现了生产停滞与通货膨胀同时并存的现象。"

"资本主义经济危机本质上是生产过剩的危机。"霍布森接着说道,"但是,资本主义经济危机所表现出来的生产过剩,并非绝对的过剩,而是一种相对的过剩。也就是相对于劳动群众有支付能力的需求而言表现为过剩的经济危机。因此,在资本主义经济危机爆发时,一方面资本家的货物堆积如山,卖不出去;另一方面,广大劳动群众处于失业或半失业状态,因购买力下降而得不到必需的生活资料。"

"说到这里我倒是想起来了,"张山突然说道,"以前课本上说20世纪二三十年代大萧条时期,资本家们把过剩的牛奶倒掉,而劳动人民却处于温饱线以下。但是我还纳闷,既然好多人没吃的,为什么资本家的牛奶还会出现过剩的情况呢?现在听了几位老师的讲解,真是豁然开朗啊!"

"这只是经济危机的初级表现。"霍布森说道,"实际上,经济危机可能导致的后果比这可严重得多。正如刚才所说的资本家把过剩的牛奶倒掉这种情况,再继续发展的话就会引起社会动乱。少数人把持着粮食和资本看着多数人吃不饱甚至没有饭吃,没饭吃的多数人为了不被饿死势必采取一些非正常的措施来维持生命,社会动乱也就不可避免了。"

"那经济危机一旦出现就没有办法解决了吗?"申斯文问道。

"发展到这一步时,政府如果采取一些适当的措施还是可以避免危机扩大甚至消除危机的。"霍布森说道,"大萧条时期的美国就是一个正面的例子,罗斯福临危受命,最终通过一系列措施调节国民经济,并使之得到了恢复。"

"肯定还有负面的例子了。"张山说道。

"当然,也有一些国家在经济危机的冲击下采取了一些极端的措施,比如政变,比如战争。"霍布森说道,"第二次世界大战的三个罪魁祸首不约而同地做出了这样的选择——先发动国内政变,后挑起侵略战争。墨索里尼和希特勒如此,日本的军部也是一样。经济危机导致了第二次世界大战的发生,这在历史课上都详细讲过了,我也就不再赘述了。"

"接下来,我们来聊一下经济危机的周期性。"哈贝马斯说道。

"经济危机还有周期性!"张山夸张地说道,"那岂不是眼睁睁地看着它来,却束手无策!经济危机为什么会有周期性呢?"

哈贝马斯微笑着看了张山一眼,接着说道:"我们研究经济危机的周期性主要

关注的是两方面的问题：一是周期性产生的原因，二是导致周期长短的原因。"

"要了解经济危机周期性产生的原因，我们就要先弄清楚资本主义基本矛盾的运动变化。"哈贝马斯接着说道，"这一基本矛盾将一直存在于资本主义社会发展的过程中，但一直存在并不代表一成不变。就像病毒存在潜伏期一样，资本主义社会的基本矛盾也不是每时每刻都处于严重激化之中，而是呈现出一种波浪式发展的状态。经济危机是这一矛盾激化到一定程度的产物，它又反过来通过对生产力的破坏暂时强制地缓解这一矛盾。"

哈贝马斯说道："但危机并不能消除资本主义的基本矛盾。一次危机过去后，随着经济的恢复和发展，其基本矛盾又会逐步重新激化起来，使另一次危机的产生不可避免。正如恩格斯先生所说：'在把资本主义生产方式本身炸毁以前不能使矛盾得到解决，所以它就成为周期性的了。资本主义生产产生了新的恶性循环。'"

"那这个周期的长短又是如何产生，如何确定的呢？"张山问道。

"关于周期长短的原因，在第二次世界大战前，当国家垄断资本主义还没有占统治地位的时候，主要是由固定资本更新的周期决定的。"

哈贝马斯说道："固定资本的更新是资本主义经济周期的物质基础。固定资本的更新必然会引起对机器设备等生产资料的大量需求，从而促进生产资料生产的恢复和发展。这反过来又会增加就业，提高劳动群众的购买能力，扩大消费资料市场，从而促进消费资料生产的恢复和发展。因此，固定资本的更新为资本主义经济走出危机准备了物质条件。同时，它又会引起新的一轮生产过剩，为下一次经济危机提供物质基础。"

"在资本主义的自由竞争阶段，把物质磨损和精神磨损合起来看，大工业中最有决定意义的部门的固定资本，平均10年左右就需要更新。固定资本的这个平均的生命周期，是决定资本主义经济周期的一个重要因素，为周期性的经济危机的间隔时间创造了物质基础。"

"哈老师，"张山一开口，同学们都忍不住笑了，张山不作理会，"资本的更新一定会引发经济危机吗？"

"固定资本的更新固然是经济周期的物质基础，对危机间隔时间的长短有重大影响，但也不能把这一点绝对化了。上述论断，对于1825年以后的自由资本主义时期以及对于第二次世界大战以前的垄断资本主义时期，是有效的。但在第二次世界大战后国家垄断资本主义占统治地位的时期，情况却发生了变化。决定周期长短的因素,除了固定资本的更新以外,还有国家垄断资本主义加强干预经济的政策和措施。这些政策和措施在一定的范围内可以延缓或加速经济危机的爆发,情况是错综复杂的。在当代,不能只用固定资本更新这样一个因素去解释经济周期的长短。"哈贝马斯耐心地解释道。

看得见的危机,躲不开的厄运

"虽说经济危机是由资本主义的根本矛盾产生的,但应该也有很多经济学家研究它啊!"张山开玩笑,"能不能想点办法,让经济危机只影响资本主义国家。我们社会主义国家没有那种矛盾,凭什么他们危机,我们也难过啊!"

"在全球化的大环境下,你的这个诉求想要实现恐怕是不可能的。"马尔萨斯笑着说道,"不过说起来有关经济危机的理论倒是有一些,不如我给大家介绍一下,你看能不能自己达成这个愿望。"马尔萨斯也展现了他幽默的一面,"我们这把老骨头估计是没希望看到了。"

"还真有专门研究经济危机的理论啊!"张山说道,"那我得好好听一听。"

"那我们就先来介绍一下西斯蒙第的消费不足危机理论吧!"马尔萨斯说道。

"西斯蒙第把经济危机的原因归结为消费品的生产超过了人们对消费品的需求,进而提出了消费不足危机理论。其特点是把经济危机的原因归结为消费品生产超过了人们对消费品的需求的一种理论。"

"消费不足危机理论具体是怎么说的呢?"申斯文问道。

"消费不足危机论的基本内容主要分为四个部分。"马尔萨斯说道,"第一,在每次经济扩展中,劳资斗争引起剥削率的提高,反映在工资占国民收入的份额下降。"

"第二,工人比资本家有着更高的边际消费倾向。第三,工资份额的下降引起整个国家的平均消费倾向的下降,生产能力超过需求。"

"第四,投资有下降的趋势,因为投资仅仅是消费需求增加的函数。如果消费

孙继国老师评注

边际消费倾向是指消费变动额和收入变动额之间的比率，也就是每变动1单位的收入中用于消费的变动额。

平均消费倾向，又称消费倾向，是指消费在收入中所占的比例。

需求增加缓慢，那么投资就会下降。投资的降低，导致全部生产和就业的减少，因而产生经济危机。"

"接下来我们再说一下熊彼特的经济危机理论。"这次讲话的是霍布森，"20世纪初，熊彼特在他的著作《经济周期：资本主义过程之理论的、历史的和统计的分析》中提出了他对资本主义经济危机的看法。熊彼特的经济危机理论将经济危机分为两种模式——单纯模式和四阶段模式。"

"什么是单纯模式，什么是四阶段模式呢？"张山问道。

"在单纯模式中，熊彼特认为资本家为了创新，首先依靠信用创造从银行借入资金，以此作资本建立新工厂，订购新设备，进而购买间接劳动资料及生产要素进行生产。但这种创新在实施过程中会遇到很多困难，创新本身的可能性和为克服困难所需要的资本家，在时间上并不能同时存在，能够担当创新重任的资本家在经济体系中的数量相当稀少。"

霍布森接着说道："由于这些原因，打破这种均衡关系，将经济引入新的世界，最终实现创新的结果并不能常常发生。简单地说，这一模式遵从如下过程：创新活动使资本家获得利润，并为其他投资者开辟了道路。创新引起模仿，模仿打破垄断。创新浪潮的出现引起经济繁荣，而当创新扩展到较多企业，赢利机会趋于消失之后，就面临经济危机。"

"这样，资本主义经济本质上处于繁荣与危机两个阶段的循环交替之中。熊彼特理论认为改革创新给资本主义带来的不仅是进步，还有不稳定性，企业家资本主义是一种极为不稳定的创造性毁灭的体系。其中新技术、新产品和新生产方式使旧的一切变得过时，强迫现存企业要么适应新形势，要么宣告失败。资本主义就这样在以改革摧毁并替代旧技术和旧体系的过程中不断前进。"

"在改革中前进不是很好吗？"张山问道，"为什么会出现危机呢？"

"当新一代资本家引入全新的技术、产品和生产理论从而使创新步伐突然加快的时候，严重危机就爆发了。熊彼特认为，创新活动之所以会造成经济危机而不是经济的持续繁荣，是因为创新活动的特征之一是它的不连续性。它是集中在一个时期，时断时续地出现的。"霍布森说道。

"也就是说创新会推动经济的发展，进而促使经济危机爆发。"张山若有所思地说道。

"还有一种经济危机理论只能由哈贝马斯先生讲一下了。"霍布森笑着对哈贝马斯说道。

哈贝马斯也笑着走上前来说道："其实还有几种经济危机理论没有讲到，不过既然大家盛情相邀，我就厚颜讲一下我之前提出来的经济危机理论吧！"

"在当代资本主义社会中，经济危机仍然存在着。原因在于，当代资本主义国家对经济生活的干预并没有改变资本主义的那种自发的、盲目的经济方式。"

哈贝马斯接着说道："如果在先进资本主义中的经济危机仍然存在着，那么，这就表明政府在实现过程的干预行为与交换过程一样服从于自发起作用的经济规律。结果，它们服从于在利润率下降趋势所表达的经济危机趋势。"

"因为危机趋势仍然是由价值规律所决定的——雇佣劳动与资本交换中的必然的不相称，所以，国家的活动不能弥补利润率的下降趋势，充其量只能缓和它，即通过政治手段使它达到顶点。因此，经济危机还将表现为社会危机，并导致政治斗争，使资本所有者和依靠工资为生的群众之间的阶级对立又变得明朗化。"

"哈老师，您的经济危机理论主要讲了哪些内容啊？"张山说道。

"经济危机是贯穿于整个资本主义社会的发展过程中的，我所研究的主要是资本主义发展晚期的经济危机。"哈贝马斯说道，"这时的经济危机与自由资本主义时期的经济危机形式又有何区别呢？或者说，它有何新特点呢？我认为，问题的关键在于，晚期资本主义国家干预的范围、程度大大扩展和加强了。这一时期的资本主义国家机器不仅作为价值规律无意识、自发的执行机构在运转，而且作为联合的'垄断资本'的计划代理人在运转，现在经济活动已离不开政府的干预。这导致了晚期资本主义社会经济危机出现新特点。"

"哦？"张山说道，"具有哪些新特点呢？"

"新的特点主要分为四个方面。"哈贝马斯说道，"首先，为了建立和维护资本主义生产方式，实现它持续存在的先决条件，国家维持以保护财产和契约自由为核心的民法体系；保持市场体系免受自我破坏作用的威胁；实现作为总体的经济的先决条件；促进国家经济在国际竞争中的竞争能力；通过对外扩张，维护民族尊严；对内镇压敌人，组织再生产。"

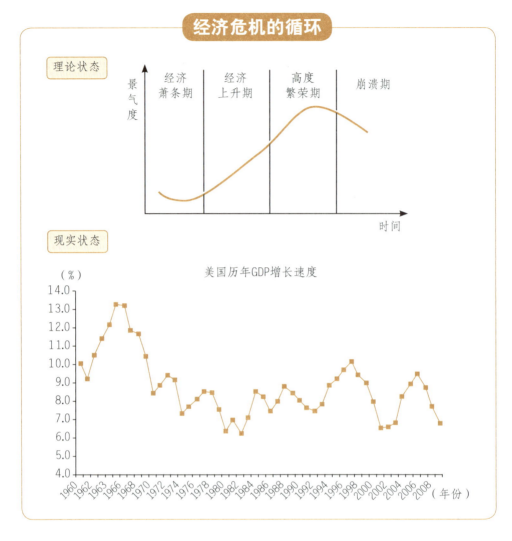

"第二,资本的积累过程要求采用与新的商业组织、竞争和金融等新形式相适应的法律体系。在从事这些活动时,国家将自己局限于市场的补充作用,使自己适应于而不是影响市场的动态过程。因此,社会的组织原则和阶级结构并未受影响。"

"第三,上述活动有别于国家的市场替代职能,后者并不是合法地独立出现,而是针对市场驱动力的弱点,使积累过程继续成为可能。因此,这样的行为创造了新的经济事态,或者通过创造或改善投资机会,或者通过改变了的剩余价值的生产方式。在这两种情况下,社会的组织原则都受到了影响。"

哈贝马斯接着说道:"第四,国家对于积累过程的功能失调后果做出补偿。因此,国家一方面负责处理私人企业的外溢结果,或通过结构性政策措施保证陷入困境的产业部门的生存;另一方面,应工会和改良主义政党的要求,实施某些旨在改善失去独立能力的工人的社会状况的调节和干预。"

"您所研究的晚期资本主义的经济危机和前面我们所讲的经济危机有什么不同之处吗?"申斯文问道。

"区别还是有的,"哈贝马斯说道,"我称之为晚期资本主义的经济危机与自由资本主义的经济危机的区别,主要有两点。"

"自由资本主义的经济危机是生产过剩危机,是周期性的经济危机,表现为危机—停滞—恢复—繁荣—危机的循环。而在晚期资本主义中,这种生产过剩的周期性危机不可能再出现。尽管这时的危机也是一种产出危机,但问题出在可消费

看得见的危机,躲不开的厄运

经济危机是资本主义体制的必然结果。由于资本主义的特性,其爆发也是存在一定的规律。虽然经济危机的规律可以通过研究来发现,甚至预测期爆发,但在目前的资本主义制度下,始终不能避免经济危机的发生。

价值的分配上。危机的形式则表现为：持续的通货膨胀，政府的财政赤字，连续不断的生产停滞以及公共贫穷与私人财富的日益增长的不平等。我们可以看到，晚期资本主义的经济危机相对于自由资本主义的经济危机出现了新的形式。"

"第二个区别是晚期资本主义社会的经济危机发生了转移，即从经济系统转移到社会政治系统和文化系统。而且与后两个系统的危机相比，经济危机已不再是主要的危机形式。"

哈贝马斯说完微笑着看了一会儿做笔记的同学们，同学们感觉到短暂的安静纷纷抬起头来。哈贝马斯见同学们抬起头来，便说道："这次经济学公开课到这里就要结束了。今天晚上要跟大家说再见的不只是我们几个。实际上，今天的经济公开课是这一次经济公开课活动的最后一期。"哈贝马斯说完，台下的同学们都表现出不舍的神色。

马尔萨斯过来打圆场："离别总是不可避免，只要大家热爱经济学，我们的目的也就达到了。"

"不错！"霍布森也说道，"而且离别是暂时的，以后有机会我们还会再见面的。千万不要太想念我们哦！想我们的时候，打开一本经济学的书总能找到我们的只言片语的。"

在同学们的笑声和掌声中，三位嘉宾转身走了出去。

推荐参考书

《全球化压力下的欧洲民族国家》是 2001 年哈贝马斯在北京和上海做的一系列演讲的合集。哈贝马斯认为，在当代资本主义社会中，经济危机仍然存在着。原因在于，当代资本主义国家对经济生活的干预并没有改变资本主义的那种自发的、盲目的经济方式。他说："如果在先进资本主义中的经济危机仍然存在着，那么，这就表明政府在实现过程的干预行为与交换过程一样服从于自发起作用的经济规律，结果，它们服从于在利润率下降趋势下所表达的经济危机趋势。"

结束语

随着最后三位嘉宾的离开,这一次的经济学公开课也正式宣告结束。

此时的张山并没有多么伤感,虽然心中若有所失,但他还是真正明白了马尔萨斯临别时说的话,离别总是在所难免,但千万不要在离别不可免的时候只顾着伤感,却忘了这些嘉宾来此的目的其实是为了以一种更加有趣的方式传播经济学。因此,张山想到,只要真正热爱经济学,总有机会再次与这些大师交流,就算没有机会再次进行面对面的交流,只要自己在经济学上的造诣足够高,还是可以在经济学的世界中与这些大师神交的。

张山再看旁边的申斯文,也丝毫不见伤感的情绪。

"虽然只有短短的十八次活动,但真是受益匪浅啊!"申斯文感叹道,"我一直喜欢经济学,却从来不知道晦涩的经济学理论原来可以讲述得这么有趣!看来单纯空洞的理论完全比不上理论与实践结合更容易让人理解。"

"是啊!"张山也感叹道,"不管什么理论,都得能结合现实,才是接地气的好理论啊!"

这是一本介绍经济学大师及其思想精华的图书。本书虚拟了18堂神秘的公开课,每堂课邀请2~3位经济学大师围绕一个经济学热门议题进行讨论,再辅以同学结合现实的提问。在语言和思想的碰撞中,在历史上的标志性事件和当前热点事件的抽丝剥茧中,每一个议题被讲得清楚明白。在讨论的过程中,台上演讲的嘉宾还会讲述一些自己的趣闻,热爱经济学的读者,千万不要错过了本书!

图书在版编目(CIP)数据

经济学原来这么有趣Ⅱ:让你豁然开朗的18堂经济学公开课 / 钟伟伟著.
北京:化学工业出版社,2015.6(2017.4重印)

ISBN 978-7-122-23442-1

Ⅰ.①经… Ⅱ.①钟… Ⅲ.①经济学-通俗读物 Ⅳ.①F0-49

中国版本图书馆CIP数据核字(2015)第061787号

责任编辑:张　曼　龚风光　　　　　文字编辑:昝景岩
责任校对:战河红　　　　　　　　　　封面设计:溢思设计工作室

出版发行:化学工业出版社(北京市东城区青年湖南街13号　邮政编码100011)
印　　装:大厂聚鑫印刷有限责任公司
710 mm×1000 mm 1/16　印张 17½　字数 300千字　2017年4月北京第1版第2次印刷

购书咨询:010-64518888(传真:010-64519686)　　售后服务:010-64518899
网　　址:http://www.cip.com.cn
凡购买本书,如有缺损质量问题,本社销售中心负责调换。

定　价:39.80元　　　　　　　　　　　　　　　版权所有　违者必究